WOLF SCHNEIDER
GUIDO MANGOLD

Die Alpen

Wildnis-Almrausch-Rummelplatz

GEO

Herausgeber: Rolf Winter
Lektorat: Ortwin Fink
Gestaltung: Franz Braun
Bildredaktion: Ursula Carus
Dokumentation: Alpeninstitut GmbH, München
Produktion: Druckzentrale G+J
Lithographie und Druck:
Brillant Offset GmbH & Co., Hamburg

1. Auflage 1984
ISBN: 3-570-02380-X

*Almwiesen und Gletschereis,
behäbige Bauernhäuser und bequeme
Wege: Diese einzigartige Durchdringung von
Natur und Kultur, von Wildnis, Fleiß
und Lieblichkeit hat die Alpen berühmt gemacht.
Sie sind so schön und so überlaufen wie
kein anderes Gebirge der Erde. Wie kam es
dazu? Wie sieht es heute aus auf den
schroffen Bergen und in den tausend Tälern
zwischen der Riviera und dem Wiener-
wald? Wie können die Alpen
den Rummel überleben?*

Der schönste Garten der Erde

„Der Monarch" wird er genannt oder das „Dach Europas": der weiße Berg, Montblanc. Goethe war von seinem Anblick überwältigt, mit der Erstbesteigung vor zweihundert Jahren brach das Zeitalter des Alpinismus an. Seither sind Hunderte von Menschen erfroren oder an Erschöpfung gestorben auf seinen unendlichen Hängen von Eis und Firn. Ganz rechts die Aiguille du Midi, auf die eine Seilbahn führt

Sommer im Berner Oberland: Unter den gewaltigen Quadern des Jungfraufirns wandern zwei Seilschaften vom Jungfraujoch zum Aletschgletscher hinab, dem längsten und mächtigsten Eisstrom der Alpen. Die Sonne ist dort greller als in der Sahara, und die Bergsteiger, von Steigeisen, Stiefeln, Gamaschen, Rucksack, Pickel und Seil beschwert, schwitzen entsprechend — Augenlust und Abenteuer auf einer wüsten Insel im Zentrum der Zivilisation

Januar: Da waren die Alpen einst überall in Einsamkeit erstarrt – wie die Hügel nahe dem steirischen Erzberg noch immer, weil ihre mäßige Höhe die Skiläufer nicht reizt und ihre Wälder das Pistenfahren unmöglich machen. Nach Jahrtausenden des Abholzens und der Brandrodung nimmt die Bewaldung der Alpen wieder zu, teils durch Aufforstung, teils durch Verwahrlosung der Almen

Aus dem Meer sind die Alpen einst aufgestiegen, und wie ein Trichter von erstarrtem Schlamm ist der Dolomit hier am Pisciadù über dem Grödner Joch geformt. Der Pendelsteg – an nur einem Drahtseil aufgehängt und daher seitlich ausschwingend, wenn man drübergeht – sowie Stifte, Drahtseile, Eisenleitern lassen auf den berühmten Dolomiten-Klettersteigen jeden Schwindelfreien Wände und Abgründe überwinden, auch wenn er kein Kletterkünstler ist

Grün schäumt die Verzasca nördlich von Locarno durch eines der schönsten Täler der Alpen. Wie jeder Bergbach reißt sie Geröll und Sand mit sich, und die schleifen alle Felsen rund. Wasser, Schnee und Eis sägen unablässig an den Gipfeln, Donau und Po schieben die Trümmer bis in die Pußta und die Adria, die Alpenseen verlanden, Berge stürzen ein

Gelb von Hahnenfuß, rot von Knabenkraut und grün von hundert Gräsern – eine Bergwiese im Juni bei L'Andria östlich der Marmolada in den Dolomiten. Die bunte Pracht kann nur gedeihen, weil die Bauern einst die Wälder niederbrannten, von denen die Alpen unterhalb der Felsregion völlig bedeckt waren. Immer mehr Almwiesen wachsen heute langsam wieder zu

Was Prospekte selten zeigen: Schlote, Qualm, Zementwerke, chemische Fabriken, Eisen- und Aluminiumhütten. Die Einheimischen wollen ja leben, und zusammen mit den Touristen sorgt die Industrie dafür, daß die Alpen noch nicht ganz entvölkert sind. Das Eisenwerk von Rioupéroux im wilden Tal der Romanche südöstlich von Grenoble ist ein Beispiel

Ein Anblick, der den einen Lust und den anderen Magendrücken macht: Hochsaison an der „Ötztaler Gletscherschaukel" über Sölden in Tirol. Parkplatz und Gletschereis stoßen hier direkt zusammen, und „schaukeln" kann man durch einen Tunnel vom Rettenbach- zum Tiefenbachferner. Skifahren ist die fröhlichste Art, mit den Alpen umzugehen, und die rascheste Methode, sie kaputtzumachen

3-SESSELBAHN
TIEFENBACH
FERNER

SPORTHOTEL KURZRAS
SCUOLA SCI
MARLENA

Es war einmal ein Gasthof, ein schlichtes Haus neben der Kapelle in Kurzras auf der Südtiroler Seite der Ötztaler Alpen. Ein junger Großbauer machte daraus ein Sporthotel. Dann kamen Ehrgeiz und Bauwut über ihn, einen Gletscher wollte er für den Skilauf erschließen, einen „Weltraumbahnhof" hat er hinterlassen, als er pleite machte und Selbstmord beging

In den Palace-Hotels von Gstaad und St. Moritz treffen sich die Berühmten und die Reichen. Silvesterball in Gstaad: Buffet für 340 Franken (trocken), Tanzfläche im Swimmingpool (naß) – und in den letzten Jahren wenig Schnee.
Im Dorf unter dem Hotelhügel gibt es einen Flugplatz für Privatjets und sogar noch Bauern und Kühe, echte und gemalte

Die einen geben auf: Verfallene Bauernhäuser im Dauphiné

Die anderen harren aus: im Weiler Mischi über Campill/Dolomiten

Manche verwittern:
Ulrich Inderbinen, Jahrgang 1900, Bergführer in Zermatt seit sechzig Jahren, vermutlich der älteste der Erde. Noch immer steigt er jeden Sommer auf etliche Viertausender. Nur zehn Tage im ganzen Leben war er krank, mit 74 hat er die Watzmann-Ostwand durchstiegen.
Auf dem Matterhorn war er selten: „Denn früher gab es zu viele Führer, und ich fiel nicht auf, ich bin zu klein", erzählt er in schönem Deutsch

Einsam schreitet sie hinab, denn Abend ist's. Bären, Wölfe, Füchse, Gemsen waren in den Alpen heimisch – Kühe nicht, die Bauern haben sie mitgebracht. Doch sie gedeihen gut in der Höhensonne, die Touristen lieben sie, und auch ein Föhnsturm wie hier am Niesen im Berner Oberland mit dem weiten Blick auf die Freiburger Alpen kann eine Kuh nicht aus der Ruhe bringen

Pfingsten 1983: Nach wochenlangen Regengüssen löste sich über Tresenda im Veltlin aller Humus der Weinberge von den Felsen, rutschte mitsamt den Weinstöcken ins Dorf, zerschmetterte Fenster und Türen, füllte die Häuser mit Geröll und erschlug alle Bewohner dieses Hauses. Auf Hängen ohne Wald können Erde, Steine, Schnee und Eis zu Muren und Lawinen werden; Zehntausenden von Bauern, Soldaten, Bergsteigern, Skiläufern sind sie schon zum Grab geworden

Unter den schroffen Wänden des Heiligkreuzkofels in der Fanesgruppe der Dolomiten steht seit 500 Jahren eine Wallfahrtskirche, 2045 Meter über dem Meer – eine von Hunderten, die die Alpen so viel menschlicher machen als jedes andere Hochgebirge. Zum Halbjahrtausend-Jubiläum kamen Pfarrer und Bewohner der Dörfer unten im Gadertal. Sie sangen deutsch, beteten ladinisch und hörten eine italienische Predigt – die drei Sprachen Südtirols

Eine tausendjährige, windzerzauste Zirbelkiefer – auch Arve genannt – bei der Honegg-Alm im Arvengarten unter der Nordwand des Eigers. Arven und Lärchen, die Könige des Bergwalds, wachsen heute kaum noch nach, denn die Gemsen fressen ihre jungen Triebe, und die Jäger lassen mehr Gemsen am Leben, als dem Wald gut tut

Zwischen Nizza und Monaco, bei Beaulieu-sur-Mer, geht der Vorhang zum Reich der tausend Zinnen würdig auf. In einem 1200 Kilometer langen Bogen ziehen sich die Alpen durch sieben Staaten bis nach Jugoslawien

ZADAR
RAB
PLITVICE
SENJ
CRES
KRK
CRIKVENICA
RIJEKA
OPATIJA
DELNICE
SISAK
KARLOVAC
JUGOSLAWIEN
KOČEVJE
RIBNICA
ZAGREB
NOVO MESTO
POSTOJNA
BREŽICE
VRHNIKA
VIŠNJA GORA
LJUBLJANA
ROGAŠKA-SLATINA
CELJE
KAMNIK
KRANJ
BOHINJ
BLED
VARAŽDIN
VELENJE
MOZIRJE
PTUJ
SLOVENJGRADEC
DRAVOGRAD
LJUTOMER
KLAGENFURT
VELDEN
MARIBOR
WÖRTHER SEE
PÖRTSCHACH
OSSIACHER SEE
RADENCI
VÖLKERMARKT
MURSKA-SOBOTA
HOCHOSTERWITZ
ST. VEIT a. d. GL.
DEUTSCHLANDSBERG
BAD GLEICHENBERG
GURK
FRIESACH
FÜRSTENFELD
GLEISDORF
GRAZ
KÖFLACH
MURAU
JUDENBURG
SZOMBATHELY
BAD TATZMANNSDORF
BRUCK a. d. M.
LEOBEN
KAPFENBERG
EISENERZ
ADMONT
LIEZEN
SEMMERING
BAD AUSSEE
MARIAZELL
WINDISCHGARSTEN
WR. NEUSTADT
EISENSTADT
GMUNDEN
ÖSTERREICH
STEYR
WIEN
WELS
ST. PÖLTEN
MELK
DONAU
LINZ

SAN MARINO
RIMINI
FIRENZE
RIA
RAVENNA
BOLOGNA
FERRARA
PO
PULA
ROVINJ
POREČ
UMAG
PORTOROŽ
KOPER
PIRAN
TRIESTE
GRADO
LIGNANO
JESOLO
VENEZIA
MESTRE
PADOVA
VERONA
VICENZA
TREVISO
RECOARO
ASIAGO
GORIZIA
NOVA GORICA
UDINE
FELTRE
BELLUNO
TRENTO
AGORDO
S. MARTINO DI CASTROZZA
CAVALESE
MADONNA DI CAMPIGLIO
TOLMEZZO
TARVISIO
CORTINA
BOLZANO BOZEN
ORTISEI ST. ULRICH
MERANO MERAN
BRESSANONE BRIXEN
BRUNICO BRUNECK
INNICHEN
LIENZ
SPITTAL
HEILIGENBLUT
BAD GASTEIN
HOFGASTEIN
OBERGURGL
VENT
VIPITENO STERZING
SÖLDEN
MAYRHOFEN
KRIMML
MITTERSILL
ZELL AM SEE
FULPMES
INNSBRUCK
SCHWAZ
SEEFELD
KITZBÜHEL
ST. JOHANN
LOFER
KÖNIGSSEE
BERCHTESGADEN
KUFSTEIN
REIT IM WINKL
ST. WOLFGANG
ST. GILGEN
BAD REICHENHALL
RUHPOLDING
MONDSEE
SALZBURG
TRAUNSTEIN
CHIEMSEE
PRIEN
ROSENHEIM
SCHLIERSEE
BAD TÖLZ
KOCHEL
MURNAU
OBERAMMERGAU
FÜSSEN
EHRWALD
WEILHEIM
SCHONGAU
WASSERBURG
STARNBERG
BAD WÖRISHOFEN
BURGHAUSEN
MÜNCHEN
ALT-ÖTTING
LANDSBERG

Herbstmorgen über dem Walchensee in Oberbayern mit Blick auf die Jachenau und die Tegernseer Berge. Das Idyll ist trügerisch: Vom Kochelsee über den Kesselberg zum Walchensee hinauf lärmen die Autos der Touristen, und vom Walchensee wird so viel Wasser zum Kraftwerk am Kochelsee hinabgelassen, daß die Bootsstege manchmal haushoch über dem Wasser stehen

Bei Nizza springt es jäh aus dem Mittelmeer, südlich von Wien verebbt es in der Pußta – das lieblichste und eines der großartigsten Gebirge der Erde; so schön und so nah, daß es auch das am meisten mit Menschen überschwemmte, das am hartnäckigsten ausgebeutete und das am übelsten verschandelte Gebirge ist.

Von allen drei Eigenschaften der Alpen handelt dieses Buch: ihrer Anmut, ihrer zunehmenden Häßlichkeit, ihrer überwältigenden Pracht. Durch welche ungeheuren Kräfte die Alpen gehoben und zurechtgeschliffen wurden, werde ich beschreiben, und welche Kraft vor Jahrtausenden mit den ersten Bauern Einzug hielt; wie Besiedlung und Befestigung, Erschließung und Fremdenverkehr, Alpinismus und Skilauf die Alpen verändert haben, vor welche Probleme uns das stellt, wie die Menschen in ihnen lebten und leben und welche Herrlichkeiten noch heute auf uns warten.

„Natur" sind die Alpen ja längst nur noch in ihrer oberen Hälfte – da freilich so bizarr wie kaum ein anderes Stück der Erde. Wie langweilig nehmen sich die meisten Runzeln unseres Planeten aus, verglichen mit dem Matterhorn oder dem Cimone della Pala! Auf viele Viertausender der Rocky Mountains kann man *reiten*, Bergsteigern bieten sie nichts. Der Karakorum-Himalaja sieht aus, „wie das Engadin aussähe, wenn man jeden Grashalm daraus entfernen und anschließend sämtliche Abraumhalden des Ruhrgebiets unbegrünt hineinschütten würde", schrieb der „Spiegel". Selbst der Mount Everest sei „ein enttäuschender Anblick" für ihn gewesen, erzählte mir einer der ersten, die ihn bestiegen haben: Dölf Reist aus Interlaken, an den Blick auf die Jungfrau gewöhnt. Meine große Enttäuschung waren die bolivianischen Anden.

Kein Gebirge schließlich ragt höher und eisiger aus so grünen Tälern auf: drei Kilometer der Eiger über Grindelwald, fast vier Kilometer der Montblanc über Chamonix – ein *sichtbarer* Höhenunterschied, der selbst im Himalaja selten übertroffen wird, da in allen Gebirgen mit der Höhe der Gipfel auch die Höhe der Talböden steigt. Lassen wir uns nicht von Zahlen blenden; nicht von Alpinisten, die die Achttausender Asiens vielleicht deshalb rühmen, weil sie mit den Viertausendern der Alpen nicht mehr in die Zeitung kämen; nicht von Fernreise-Unternehmen, die mit den Alpen kein Geld verdienen könnten.

„Das schönste Bauwerk der Welt? Das sind die Dolomiten!" Le Corbusier hat es gesagt, der berühmte Schweizer Architekt. Wie aus den heiteren Seen des Salzkammerguts die Felsen wachsen, wie im Berner Oberland über Blumen, Wiesen und Wäldern die vieltürmigen Eispaläste ragen! Und unter dem glitzernden Schnee die Bauernhäuser, die sich in der Sonne räkeln, und wer zwischen den kirchturmhohen Eisquadern des Kühlauenen-Gletschers hinweg auf die Jungfrau klettert, hört von der Kleinen Scheidegg die Kuhglocken läuten.

Nicht zuletzt dies macht den Zauber der Alpen aus: daß die winzigen Menschen hier knapp unter Fels und Eis noch ihr Auskommen gefunden haben und sich mit ihren Zwiebeltürmen und Blumenkästen behaupten gegen die Riesen da oben. Welcher deutsche Trekking-Tourist hätte sich in Übersee noch nie nach einem Dorfkirchturm gesehnt, wie dem von Maria Gern über Berchtesgaden?

Denn was wir lieben, ist weniger „die Natur" als das, was die Bauern aus ihr gemacht haben – wie das wogende Kornfeld, von dem so viele Städter schwärmen: Seinem Korn zuliebe merzt der Bauer alle anderen Pflanzen aus, soweit er kann, und kornfressendes Getier dazu. Die blühenden Alpenwiesen mit ihren glücklichen Kühen konnten nur entstehen, weil die Bergbauern den Wald vernichtet haben, der einst die Alpen unterhalb der Felsregion fast vollständig bedeckte.

Betrachten wir eine typische Postkartenschönheit, ein Christkindl unter den Kirchen: „St. Johann in Ranui", 1346

Die bekanntesten Berge und Pässe

JUGOSLAWIEN
1 Triglav
2 Mangart
3 Karawanken

ÖSTERREICH
Hohe Tauern
4 Großglockner
5 Großglockner-Hochalpenstraße
6 Großvenediger
7 Felberntauern-Straße
7 Felbertauern-Straße
8 Radstätter Tauern
9 Rax
10 Hochschwab
11 Katschbergpaß
12 Gesäuse
13 Totes Gebirge
14 Dachstein
15 Zillertaler Alpen
16 Gerlospaß
17 Kaisergebirge
18 Brenner
19 Stubaier Alpen
20 Ötztaler Alpen
21 Reschenpaß
22 Timmelsjoch
23 Silvretta
24 Silvretta-Hochalpenstraße
25 Arlbergpaß

ITALIEN
Dolomiten
26 Palagruppe
27 Marmolada
28 Drei Zinnen
29 Sellapaß
30 Falzaregopaß, Dolomitenstraße
31 Brentagruppe
32 Presanella-Adamellogruppe
33 Ortler
34 Stilfser Joch
35 Gran Paradiso-Nationalpark
36 Monte Viso
37 Tendapaß

DEUTSCHLAND
Bayerische Alpen
38 Watzmann
39 Wendelstein
40 Karwendel
41 Zugspitze
Allgäuer Alpen
42 Nebelhorn

SCHWEIZ
43 Ofenpaß
44 Schweizer Nationalpark
45 Berninagruppe
46 Berninapaß
47 Malojapaß
48 Julierpaß
49 Säntis
50 Tödi
51 Rigi
52 Splügenpaß
53 Bernardinopaß
54 Eiger
55 Jungfrau
56 Finsteraarhorn
57 Sustenpaß
58 Grimsel- und Furkapaß
59 Gotthard
60 Dom
61 Monte Rosa
62 Weißhorn
63 Matterhorn
64 Grand Combin
65 Großer St. Bernhard
66 Simplon

FRANKREICH
67 Montblanc
68 Col de l'Iseran
69 Mont Cenis
70 Vanoise-Nationalpark
71 La Meije
72 Col du Galibier
73 Montgenevre
74 Verdonschlucht
75 Mont Ventoux

LIGURISCHES MEER
PISA
SPEZIA
RAPALLO
GENOVA
SAVONA
ALBENGA
REGGIO EMILIA
PARMA
PIACENZA
ALESSANDRIA
PO
CREMONA
PAVIA
ITALIEN
VERCELLI
MILANO
NOVARA
BRESCIA
ISEO
BERGAMO
BIELLA
COMO
VARESE
STRESA
LAGO MAGGIORE
BELLAGIO
LAGO DI COMO
LUGANO
SONDRIO
BELLINZONA
ASCONA
LOCARNO
DOMODOSSOLA
ZERMATT
SAAS FEE
CHIAVENNA
MADESIMO
AIROLO
MONTANA
ANDERMATT
DISENTIS
GRINDELWALD
ADELBODEN
KLOSTERS
CHUR
FLIMS
GLARUS
SCHWYZ
LUZERN
BERN
EINSIEDELN
ZUG
FELDKIRCH
DORNBIRN
ST. GALLEN
ZÜRICH
SOLOTHURN
OLTEN
AARAU
BREGENZ
RORSCHACH
LINDAU
BODENSEE
WINTERTHUR
BADEN
FRAUENFELD
RHEIN
KREUZLINGEN
FRIEDRICHSHAFEN
KONSTANZ
MEERSBURG
BASEL
RAVENSBURG
SCHAFFHAUSEN
ÜBERLINGEN
EUTSCHLAND
BADENWEILER
DONAU
DONAUESCHINGEN
MULHOUSE

Meter hoch im hinteren Villnößtal in den Dolomiten. Abseits aller Häuser in den Schwung der Bergwiese gestellt, reckt sich das Zwiebeltürmchen ganze 14 Meter hoch, keß über Eck zum Schiff, das von der Tür bis zum Altar fünf Meter mißt. Dies aber nicht in der schlichten Form einer Kapelle, sondern mit allem Ehrgeiz barocken Kirchenbaus; 1744 hat der Bergherr von Klausen es in der Nähe seines Jagdschlößchens Ranui errichtet aus den Steinen einer Geröllawine und als Fürbitte, es möchte keine weitere niedergehen.

Da haben wir den Dreiklang, den Stadtbewohner als „Natur" empfinden: ein putziges, rührendes Gotteshäuschen in Altrosa und Weiß, ein aufs höchste verfeinertes Kunstprodukt – *Architektur*; die üppige Wiese, dort, wo die Natur Wald hatte wachsen lassen – *Monokultur*; und, richtig, über allem die schroffen Geislerspitzen – *Natur*, sie darf nicht fehlen, vorausgesetzt, sie macht nur ein Drittel des Gemäldes aus. So lieben wir unsere Alpen.

Womit wir freilich längst auf der Rutschbahn stehen, die von der Lieb-

Der Rundblick von der Zugspitze ist grandios wie eh und je, doch der Anblick ihres Gipfels gehört zu den großen Scheußlichkeiten der Alpen: Vier Beton-Ebenen für die Besucher, drei Seilbahnstationen, die glitzernde Meßstation des Max-Planck-Instituts, eine Richtfunkstation der Bundespost – und inmitten all des Zements die Schutzhütte von 1897, das „Münchner Haus", dessen Errichtung damals viele Alpenvereinsmitglieder empörte

lichkeit zur Verschandelung der Alpen führt und auf der bis heute keiner bremsen konnte.

Das war nur natürlich, daß man ein paar Hotels hinstellte für die reichen Engländer, die im 19. Jahrhundert die Alpen als Urlaubslandschaft und Klettergarten entdeckten; und wer hätte darüber böse sein sollen, daß allmählich mehr Touristen kamen, aus anderen Ländern und auch mit weniger Geld; und gewiß mußte man ihnen Straßen und Eisenbahnen bauen, auch mehr Hotels und außerdem Wanderwege und Berggasthäuser und eine Zahnradbahn auf den Aussichtspunkt, das Kraftwerk dazu war am nächsten Wildbach rasch errichtet.

Und wie schön, daß heute auch Arbeiter verreisen können, während die Wohlhabenden sich eine Zweitwohnung kaufen für fünf Wochen im Jahr; und wie einleuchtend, daß man die vielen Gäste in immer höheren Häusern stapelt; und daß sie nach mehr Straßen riefen und nach Schwebebahnen und vor allem nach Skiliften, wer will sich denn bergauf noch plagen? Und daß sie auf glatten Pisten fahren wollen – her mit der Planierraupe und weg mit den Bäumen und dann mit der Schneewalze drüber, wen stört das bißchen Gestank?

Auch kann man nicht jedes verrostete Drahtseil ins Tal schaffen, es fällt ja kaum auf in der Müllhalde hinter dem Betonklotz der Bergstation. Die Wirte der Berghütten haben es da besser, viele lassen ihren Müll einfach in die Tiefe sausen, auf den Gletscher, und der speit den Dreck erst in hundert Jahren wieder aus, dann wissen unsere Urenkel wenigstens, was uns geschmeckt hat.

Die Zugspitze ist mit einem Gipfelplateau aus Beton abgedeckt, damit sich genügend Menschen tummeln können da oben, wozu sonst hätte man drei Seilbahnen sternförmig auf sie zugeführt? Werden sie dort etwa *nicht* gebraucht, die Wetterwarte, die Imbißbuden und Souvenirkioske, die Rolltreppen, die Meßstation des Max-Planck-Instituts, die Richtfunkstation der Bundespost und die Grenzpolizeistation zur Wahrung österreichischer und bayerischer Hoheitsrechte?

Zwar finden wir die einsamen Gipfel und die stillen Täler noch: Wenn wir uns ein Plätzchen abseits der Karawanenstraßen suchen oder wenigstens außerhalb der Hochsaison, und als letztes Mittel bleibt, drei Stunden früher aufzustehen als die andern. Doch damit auch unsere Kinder ihn noch haben, diesen schönsten Garten der Erde und diesen erstaunlichen Abenteuerspielplatz im Zentrum der Zivilisation –

Wenn die Naturschützer „die Natur" schützen wollen – was machen sie dann mit den bunten Kunstprodukten, die die Alpen so verschönern, wie das Barockkirchlein St. Johann in Ranui? Ist es überhaupt die Natur, die wir lieben?

dazu müssen wir uns etwas einfallen lassen.

Naturschutz? Das ist gut, wenn auch meistens zu wenig, manchmal zu viel und oft in den Alpen gar nicht gemeint, da es überwiegend das Werk der Bauern ist, das geschützt werden soll. Auch hat das Wort einen Beigeschmack von naturbelassenem Kohlrabi und von „Frieden für die Knoblauchkröte!", während zwischen den Menschen der Krieg der Auspüffe und Warteschlangen tobt. Tier und Pflanze sollen, müssen leben. Aber wer jede Sumpfschrecke gegen den Menschen verteidigen, wer das Gebirge als Ökosystem bewahren wollte: Der müßte von den 100 Millionen Stadtmenschen, die jährlich in den Alpen Erholung, Spaß und Abenteuer finden, mindestens 90 Millionen aussperren. Könnte er das? Würde er es ernstlich wollen?

Die Menschen selbst sind das Problem, eben weil sie zu Millionen kommen. Sie treten einander auf die Füße und bedecken die berühmten Aussichtspunkte mit ihrem Müll – ein Graus für alle Freunde der Bauernlandschaft und der Natur.

Doch wir müssen uns wohl mit einer schmerzlichen Einsicht vertraut machen: Die große Mehrzahl der Touristen trifft sich mit nahezu allen *Bewohnern* der Alpen in der Meinung, daß Rummel schön oder jedenfalls erträglich sei und für eine gute Bergbahn jederzeit ein weiteres Stück Natur angebohrt und abgehobelt werden dürfe. Aus der Sicht der Touristen, die zu den Liften strömen, wie der Einheimischen, die damit Geld verdienen, sind die Ruhesucher und die Prediger des Umweltschutzes eine nörgelnde Minderheit, die den Skifahrern den Spaß verderben und die Bergbauern in Armut halten möchte.

Und leider ist da was dran, zähneknirschend habe ich es mir eingestanden an einem Dienstag im Oktober: Auf den Parkplätzen der Ötztaler „Gletscherschaukel" am Rettenbach- und Tiefenbachferner zählte ich dreißig Omnibusse, sechshundert Autos und acht Kleinlastwagen, von den großen Skifirmen als rollende Reparaturwerkstätten eingesetzt, und zweitausend Menschen waren fröhlich – Hunderte auf den Pisten, Hunderte in den Warteschlangen, Hunderte auf den Parkplätzen, bei offenen Türen im Auto oder auf Campingmöbeln sitzend, manche blinzelten auch aus offenen Kofferräumen in die Sonne, den Walkman im Ohr, Bierdosen und Thermosflaschen kreisten, fünf Meter von der Gletscherspalte der Mercedesstern, und die Pistenbullys waren mehr zu riechen als zu hören, denn von hundert Autoradios wurden sie plärrend übertönt.

Alle Elemente der Naturverschandelung waren da versammelt – zur offensichtlichen Freude von zweitausend Touristen und zur Begeisterung der Liftbetreiber und der Hoteliers im Tal. Ich litt unter so viel gedrängter Abscheulichkeit und kam mir doch wie ein Mäkler vor. Natur *ohne* Beton, das wollen diese Leute nicht, und sie sind die Mehrheit, die Einheimischen mit der Masse der Touristen Arm in Arm – und wer könnte sich im Recht fühlen gegen sie, wer hätte die Kraft, ihnen zuzurufen: „Ihr seid alle doof, und ihr müßt alle weg"?

Freilich, es gibt immer mehr Karambolagen auf den Skipisten und sogar tödliche Zusammenstöße. Jeder dritte Skiunfall passiert unter dem Einfluß von Alkohol, und der Wintersport scheint sich zu einem Kampfsport „Jeder gegen jeden" zu entwickeln, wie der Chef der Chirurgischen Universitätsklinik Innsbruck meint. Doch warum sollten Skifahrer besser sein, als wir es von Autofahrern längst gewöhnt sind?

Selbst unter den Bergsteigern, wiewohl sie die Natur ungleich glimpflicher behandeln, verwandelt sich die oft besungene Bergkameradschaft immer häufiger in Aggressivität. Daß man aus Kolonnen Flüche hörte, war einst eine Besonderheit des Matterhorns (wo die Bergführer, damit sie früher Feierabend haben, ihre Auftraggeber scheuchen). Seit den siebziger Jahren aber hat sich auf allen vielbegangenen Routen ein Klima der Mißgunst ausgebreitet. In überfüllten Hütten wird um Schlafplatz und Teewasser gekämpft, an den Engpässen wie Kaminen oder Abseilstellen um günstige Placierung in der Warteschlange und auf den Gipfeln um einen Standplatz: Mehr als 300 Menschen 1982 an einem Tag am Großglockner unterwegs, davon 123 gleichzeitig auf der Spitze.

Das ist die Kehrseite der ungewöhnlichen, der doppelten Freiheit, die uns die Alpen bieten: Das Auto hat für die Münchner, Zürcher, Mailänder die Gipfel und die Pisten zur Wochenend- oder gar Tagestour gemacht, und jeder darf kraxeln, wandern, rutschen, wo und wie er will – während im Kaukasus wie im Himalaja, in der Alaska-Range wie in der Kordillere Patagoniens die Behörden den Zugang rationieren.

Solche Freiheit, inmitten Europas ungehemmt genossen, droht den Alpen ein ähnliches Schicksal zu bereiten wie dem Lago Maggiore: In den hat die Fülle der Touristen so viele Fäkalien entlassen, daß den Touristen vom Baden im Lago Maggiore abgeraten werden muß, obwohl sie eigentlich deswegen hergekommen waren. Ohne eine gewisse Kanalisierung der Touristenströme, vor allem aber ohne rigorose Bauverbote sind die Alpen nicht zu retten.

Natur im Rohzustand? Den haben die Almbauern schon vor tausend Jahren abgeschafft. Kuhglocken auf einer Sommerwiese, das ist uns Natur genug, und erst die Wallfahrtskirche St. Bartholomä macht den Königssee komplett.

Wer die Natur dennoch nackt und roh haben will, dem bleibt die Region der Gipfel. Da oben ist sie groß, herrlich und brutal, die Natur. Mit arktischen Stürmen fegt sie die Grate, mit afrikanischer Sonne heizt sie die Mulden im ewigen Schnee. Abgründe reißt sie auf vor den Augen und den Nerven, und manchmal schickt sie uns die Angst.

Wir stehen auf dem Zinalrothorn, gekrümmt von brüllendem Nordwest, Eishagel jagt die Wand herauf und prasselt uns auf den Rücken, daß wir heulen. Im Schneesturm fliehen wir vom Mittellegi-Grat des Eigers, ein Schneerutsch reißt uns die Füße weg, in den milchigen Eismeerkessel unter uns poltern die Lawinen und verlegen uns den Weg. Die Knie zittern, unter weißen Brauen dampft der Atem.

Die Alpen: das sind eben nicht nur Heimatabende im Zillertal und fast 13 000 Bahnen und Lifte über glitzerndem Autoblech. Es sind auch feindliche Wüsten von Eis und Geröll, Schluchten ohne Sonnenlicht, Schafe, die kläglich blökend mit dem Schneesturm kämpfen. Es sind Burgruinen, Zementfabriken und die Palasthotels von St. Moritz und Badgastein. Es sind die Bauern mit der Sense am Steilhang über dem festlichen Passeier Tal, die Fliegenden Händler auf den Dolomiten-Pässen und tausend zerschmetterte oder erfrorene Menschen Jahr für Jahr. Es ist die brutale Häßlichkeit der Moräne des Paradiso-Gletschers im Valgrisenche, es sind die Juchzer, die an schönen Sommertagen in die Steinerne Rinne im Wilden Kaiser herunterschallen aus den Wänden der Fleischbank und des Predigtstuhls; es sind Staudämme und donnernde Lawinen, Hochwald und eine Milliarden-Industrie, der tödliche Ernst der verfallenden Dörfer im Dauphiné und der Jubelruf, wenn über den Baumkronen ein Riesenzelt silbern aus dem Himmel tritt.

Wir kauern auf dem Hugi-Sattel, 4090 Meter hoch, da, wo der rostbraune Gipfelgrat des Finsteraarhorns ansetzt: Wie mit Fanfarenstößen geht die Sonne auf, den Mond läßt sie erbleichen, auf die Zinnen des Wallis schüttet sie Purpur, Lachs, Karmin, Orange, Scharlach und Zinnober. Wir rasten fröstelnd über der Fuorcla Prievlusa und ahnen plötzlich zwischen Wolkenfetzen den Bianco-Grat, wie er sich in Wellen blanken Eises dem Nichts entgegenwirft, die Gala-Schau der Schöpfung, und wir ertappen uns dabei, daß wir feuchte Augen kriegen, einfach weil es so schön ist auf der Welt.

Wozu schließlich auch das erstklassige Restaurant gehört, das in Pontresina auf uns wartet. So loben wir uns die Natur. So wollen wir die Alpen erhalten.

Aus dem Meer emporgedrückt, gefaltet und zusammengestaucht, dann von Wasser zernagt und von Eis gehobelt – so reiht sich Kette um Kette das Gestein wie hier die Lechtaler Alpen, über den Abenddunst der Täler hinweg von der Zugspitze aus gesehen. Landschaft in der Dritten Dimension, Wildnis, von Bauern bewohnbar gemacht und von Städtern als schön empfunden

Von Afrika gehoben und vom Eis in Form gebracht

Wie in einem Baumkuchen sind die Gesteine in der Romanche bei Grenoble übereinandergeschichtet – Zeichen dafür, daß beim Zusammenprall der afrikanischen Platte mit der eurasischen ein Druck und eine Hitze entstanden, die auch das sprödeste Gestein plastisch machten. Allerorten lassen die Alpen erkennen, wie sie infolge eines ungeheuren Knautschvorgangs in die Höhe wuchsen – ein Chaos, in das erst die Arbeit von Wasser und Eis gewisse dem Menschen erkennbare Gesetzmäßigkeiten brachte

Aus der Finsterbachschlucht am Ritten über Bozen ragen, bis zu dreißig Meter hoch, die höchsten der vielen Erdpyramiden in den Alpen. Ihre Spitzen zeigen die ursprüngliche Höhe einer eiszeitlichen Moräne an: Wo ein Felsblock den Schutt vor Regen schützte, wurde er nicht ausgespült. Ist der Deckstein abgestürzt, so verwittert die Pyramide rasch

Fallende Wasser: Sie haben die Alpen zersägt, die Touristen entzückt und die Wasserkraftwerke ins Leben gerufen, und dann haben die Kraftwerke die meisten Wasserfälle in Rohre oder Stollen gefaßt. Zu den letzten Überlebenden gehören die Krimmler Fälle am Nordostrand der Zillertaler Alpen: In Wolken von Wasserstaub gehüllt, donnert die Krimmler Ache in drei Stufen 380 Meter in die Tiefe

Auf den Gipfeln ist immer Winter. Als seine Boten schickt er die Gletscher hinab, zwei sogar bis mitten in die Sommerwiesen: den Bossons-Gletscher bei Chamonix und (im Bild) den Oberen Grindelwaldgletscher im Berner Oberland, dem Eiszentrum der Alpen. Rund zehn Meter Schnee verdichten sich zu einem Meter Eis, das dann hundert Jahre und länger talwärts kriecht, von Spalten durchzogen oder zu wilden Brüchen zerrissen je nach der Form der Felsen darunter

„Gletschergarten" oder „Gletscherschliff" heißen jene Felspartien, denen man noch heute ansehen kann, mit welcher Gewalt die riesigen Gletscher der Eiszeit die Alpen einst zurechtgehobelt haben — zur Freude der Bauern und später der Touristen, weil es ohne die Arbeit des Eises keine breiten Täler gäbe. Hier der Gletschergarten von Flintsbach bei Brannenburg in Oberbayern, direkt über der Inntal-Autobahn

Blöcke, Trümmer, Schutt: das Werk der Verwitterung, hier am Berghaus Flue (2618 m) über Zermatt. Auf dem Fels wachsen Krustenflechten, die Vorreiter höherer Vegetation. Sie gedeihen auch in ewigem Frost, sie brauchen keinen Humus; nur auf gute Luft sind sie angewiesen, und die gibt's noch reichlich in den Alpen abseits der Fabriken und der großen Schneisen des Fremdenverkehrs

Die Alpen sind in Bewegung, das Matterhorn ist ein Durchgangsstadium, wir haben Glück mit ihm. Vor den Eiszeiten existierte nichts, was dem Matterhorn auch nur geähnelt hätte, und dermaleinst wird es zu einem Schutthaufen erniedrigt sein, auf dem Gräser wachsen und Schafe weiden werden, falls es dann noch welche gibt.

Wer nun meint, dergleichen spiele sich in den berüchtigten geologischen Zeiträumen, also weit jenseits unserer Erfahrung ab: Der irrt. Gletscher ändern ihre Länge rasch, manchmal um hundert Meter in einem Jahr. Am Matterhorn wackelt fast alles, Steine poltern Tag für Tag zu Tausenden in die Tiefe und vermindern unaufhaltsam das Volumen der Gipfelpyramide. Vom Hochkalter bei Berchtesgaden krachte 1908 ein Klotz größer als eine Kathedrale mitsamt dem Gipfelsteinmann zu Tal. 100 Millionen Tonnen Fels stürzten 1806 vom Roßberg im Kanton Schwyz auf das Dorf Goldau und zerschmetterten 457 Menschen. Und daß die Erbauer der Vaiont-Talsperre die ständige Bewegung der Alpen nicht zur Kenntnis nahmen, hat sich fürchterlich gerächt: Am 8. Oktober 1963 brachen etwa 200 Millionen Tonnen Fels vom Monte Toc ab, donnerten in den Stausee und schwappten 48 Millionen Tonnen Wasser über die Mauer, es verwüstete das Piave-Tal und brachte in Longarone und anderen Dörfern 2500 Menschen um.

Die Alpen werden also nicht in den Himmel wachsen, obwohl sie Jahr für Jahr etwa einen Millimeter höher werden, immer noch, so daß in nur vier Millionen Jahren der Montblanc so hoch sein könnte wie heute der Mount Everest – wenn die Alpen eben nicht gleichzeitig *abgetragen* würden wie alle Gebirge: abgetragen vor allem durch die schleifende, sprengende und zersetzende Wirkung von Wasser und Eis, durch tobende Bäche und scheuernde Gletscher; neuerdings auch durch Bergsteiger, wenn sie beim Abwärtsrennen über einen Geröllhang ganze Tonnen von Steinen tiefer schieben, und durch Bulldozer und Planierraupen, die im Dienst der Autofahrer und der Skiläufer tausendfältig an den Alpen hobeln.

Was da abgetragen wird, ist zuvor hochgeschoben worden – durch eine Kollision zwischen der afrikanischen und der eurasischen Platte. Das war ein überaus komplizierter Vorgang, der sich nur anschaulich machen läßt, wenn man das Geologenkauderwelsch zertrümmert. Die Brockhaus-Enzyklopädie läßt uns über die Entstehung der Alpen beispielsweise wissen, das geröllreiche kontinentale Verrucano habe

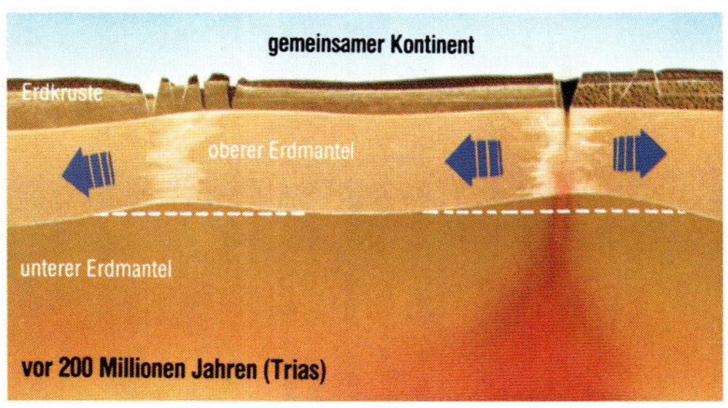

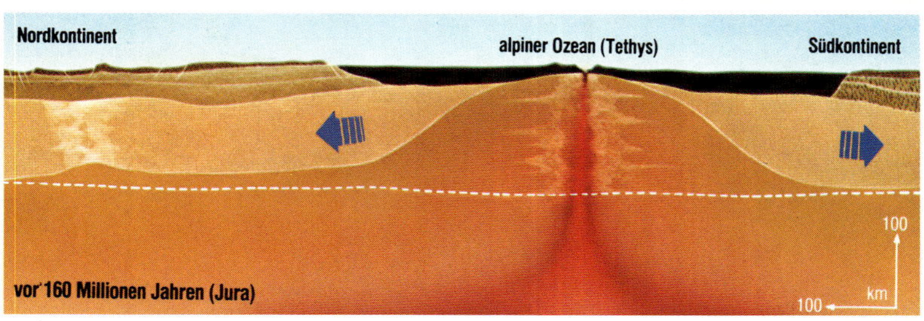

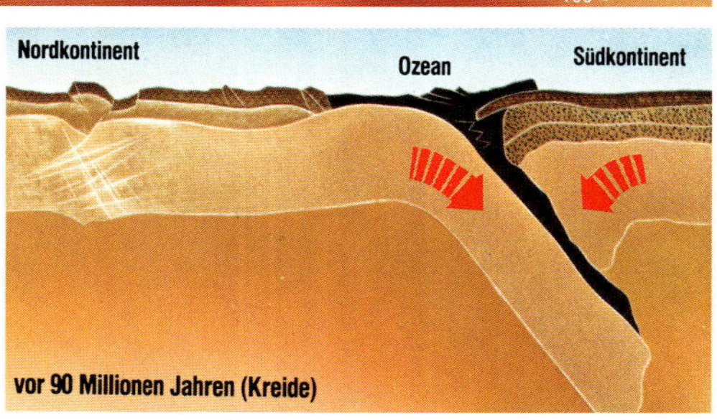

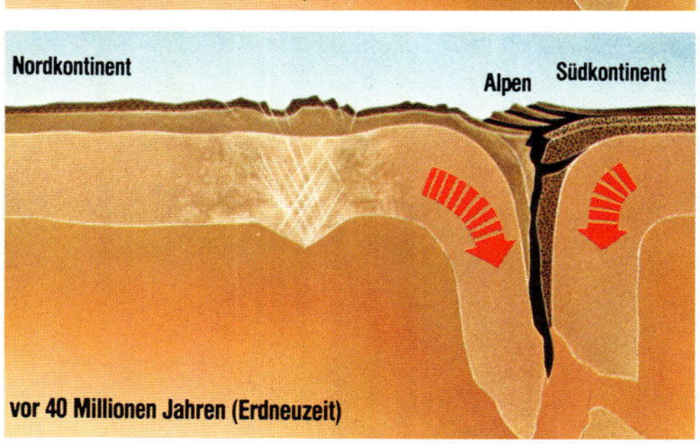

Die Alpen sind die Splitter, die bei der Kollision zweier Erdteile entstanden. Es begann damit, daß vor rund 200 Millionen Jahren der Urkontinent zerriß, aus dem die heutigen Erdteile hervorgegangen sind; in den Bruch zwischen Nord- und Südkontinent ergoß sich das Meer. Vor etwa 100 Millionen Jahren schoben sich die beiden Kontinente wieder aufeinander zu, vor 90 Millionen Jahren begann ihr Zusammenprall: Der Meeresgrund wurde unter den Südkontinent gedrückt; aus den Sockeln abgesplittertes Gestein wurde emporgehoben, zusammengestaucht und nach Norden verfrachtet

die mesozoische Geosynklinalphase eingeleitet, und der Kosmos-Wanderführer schreibt: „In Jura und Kreide akzentuierte sich die Briançonnais-Schwelle, auf deren paläozoischer Basis (Zone houillère) mit Trias-Bedekkung nur sehr schmächtige Sedimente zur Sedimentation kamen."

Versuchen wir es anders: Vor rund 200 Millionen Jahren zerbrach der Urkontinent, aus dem die heutigen Erdteile hervorgegangen sind. Der neue Südkontinent, zu dem außer Afrika das heutige Vorderasien und auch Italien gehörten, nahm in bezug auf den neuen Nordkontinent (die nördlichen zwei Drittel der heutigen Erdteile Europa und Asien) eine Drehbewegung vor: Im Westen riß sich die afrikanische Platte von Spanien los, im Osten schob sie sich näher an Europa heran, das heißt, Afrika näherte sich der Position, die es heute auf der Landkarte einnimmt.

So entstand zwischen den Platten ein Meeresarm, ein Teil des Tethysmeers, von den Geologen auch „alpiner Ozean" genannt, weil aus ihm die Alpen wuchsen. In dieses Meer schütteten die Flüsse, was sie vom Land mitnahmen: Kies, Mergel, Sand und Reste abgestorbener Organismen. Unter dem Druck immer neuer Ablagerungen wurde aus den unteren Schichten das Meerwasser ausgepreßt, so daß sie sich verdichteten, verhärteten und im Laufe von Jahrmillionen zu Ablagerungsgesteinen – Sedimenten – verkitteten. In die Sedimente wurden Trilliarden von Algen, Schwämmen, Muscheln, Schnecken sowie Ammoniten eingeschlossen, Vorfahren der heutigen „Perlboote", einer Ordnung der Kopffüßer und Verwandte der Tintenfische.

Vor rund 150 Millionen Jahren wuchs aus dem Grund des Tethysmeers ein vulkanisches Unterwassergebirge, an dessen Kuppen und Hängen sich Korallen ansiedelten; sie bauten Riffe und Atolle, von denen wir etliche noch heute in den Alpen wiedererkennen können.

Vor rund 100 Millionen Jahren begannen sich die Platten des Nord- und des Südkontinents aufeinander zuzuschieben. Der Untergrund des „alpinen Ozeans" wurde dabei unter den Südkontinent gedrückt, hinab bis in die Tiefe des unteren Erdmantels. Beim Zusammenprall der Kontinente entstand eine gigantische Knautschzone, in der Splitter aus den Kontinentalsockeln und Reste des Ozeanbodens mitsamt den Sedimenten, Korallenbänken und vulkanischer Lava emporgehoben wurden.

Dieser gewaltige Stauch- und Hebevorgang quetschte, faltete, verknetete die Gesteine, kippte sie übereinander und schob sie bis zu 250 Kilometer weit weg von ihrem Ursprungsort übers Festland nach Norden. Mächtige Bukkel entstanden bei diesem Drunter und Drüber, Blöcke, Trümmerfelder, Plat-

Tropenpflanzen und Meerestiere auf Bergeshöhen: der Abdruck eines Fischsauriers im Tessin, von Farnen aus der Verdonschlucht bei Nizza, von Ammonshörnern aus der Familie der Tintenfische im Tessin. Denn die Alpen sind einst aus einem subtropischen Meer aufgestiegen, in das die Flüsse Kies, Sand und Mergel schütteten. Die unteren Schichten dieser Ablagerungen versteinerten im Lauf der Jahrmillionen unter dem Gewicht der oberen Schichten – und die Überreste von Lebewesen mit ihnen

ten und schiefe Ebenen mit scharfen Abbruchkanten; die Gesteine waagerecht geschichtet wie in den Dolomiten, senkrecht wie am Predigtstuhl im Wilden Kaiser oder ineinandergerührt, eisenharter Granit zwischen bröckelndem Schiefer und rieselndem Mergel – zum Schrecken der Erbauer der großen Alpentunnel und mit tödlichen Folgen für Hunderte von Tunnelarbeitern, wenn die Bohrmaschine das höchst labile Gleichgewicht der gewaltsam gemischten Gesteine störte.

Vielerlei erinnert uns noch an die Herkunft der Alpen aus dem Meer: das Salz, das der Mensch seit bald 3000 Jahren aus den Bergen kratzt, dort, wo es sich in Lagunen abgelagert hatte; die Abdrücke von Muscheln bis in die Nordwand des Eigers; das Hochplateau des Schlern (2564 m) über der Seiseralm in den Dolomiten, das einst ein Korallenriff gewesen ist, wie auch der Langkofel und die Marmolada.

Diese Riffe waren so hart, daß sie die Kollision kompakt und kaum beschädigt überstanden, ähnlich der anderthalb Kilometer dicken „Bozener Quarzporphyr-Platte", jenem rötlichen Vulkangestein, das die Autofahrt nach Bozen auf zwei Routen zu einem Drama für die Augen macht: Kommt man von Südosten durchs Eggental über die Dolomitenstraße, so fährt man zehn Kilometer lang durch die wüste Schlucht, die der Karneider Bach in den Porphyr gesägt hat. Wer sich von Norden aus dem Sarntal nähert, der durchfährt den Porphyr in 24 Tunneln, und zwischen ihnen reißt es das Auge empor zu den Adlerhorsten: dem Kirchlein auf dem Johanneskofel und

Die Köpfe meistens in Wolken, die Füße immer im Geröll – das müßten die Ansichtskarten zeigen, wenn sie die Berge so abbilden wollten, wie sie für gewöhnlich aussehen. Auch die berühmten Nordwände der Drei Zinnen in den Sextener Dolomiten (von links: Kleine, Große, Westliche Zinne) sind von der Verwitterung geformt; Steine poltern von ihnen in die Tiefe, bis eines fernen Tages die Zinnen nur noch Schutthügel sein werden

der Schloßruine Wangen links und der Burg Rafenstein rechts und der Burg Runkelstein links und zu den Weinbergen, die in den Himmel wachsen. Da hat der gewaltige Druck der Kontinente eine ganze Landschaft himmelwärts geschleudert.

Auch diese überwältigende Schlucht ist ein Werk des Wassers. Die Alpen, wie wir sie kennen, die meisten Täler und alle markanten Berggestalten sind nicht durch die Hebung entstanden, sondern erst durch den gegenläufigen Vorgang: die Abtragung oder Erosion. Sie hat Spalten und Risse zu Schluchten und Tälern erweitert, in die Täler Schutt geschüttet und ihn wieder weggeschleift, Gipfel und Grate erst zugeschärft und ausgezackt und sie dann zusammenstürzen lassen – und all dies tut sie weiter Tag für Tag. „Was wir bewundern", schrieb Paul Güßfeldt, der zwischen 1877 und 1893 ein Pionier des Alpinismus war, „ist nicht der fertige, sondern der zusammenbrechende Bau, der seine wahre Schönheit erst seinen Trümmern verdankt."

Abtragung – „Erosion" im weiteren Wortsinn – ist die Summe der Vorgänge, die die Erde einebnen. In den Alpen geschieht dies auf dreierlei Weise:

- durch den *Schub* von Wasser und Eis, Sand und Geröll, die „Erosion" im engeren Wortsinn,
- durch *Verwitterung,*
- in jüngster Zeit durch den Menschen.

Verwitterung findet chemisch oder physikalisch statt. *Chemische* Verwitterung oder *Korrosion*, zu Deutsch „Zernagung", bedeutet: Wasser und die darin gelösten Säuren – wie Kohlensäure – können eine feste Gesteinsoberfläche zerstören, zumal wenn es sich um Kalkstein handelt: Kalziumkarbonat verbindet sich mit Kohlensäure zu Kalziumhydrogenkarbonat, das zehnmal leichter wasserlöslich ist. So werden Risse zu Fugen und Klüften erweitert, alles Wasser versickert, und oben bleibt eine Karstlandschaft zurück wie das Steinerne Meer überm Königssee oder das Tote Gebirge im Salzkammergut.

Die *physikalische* oder mechanische Verwitterung besorgen Wasser, Wind und Sonne, auch die Wurzeln von Bäumen, Gräsern, Alpenrosen, die lockeres Gestein zersprengen können (biologische Verwitterung). Unter intensiver Sonneneinstrahlung vergrößert der Fels sein Volumen, die nächtliche Abkühlung verringert es wieder, noch dazu unterschiedlich stark innerhalb der Bestandteile eines Gesteinsgemenges: Im Granit zum Beispiel arbeiten Quarz, Feldspat und Glimmer mit ihrer unterschiedlichen Dehnung zerstörerisch gegeneinander an. So entstehen mechanische Kräfte, die Gestein zu Schutt zertrümmern oder meterdicke Blöcke absprengen können. In den Gebirgen der Sahara – viel Sonne, kaum Wasser – ist die Hitzesprengung die in-

Das Werk des Wassers: Südöstlich von Bozen hat der Karneider Bach eine zehn Kilometer lange Schlucht in den rötlichen Porphyr gesägt, das Eggental. Im Steinernen Meer bei Berchtesgaden hat der Regen den Kalkstein chemisch zerfressen, so daß sich an der Oberfläche kein Wasser halten kann und der Pflanzenwuchs verkümmert

tensivste Form der Verwitterung, unterstützt von der Abtragung durch den Wind, die „Deflation": Wenn er Sand mit sich führt, wirkt er wie ein Sandstrahlgebläse und schmirgelt an den Bergen. In der Frühgeschichte der Alpen herrschte bei uns ein ähnliches Klima.

Seit aber die Alpen reich an Regen und Schnee geworden sind, geht in ihnen der emsigste aller Sprengmeister um: der *Spaltenfrost.* Wenn Wasser gefriert, vergrößert es sein Volumen um neun Prozent, und dies mit einer Sprengkraft, die bei minus 20 Grad zwei Tonnen pro Quadratzentimeter erreicht. Regen- oder Schmelzwasser tropft in die unzähligen Risse und Spalten des Gesteins und sprengt sie auseinander, wann immer Nachtfrost einfällt.

Findet die Verwitterung im Flachland statt, so bleiben ihre Produkte liegen; die Landschaft wird also nur wenig verändert, tieferes Gestein durch die Verwitterungsprodukte sogar vor der weiteren Zerstörung durch Wasser, Wind und Sonne geschützt. Im Gebirge dagegen, wo die Verwitterungseinflüsse ohnehin stärker sind – grellere Sonne, härterer Wind, mehr Regen und dazu häufiges Schwanken der Temperatur um den Gefrierpunkt: da rutschen die abgesprengten Steine und Platten in die Tiefe und geben so immer neues Gestein der Verwitterung preis. Die Erosion frißt sich rückwärts und aufwärts in den Berg hinein.

Nagt sie an weichem Fels, so zermahlt sie ihn und erzeugt einen Schuttberg wie das Oberrothorn bei Zermatt. Wechselt die Härte mit der Schichtung des Gesteins, so wird seine Böschung durch Terrassen unterbrochen. Je mehr Widerstand der Fels der Verwitterung entgegensetzt, um so steiler macht sie ihn; Paradefall: das Kalzium-Magnesium-Karbonat der Dolomiten. Wie die einst beschaffen waren, zeigt außer dem Schlern auch der Kesselkogel, ein noch unzernagter dicker Buckel hart hinter den Vajolett-Türmen, die als klassische Produkte der Sägearbeit von Wasser und Frost ungleich berühmter sind. Und wie die Dolomiten dermaleinst beschaffen sein werden, das demonstrieren jene vielen unattraktiven und deshalb selten fotografierten Gipfel, bei denen der steile Fels kaum hundert Meter hoch aus einem riesigen Schuttkegel ragt.

Stürzen Steine und Trümmer in die Bäche und Flüsse auf dem Grund der Täler, so schiebt das Wasser sie mit, während der Schneeschmelze mit zerstörender Wucht. Sie zertrümmern das Gestein unter sich und rammen die Felstore im Flußlauf, bis sie fallen. Vom mitgeführten Sand als Schleifmittel unterstützt, kann ein Wildbach auf diese Weise im Jahr einen halben Millimeter abtragen, und das ergibt in

Laufende Berge: Der Große und der Kleine Mythen nordöstlich des Vierwaldstättersees sind vom Druck der afrikanischen Platte rund hundert Kilometer weit nach Norden geschoben worden, aus der Gegend des Lago Maggiore – dort erst kehren die Gesteine wieder, aus denen die Mythen bestehen

So haben sich einst die Gesteinsschichten in den Mythen gefaltet (rechts), und das haben Wasser und Eis aus ihnen herauspräpariert (unten)

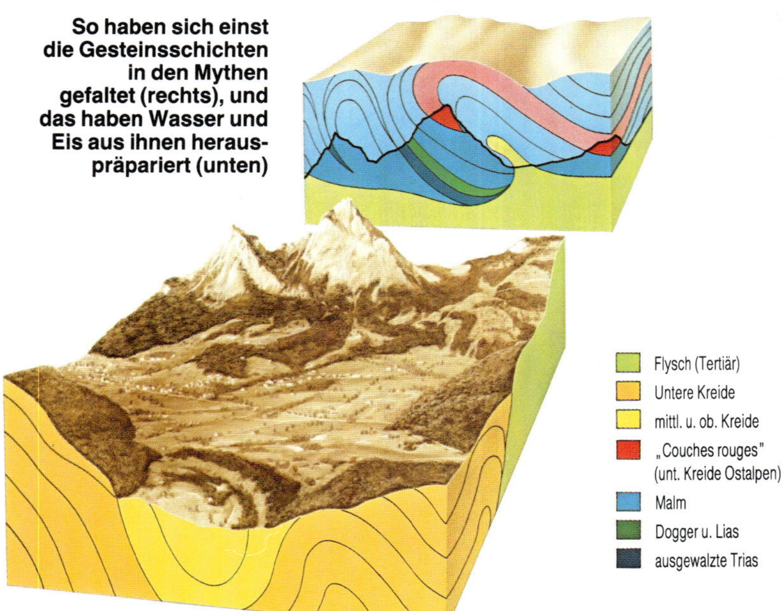

100 000 Jahren eine Schlucht von 50 Metern Tiefe. Die Trümmelbach-Fälle bei Lauterbrunnen transportieren Jahr für Jahr 20 000 Tonnen Steine von der Jungfrau ab, der Durnagelbach in den Glarner Alpen riß 1944 nach einem Unwetter innerhalb weniger Stunden etwa eine Million Tonnen lockeren Gesteins fünf Kilometer weit zu Tal.

Eine kaum vorstellbare Säge- und Schiebearbeit hat da im Lauf der rund 20 Millionen Jahre seit der Auffaltung der Alpen stattgefunden: Eine Schicht von mehreren Kilometern Dicke ist abgehobelt und ins Flachland verfrachtet worden. München, Zürich, Bern stehen auf Alpenschutt, Lech, Isar, Inn und Donau haben ihn bis nach Ungarn, der Po hat ihn bis in die Adria geschoben – ja die Geologen schätzen, daß die gesamte Schuttmenge, die bisher von den Alpen abgetragen worden ist, ein größeres Volumen hat als die Alpen selber in ihrer heutigen Gestalt.

Was dieser gigantische Gesteinstransport bewirkt, wird selbst in der Spanne eines Menschenlebens deutlich an der *Verlandung* der Alpenseen. Der Schwemmkegel im Königssee, auf dem die Kirche St. Bartholomä steht, wächst sichtbar auf das andere Ufer zu. Mancher Fremdenverkehrsdirektor ist, wenn er ein paar Jahrzehnte weiterdenkt, in Sorge, wohin sein Seeufer wandern wird; mancher Kraftwerksdirektor ist längst in Panik verfallen, weil das Geröll es liebt, sich auf dem Grund der Stauseen niederzulassen, so daß der Seegrund steigt und die gespeicherte Wassermenge sinkt. Dem Bodensee geben die Experten noch 15 000 Jahre.

Doch die gewalttätigsten Steinmetze und Steintransporter der Alpen waren der Schnee und die Gletscher, seit vor mehr als einer Million Jahren das Eiszeitalter anbrach. Sie haben die Berge noch steiler, gleichzeitig die Täler viel breiter – und damit erst die Alpen bewohnbar gemacht.

Es fällt also Schnee auf die Buckel und Platten, die vor der Eiszeit für die Alpen typisch waren. Von nun an ist Wasser immer präsent, auch wenn es wochenlang nicht regnet: Im Sommer schmilzt der Schnee, Wasser füllt alle Risse, die Frostsprengung vervielfacht sich. An allen Hängen rutscht der Schnee und beschleunigt den Abtransport der losgesprengten Steine. In Nischen hält er sich länger und nagt so lange an seinem Felsgrund, bis ein *Kar* entstanden ist: eine schräge oder steile Wanne, ein „Lehnsessel" im Fels, einst oder noch heute mit Firn gefüllt, unten abgeflacht durch das von oben losgerissene Geröll.

Erosion über Wasser: Der Schutt aus der Ostwand des Watzmanns hat im Königssee den Schwemmkegel gebildet, auf dem St. Bartholomä steht. Die Halbinsel wächst immer noch, in einigen Jahrtausenden wird sie den See geteilt haben. Erosion unter Wasser: Gletscherschliff, 80 Meter unter dem Spiegel des Traunsees im Salzkammergut, aus einem Forschungstauchboot aufgenommen

Frißt der Frost einen Bergrücken auf beiden Seiten an, so kann dabei ein *Grat* entstehen: „Diese scheinbar für die Ewigkeit bestimmten Gebirge verändern sich ständig und zerbröckeln zu Staub", wie der erste Matterhorn-Bezwinger, Edward Whymper, schrieb, „ihre zerrissenen Grate sind Zeugen ihrer Leiden."

War eine Bergkuppe annähernd kegelförmig, so können Schnee und Eis *ringsum* Kare hineinfressen und es entsteht ein „Karling" – ein Wort, das nur Geologen kennen, doch das Resultat kennt in einem Fall die ganze Welt, denn es ist das Matterhorn: ringsherum oben steil und unten aus einer Geröllwüste wachsend, die auf den Ansichtskarten meist unterschlagen wird. So macht das Eis die Berge steiler und imposanter, ehe es sie „übersteilt" und dadurch zusammenstürzen läßt – wie den Gipfel des Ankogels in den Hohen Tauern (jetzt 3246 m), der 1932 auf einen Schlag sieben Meter verlor.

Die Verwitterung kann großartige Formen aus den Felsen fräsen wie das Matterhorn, oder sie kann einen Berg völlig zu Schutt zermahlen wie das Oberrothorn im Vordergrund. Das gesamte heutige Volumen der Alpen ist vermutlich kleiner als die Schuttmenge, die im Laufe der Jahrmillionen von Flüssen und Gletschern aus den Alpen abtransportiert worden ist – bis in die Pußta und die Adria. Auf einer ähnlichen Reise befindet sich der Felsbrocken vom Grand Combin im Wallis, den der Corbassière-Gletscher mit sich führt

Manche der Trümmerfelder, die so entstehen, sind von atemraubender Häßlichkeit: hausgroße Klötze, wie von einem schlechtgelaunten Riesen hingeworfen, etwa bei der Blaueishütte unterm Hochkalter in den Berchtesgadener Alpen, im Etançons-Tal von La Bérarde zur Meije im Dauphiné oder in der „Arschkimme" über der Täschhütte im Wallis, ein treffender Name auf der schweizerischen Landeskarte.

Doch nicht nur, daß der Schnee Kare in die Hänge nagt: Wo die Sommersonne mit dem Schmelzen nicht nachkommt, und das heißt heutzutage meist oberhalb 3000 Metern, wird der Schnee dichter und zäher durch die Wechselbäder von Sonne und Frost und das Gewicht der nachfolgenden Neuschnee-Auflagen: Acht Meter Neuschnee verwandeln sich in einen Meter Alt- oder Firnschnee, dann in Firneis, das noch körnig und lufthaltig ist und nur halb so viel wie Wasser wiegt; schließlich in Gletschereis.

Das ist eine homogene Masse, die entweder auf dem Grund eines Kars liegenbleibt oder aber talwärts kriecht, ein paar Zentimeter pro Tag und im Jahr 20 bis 200 Meter; gezogen vom eigenen Gewicht und geschoben vom nachrutschenden Firn. Dabei werden Spalten aufgerissen durch Zugspannungen von mehrfacher Art: Randspalten, weil Eis, wie Flußwasser, an den Rändern langsamer strömt; Querspalten, wenn der Felsgrund plötzlich stärker abfällt; Quer- oder Längsspalten, wenn das Eis über Felsbuckel fließt; manchmal Gletscherbrüche, ein Tohuwabohu von Spalten und Türmen, wenn der Untergrund plötzlich steil abbricht.

Ihre Lage ändern Gletscherspalten kaum: Das Eis schließt sich wieder, sobald es über jenen Felsgrund hinweggekrochen ist, der es zerriß. Und meist sind Spalten nicht tiefer als vierzig Meter, denn unter dem Druck der Eismassen wird das Gletschereis in der Tiefe plastisch und fließfähig.

Freilich, vierzig Meter! Das ist kirchturmtief, und wer da hinabstürzt, braucht gute Ausbildung oder gute

Seilgefährten und in jedem Fall eine Portion Glück, um sein eisiges Gefängnis wieder zu verlassen. Nun ist zwar „Sturz in die Gletscherspalte" eine viel seltenere Ursache tödlicher Unfälle als „Abrutschen in Fels oder Eis" – doch die Angst vor den Spalten ist berechtigt, weil sie so tückisch sind und weil es schlimm ist, in der Tiefe langsam zu sterben. Wer nun ein einfaches Seil um die Brust geschlungen hat wie früher üblich und bei etlichen Bergführern immer noch, dessen Arme sind binnen zehn Minuten gelähmt, wenn er in der Spalte baumelt, und in zwei Stunden ist er tot.

Wo Spalten schneefrei offenliegen, kann man sie umgehen, schmalere überschreiten oder überspringen; doch das Springen, zumal mit schwerem Rucksack, ist nicht jedermanns Sache, und ziemlich kühn klingt die Einladung des Wirts der Monte-Rosa-Hütte an jeden Bergwanderer, den Gornergletscher mit vielen Sprüngen zu überqueren, um auf der Hütte einen Imbiß zu nehmen.

Würde eine breite Spalte zu einem langen Umweg zwingen, so versuchen Bergsteiger sie auf einer Schneebrücke zu überschreiten, einem Altschnee-Rest, von dem man hoffen kann, daß er einen Menschen trägt. Der andere am Seil konzentriert sich aufs Sichern, und doch: Es kostet Nerven, auf so hinfälligem Pfad über einen Abgrund von Eis zu balancieren, der manchmal blaugrün schillert und manchmal im Dämmerlicht versinkt – als hätte man in den First einer gotischen Kathedrale ein Loch gestemmt und sähe nun hinab in den düsteren Riesenraum mit seinen Kreuzgewölben und Strebepfeilern, die Tiefe aber ist fürchterlich.

Vierzig Meter: So hoch läge an einigen Punkten der Alpen auch der Schnee, der in einem einzigen Jahr fällt, wenn nicht die Sonne und jeder neue Niederschlag ihn zusammendrückten. Schneemenge, Sonnenstrahlung und Lufttemperatur bestimmen gemeinsam den *Massenhaushalt* eines Gletschers, seine Länge, Fläche und Mächtigkeit. Gewaltige Schneefälle und heiße Sonne können einen ebenso großen Gletscher produzieren wie spärliche Niederschläge in kaltem Klima. Dabei spiegelt der Eisstrom das Klima von Jahrhunderten wider: Bis zu 400 Jahre lang ist in den großen Alpengletschern eine Schneeflocke unterwegs, ehe sie an der Gletscherzunge schmilzt.

Es dauerte 68 Jahre, bis der Gletscher 1956 die Leiche des Münchner Studenten Georg Winkler freigab, der 1888 aus der Westwand des Weißhorns gestürzt war. Aus den Adamello-Gletschern nordwestlich des Gardasees schmelzen noch immer Waffen, Schlitten und Gefallene des Krieges von 1915 bis 1918. Die Leiche von Lord Douglas, der 1865 beim ersten Abstieg vom Matterhorn abstürzte, hält das Eis bis heute.

Wie viele Milliarden Tonnen von Eis da durch die Alpen strömen, wissen wir erst, seit wir durch das Echolot die Mächtigkeit der Gletscher messen können. Obwohl sie kaum 1,5 Prozent der Alpen bedecken (rund 3000 Quadratkilometer, das ist etwas mehr als das Saarland oder Vorarlberg oder das Tessin) – ihre Eismenge würde ausreichen, die gesamten Alpen mehr als einen Meter hoch mit Eis zu überziehen.

Im Eiszentrum der Alpen: Unter dem Aletschhorn (4195 m) im Berner Oberland, wo Jungfraufirn und Fiescherfirn zusammenfließen, da liegt der Konkordiaplatz – eine Wanne, 900 Meter hoch mit Eis gefüllt. Das gibt eine Vorstellung von jener kalten Klimaperiode, in der die Alpen mit einer 1000 bis 2000 Meter dicken Eisschicht überzogen waren

Die Pasterze unter dem Großglockner ist 320 Meter dick, und wer auf dem Konkordiaplatz im Berner Oberland, dem Eiszentrum der Alpen, steht, da, wo sich die Firnströme von Jungfrau, Aletschhorn und Fiescherhörnern zum Aletschgletscher vereinigen, der hat gar 900 Meter Eis unter den Füßen.

Wenn man dort in die Runde blickt, mit Schnee und Eis himmelhoch unter der Sommersonne – man könnte meinen, eben dies verdiene „Eiszeit" zu heißen. Auch wenn ich an den gräßlichen Abstieg vom Finsteraarhorn ins Tal der Rhône denke, vierzehn Kilometer weit über den Fieschergletscher stolpernd, oder an die Westflanke des Grand Combin, wo ein Riese mit den Kubikkilometern jongliert hat, als wären es Wattebäusche.

Dabei ist die Vergletscherung heute nur noch halb so groß wie in der „Kleinen Eiszeit" von 1600 bis 1860: Damals hörte man in Grindelwald die Spalten krachen und die Bäume splittern, die der Gletscher knickte. Die meisten Moränen, die noch unbewachsen und darum gut erkennbar sind, zum Teil turmhoch über der Gletscheroberfläche, zeigen diesen letzten Hochstand des Eises an.

Umgekehrt war im späten Mittelalter die Vergletscherung weit geringer als in unserer Zeit. Viel höher hinauf reichten die Siedlungen, das Wurtenkees in den Hohen Tauern deckt mit seinem Eis noch heute die Reste des Goldbergbaus zu, der dort im 15. und 16. Jahrhundert betrieben wurde. Ein neuer Tiefstand des Eises herrschte von 1927

Die Eiskappe der Aiguille du Goûter würde die Berghütte – den wichtigsten Stützpunkt für Montblanc-Besteiger – in den Abgrund schieben, wenn der Wirt nicht ständig einen Korridor freikämpfte. Für ihn ist immer „Eiszeit". Nicht mehr für die Bewohner von Grindelwald unter der Pyramide des Kleinen Fiescherhorns: links der Eisstand von 1860, als der Untere Gletscher anderthalb Kilometer weiter ins Tal reichte als heute und viele Bauern ihre Wiesen unter Eis begraben sahen. Rechts ein Foto von 1984: Der Gletscher hat sich in seine Schlucht zurückgezogen, reicht aber immer noch tiefer hinab als jeder andere in den Alpen

bis 1973, wenn auch nicht so stark wie im 16. Jahrhundert. Dann wuchsen die Gletscher aufs neue: Um 65 Meter schob sich der Obere Grindelwaldgletscher allein 1981/82 talwärts, der Feegletscher über Saas-Fee nahm von 1979 bis 1982 um 147 Meter zu, doch der heiße Sommer 1982 und der „Jahrhundertsommer" 1983 schoben die meisten Gletscherzungen neuerlich zurück. Immerhin, selbst im August 1983 mußte der Wirt der Goûter-Hütte, 3817 Meter hoch am Montblanc gelegen, mit Hacke und Feuer um den anderthalb Meter breiten Korridor kämpfen, den er zwischen der hinteren Hüttenwand und der andrängenden Eiskappe der Aiguille du Goûter freizuhalten sucht.

Mit all ihren Schwankungen um ein paar hundert Meter sind die heutigen Gletscher nur der lächerliche Rest jener Vereisung, die vor gut 10 000 Jahren endete, nachdem sie in mehreren Schüben länger als eine Million Jahre die Alpen heimgesucht und zurechtgeschliffen hatte. Das gesamte Gebirge, nur seinen Südwest-Zipfel ausgenommen, war ein Meer von Eis, von den Gipfeln wenig überragt, da das Eis meist einen, oft mehr als zwei Kilometer dick auf den Tälern lag.

Die ungeheure Macht dieser Eisströme über das Gestein bestand darin, daß sie als Schleifmittel Steine mitführten: Was durch Frostsprengung an Steinschlag und Geröll-Lawinen auf sie niedergegangen war und was sie ihrerseits an schon gelockertem Gestein ausgebrochen hatten, schoben sie vor sich, auf sich, unter sich mit.

Es war vor allem dreierlei, was dieses gewaltige Hobel- und Schleifwerk in den Alpen anrichtete: Es machte die Berge steiler, die Pässe flacher, die Täler breiter – das heißt mit jeder Landschaftsform ausgerechnet das, was der Besiedlung und später dem Tourismus dienlich war. Viele Berge wurden an der Basis von den Gletschern ausgehöhlt, „unterschnitten", und als das Eis zurückging, stellten mächtige Bergstürze die Statik wieder her. Resultat: teils abgeflachte, teils aber auch steilere Berge, ähnlich den „Karlingen", und jedenfalls noch mehr Geröll, das mit dem nächsten Vorstoß des Eises aus den Alpen hinausgeschoben wurde. Da viele Gletscher von Tal zu Tal überflossen, weiteten sie die Pässe zu flachen Sätteln, was später den Straßenbau erleichterte.

Die dritte, die historisch wichtigste Wirkung des Eises war die Ausschürfung der Täler. Bäche und Flüsse hatten sich ja immer nur ihr schmales Bett ins Gestein gegraben und dabei entweder eine Schlucht oder, wenn Geröll nachrutschte, ein V-förmiges Tal („Kerbtal") geformt, in jedem Fall also höchstens Platz für Kletterer gelassen, nicht aber für Wege, Wiesen, Kühe, Bauernhöfe, Golfplätze und Hotels. Nur 15 Meter breit ist an der engsten Stelle der Talboden des Grand Canyon du Verdon in den Seealpen westlich von Nizza – und dabei bis zu 700 Meter tief in den Fels geschnitten. Hier, im tiefsten Süden, hatte auch die Eiszeit nur bescheidene Gletscher produziert.

Die meisten V-Täler der Alpen aber hat sie in U-Täler verwandelt, in die großen Tröge mit dem breiten Boden, also die Alpen bewohnbar gemacht. Wenn dabei oft sogar ein *ebener* Talboden entstand, so deshalb, weil nach dem Rückzug des Eises die Gletscherbäche den mitgeführten Schotter abgelagert haben, und der heißt nun beispielsweise „Zillertal" oder „Oberengadin". Die berühmten Seen des Engadins oder des Salzkammerguts waren Gletscherwannen – die Eisblöcke, die zuletzt schmolzen, Überbleibsel und Platzhalter im abgelagerten Geröll.

Doch auch sie, die schönen Seen von Sils, Silvaplana und St. Moritz, sind ein Durchgangsstadium: Das Geröll rutscht nach, weit schon hat sich die Halbinsel Isola in den Silser See geschoben, die Oberengadiner Seenplatte wird für unsere Enkel spürbar kleiner geworden – und in ein paar tausend Jahren wird sie verschwunden sein; lange vor dem Matterhorn. Eine Episode mehr in dem Drama, das wir „Die Alpen" nennen und mit Sprüchen wie „Und ewig ragen die Berge" hartnäckig mißverstehen.

Seit 7000 Jahren gibt es Bauern in den Alpen – Menschen, die versuchen, einem schroffen und feindseligen Hochgebirge das abzutrotzen, was sie zum Leben brauchen. Die Hälfte allen Waldes rodeten sie, um für ihre Ziegen, Schafe, Kühe Weideland zu schaffen. Schafe finden oft noch in 3000 Metern Höhe ihre Nahrung. Auf dem Schafmarkt von Kuppelwies im Ultental südwestlich von Meran greifen die Händler den Tieren an die Bäuche, um zu prüfen, ob sie genug zu fressen gefunden haben da oben

Eroberer mit Axt und Pflug und Sense

Was Urlauber romantisch finden – für die Bergbauern ist es hart und sonst nichts, wenn zur Mühsal der Arbeit auf der Alm im Juli noch der Neuschnee kommt wie hier auf der Alp Neaza, 2225 Meter hoch, über Pignia am Hinterrhein in Graubünden. Überall in den Alpen geben immer mehr Bauern auf, und viele Almen holt sich der Wald zurück, den die Hirten einst mit Feuer und Axt verdrängt hatten

Wo keine Kuh mehr weiden kann, weil der Hang zu steil oder der Zugang zu gefährlich ist: da macht der Bauer „Wildheu" und schleppt es auf dem Buckel heim zur Scheune. Paul Mischi hat seinen Hof in 1620 Metern Höhe über dem Dorf Campill in den Dolomiten. Arbeiten will er, bis er 90 ist, wie sein Vater auch. Auf einen Nachfolger rechnet er nicht

Einmal im Jahr backen die Mischis das Brot fürs ganze Jahr auf ihrem Selbstversorger-Hof hoch in den Dolomiten, stets im Juni kurz vor Vollmond. Der Roggen stammt aus eigener Ernte, der kleine Weizen-Anteil wird dazugekauft, ebenso Anis und Fenchel, die Gewürze, nach denen das Brot duftet und das 300 Jahre alte Haus mit ihm

Von Gefahren umringt, von einer übermächtigen Natur ständig bedroht, haben die Bergbauern von jeher inbrünstiger gebetet als ihre Brüder im flachen Land. Mehr Kreuze haben sie an die Wege gestellt, mehr Wallfahrten und Bittgänge unternommen, und die Fronleichnamsprozession ist ein Ereignis, das wirklich noch ein ganzes Dorf ergreift, wie hier Wengen über dem Gadertal in Südtirol

Der heilige Leonhard ist der Schutzpatron des Viehs, und deshalb segnet am Leonhardi-Tag, dem 6. November, in Bad Tölz und anderswo in Oberbayern der Pfarrer die Pferde. Frauen und Mädchen fahren in reichgeschmückten Wagen in der Prozession, danach lassen die Burschen auf dem Marktplatz die Peitschen knallen, und an Bier herrscht kein Mangel

Rührende Bilder und rostendes Eisen auf dem Friedhof von Enneberg, südlich von Bruneck in den Dolomiten. Die Lebenserwartung der Bergbauern war bis ins 20. Jahrhundert gering: ein hartes Leben, meist einseitige Ernährung, kaum ärztliche Versorgung, typische Hochgebirgskrankheiten wie Kropf und Kretinismus – und dazu die vielen tödlichen Unfälle durch Absturz, Steinschlag und Lawinen

Theresa
Frena
R.I.P.

Dies war eine der trockensten Regionen Europas: das Tal der oberen Etsch, der Vinschgau, eingeklemmt zwischen die Ötztaler Alpen im Norden und die Ortlergruppe im Süden, die den meisten Regen fernhalten. Ein kompliziertes Bewässerungssystem hat daraus einen üppigen Obstgarten gemacht: Äpfel für London, Birnen für Arabien! Auch Kleinbauern können davon leben, ihre Kinder müssen nicht mehr in die Fremde ziehen

Das Alpbach-Tal, das bei Brixlegg ins Inntal mündet, ist noch reich an Brauchtum und uralten Höfen. Gekrümmt steht die Bäuerin zwischen Geräten und Geranien, zwischen der Plage und den kleinen Freuden ihres Lebens. In Alpbach selbst, dem Hauptort des Tals, oft als „schönstes Dorf Österreichs" bezeichnet, mischen sich echte mit nachgemachten Bauernhäusern, dazu kommen 18 Skilifte und das vollklimatisierte Kongreßzentrum für 360 Personen

Wo die Alpen ins Mittelmeer stürzen, zwischen Nizza und dem Fürstentum Monaco, das kleiner als der Schliersee ist: Da haben die Menschen den letzten Quadratmeter zwischen Fels und Wasser mit Häusern vollgestellt — der Beton von Monte Carlo im Höhenwettstreit mit den Seealpen, dem Bollwerk gegen alles Wetter, das aus dem Norden kommt

Und in dieses ewig gehobene und geschobene Trümmerfeld also hat es sie zu Millionen hineingezogen: die Illyrer, Räter, Kelten, Etrusker, Römer, Awaren, Slawen, Bajuwaren und Alemannen; die entlegensten Täler haben sie erst für ihre Ziegen, dann für ihre Kühe, schließlich für ihre Gäste erschlossen. Sie sprechen Deutsch, Französisch, Italienisch, Slowenisch, Provenzalisch, Rätoromanisch und Ladinisch, und dabei ist „Deutsch" ein ziemlich kühner Oberbegriff für all das, was so heißt, vom althochdeutsch gefärbten Schwyzerdütsch der Walser im Tessin bis zum rheinischen Singsang vieler dorthin zugewanderter Pensionäre.

Die Alpenbewohner sind arm oder reich, blond oder schwarz, krummbeinig oder hünenhaft, und gemeinsam haben sie wenig: Sie sind die Erben jenes ungeheuren Wagnisses, das ihre Vorfahren einst auf sich nahmen, als sie begannen, sich das wüste Gebirge untertan zu machen; sie sind die Enkel der Not. Vielleicht hat sie das im Durchschnitt leidensfähiger und starrköpfiger gemacht als die Flachlandmenschen. Die wiederum haben ihnen den Fremdenverkehr beschert, eine Milliardenindustrie, deren Drahtzieher, Nutznießer oder Opfer die Einheimischen sind. Und nun beschert das Flachland ihnen auch noch die Umweltschützer, die den Bergbauern „Natur statt Wohlstand" predigen – jetzt, da ihnen endlich, endlich das Umgekehrte zu gelingen schien.

Ein bißchen verhalten sich die Umweltschützer dabei wie die Masse der Touristen, deren Überzahl sie doch bekämpfen: Viel Interesse an den angestammten Bewohnern der Alpen haben die meisten von ihnen nicht. Goethe, einer der ersten Schwärmer für das Hochgebirge, hat die Menschen in ihm kaum einer Zeile gewürdigt, die englischen Pioniere des Alpinismus wie Edward Whymper haben sich meist verächtlich über sie geäußert, und die Neugier der heutigen Touristen ist oft nach dem Heimatabend, dem Bauerntheater

Die Augenweide des Alpenwanderers schwindet dahin. Gifte und Düngemittel in der Landwirtschaft, die Aufgabe von Almen und der Vormarsch des Waldes, nicht zuletzt die großflächigen Landschaftszerstörungen zum Zweck der touristischen Erschließung entziehen vielen Pflanzen die Lebensgrundlage. Von den hier abgebildeten Blumen stehen bereits auf der Roten Liste der vom Aussterben bedrohten Arten: Edelweiß, Aurikel, Clusius-Enzian, Trollblume und Zwergprimel

Edelweiß

Knabenkraut

Clusius-Enzian

Alpenrose

Trollblume

Teufelskralle

Gegenblättriger Steinbrech

Akelei

Aurikel

Bachnelkenwurz

Alpen-Grasnelke

Rote Lilie

Alpen-Küchenschelle

Narzisse

Türkenbund

Fransen-Nelke

Salbei

Zwergprimel

Schwefelanemone

Platterbse

oder einem Flirt mit dem Skilehrer schon befriedigt.

Dabei gibt es kaum ein aufregenderes Stück Kulturgeschichte als die Verwandlung der Alpen, der „Heimat des Winters und der Stürme", wie die Römer sagten, in ein Heim für Menschen. Es begann vermutlich vor 100 000 Jahren damit, daß Jäger auf der Entwicklungsstufe der Neandertaler in den Sommerwochen durch die Täler zogen. Von ihnen künden die gehäuften Skelettreste von Bären in vielen Alpenhöhlen, vor allem im Drachenloch überm Tamina-Tal im Schweizer Kanton St. Gallen, 2445 Meter über dem Meer und nur über eine Felswand zu erreichen, die eine gewisse Geschicklichkeit im Klettern erfordert. Vielleicht, sagen manche Wissenschaftler, sind die Höhlenbären auch eines natürlichen Todes gestorben, haben in solchen Höhlen überwintert oder sich zum Sterben hingelegt. Wir wissen es nicht.

Mit der bisher letzten Eiszeit starb der Neandertaler ebenso aus wie der Höhlenbär. Als vor rund 10 000 Jahren das Eis zurückgewichen war, boten die Alpen dennoch ein völlig anderes Bild als heute: eine Öde von nacktem Fels und grauem Schutt, von vielarmigen Flüssen, die allmählich ihr Bett in die Schotterwüste gruben, von Tümpeln und riesigen Seen, mit Flechten und Moosen an den Ufern wie in der Tundra. Erst vor rund 3000 Jahren war das Pflanzenkleid der Alpen komplett, wie wir es kennen.

Über der Zunge des Aletschgletschers läßt sich der Gang der Jahrtausende in einstündigem Aufstieg nachvollziehen: Wenige Meter über dem Eis sprießen Alpenleinkraut, Steinbrech, Säuerling aus dem Moränenschutt. Aus ihren Abfällen entstehen die ersten Humus-Fleckchen, Moos siedelt sich auf ihnen an. Etwas höher, wo das Eis vor etwa achtzig Jahren gewichen ist, wachsen Strauchweiden, Alpenrosen, Heidelbeeren und Klee. Auf dem Scheitel der Moräne, die den letzten Gletscherhochstand von 1860 anzeigt, hundert Meter über der heutigen Zunge, stehen Birken und Erlen schon sechs Meter

Wo kein Futter mehr gedeiht und die Nahrungskette brüchig wird, wo trophäensüchtige Jäger das Wild zusammenschießen und lärmige Kletterer bis in die letzten stillen Zufluchten von Tieren vordringen, da gerät die Natur schnell aus dem Gleichgewicht. Gänsegeier und Braunbär sind in den deutschen Alpen längst ausgerottet. Von den hier abgebildeten Tieren stehen bereits auf der Roten Liste der vom Aussterben bedrohten Arten: Birkhuhn, Apollofalter, Alpensteinhuhn, Uhu, Fischotter, Alpensteinbock, Steinadler, Auerhuhn, Dachs, Murmeltier, Kreuzotter; für die Alpenregionen außerhalb der Bundesrepublik: Gänsegeier und Braunbär

Rothirsch

Alpensteinhuhn

Uhu

Gemse (♂)

Dachs

Birkhuhn

Wasseramsel

Apollofalter

Fichtenkreuzschnabel

Fischotter

Alpensteinbock

Steinadler

Auerhuhn (♂)

Gänsegeier

Alpenkrähe

Braunbär

Alpensalamander

Murmeltier

Gebirgsstelze

Kreuzotter

hoch. Und darüber, auf der alten Moräne, von der jüngsten Eiszeit aufgeschüttet und vor rund 10 000 Jahren freigegeben: Da recken sich die gewaltigen Lärchen, Arven und Fichten des Aletschwaldes, der seit 1933 unter Naturschutz steht.

In dem Maße, wie das Eis zurückwich, zogen den Gräsern Würmer, Käfer und Insekten nach, den Büschen Hasen, Gemsen, Auerochsen, dann die Raubtiere, die sie jagten: Füchse, Wölfe und neue Bärenarten. Und die Bären waren es, derentwegen der Mensch zum zweitenmal auf die Idee verfiel, „die scheußlichen Alpen" zu durchstreifen, wie der römische Historiker Livius sie nannte.

Bärenjagd um 1870 – nicht ganz nach der Natur gezeichnet: Denn die Braunbären der Alpen sind menschenscheu und höchstens mannshoch. In Bayern wurde 1864 der letzte Bär erlegt; einige leben noch im Adamello und in den Karawanken

Diese zweite Invasion der Bärenjäger scheint zwischen 10 000 und 6000 v.Chr. stattgefunden zu haben – nach den ältesten Steinwerkzeugen zu urteilen, die in Alpentälern und auf Pässen gefunden worden sind. Wenn die wenigen Sommermonate vorüber waren, zogen sich die Jäger vermutlich aus ihren Berghöhlen in die Winterquartiere im Alpenvorland zurück, zum Beispiel in die Pfahlbauten, wie sie am Zürichsee und an den Seen des Salzkammerguts gefunden worden sind.

Doch blieb der Braunbär der eigentliche Herr der Berge – so lange, bis die Bauern kamen. Sie jagten den Bären nicht so sehr wegen des Fleisches, des Fells, der Knochen und der Krallen, sondern weil er ihr Vieh bedrohte, und gleichzeitig brannten sie die Wälder nieder, seinen Lebensraum. Als auch noch die Jagdherren hinzukamen, denen das Bärenschießen ein Vergnügen war, da war's um ihn geschehen: In Tirol wurde der letzte verirrte Bär 1904 erlegt.

Einzelne Braunbären allerdings haben in den Alpen in Freiheit überlebt: in den Karawanken im Grenzgebiet zwischen Jugoslawien und Kärnten sowie im südlichen Adamello, kaum dreißig Kilometer nordwestlich des Gardasees. Dort streifen fünf bis zehn von ihnen durch den weglosen Urwald überm Val di Breguzzo, mannshoch, bis zwei Zentner schwer, menschenscheu und nur deshalb noch am Leben, weil die neuen Herren der Berge sich die Jagd auf sie verbieten.

Die eigentliche Besitzergreifung der Alpen durch den Menschen – das Seßhaftwerden – muß etwa um 5000 v.Chr. begonnen haben. Sie wurde ermöglicht durch zwei umstürzende Erfindungen, die aus Mesopotamien, dem heutigen Irak, langsam ihren Weg nach Europa genommen hatten: die Viehzucht und den Ackerbau. Man bedenke: Statt Tiere zu jagen mit schrecklichen Mühen und abhängig vom Glück, konnte man sie auf einer umzäunten Weide ständig greifbar haben; statt sich zu überfressen an der Beute und dann zu hungern bis zur nächsten, weil Fleisch sich nicht konservieren ließ, besaß man nun Schafe, Ziegen, Rinder gleichsam als lebende Konserve und überdies als Milchfabrik; und statt Wurzeln und Beeren zu suchen, konnte man Gerste und Hirse anbauen, Brei kochen und Fladen backen.

Dabei zogen es die ersten Bauern vor, sich nicht auf dem Grund der Täler anzusiedeln, sondern auf Moränenhügeln, an Talhängen und am liebsten auf einer Terrasse überm Tal. Denn der Talgrund war oft versumpft und immer wieder von Hochwasser bedroht. Auch sind die Terrassen sonnenreicher und im Spätwinter häufig sogar wärmer; wenn nämlich die schwere Kaltluft unter einer Nebeldecke auf dem Talboden liegt, ein „Kältesee", während ein paar hundert Meter höher Frühlingslüfte wehen. Und Terrassen gibt es genug: Meist sind es „Trogschultern" – Reste eines Talbodens, den eine frühere Eiszeit ausgeschürft hatte, bis die Gletscher einer späteren Eiszeit oder nacheiszeitliche Flüsse sich noch tiefer in die Landschaft fraßen.

Erst Jahrtausende später, als die Wildbäche gezähmt waren, begann das Leben sich im Tal zu konzentrieren, gefördert durch Straßenbau und Eisenbahn. Doch im 20. Jahrhundert kehrte sich die Entwicklung teilweise wieder um: Viele der beliebtesten Touristenorte nutzen die Vorzüge der Terrassenlage, den „Sonnenbalkon", Wengen, Mür-

Terrassen, Moränenhügel oder ein Sonnenhang wie dieser mit dem Dorf Ornella bei Cortina d'Ampezzo – da, über dem sonnenarmen und oft überschwemmten Talgrund, ließen sich die Bauern am liebsten nieder. Der Wald war ihnen überall im Wege: Bis in eine Höhe von 1700 Metern im Norden, von 2500 Metern im Süden waren die Alpen einst vollständig bewaldet. Verbündete der Bauern beim Roden waren Schafe und Ziegen: Sie verbeißen junge Bäume

ren und die Seiseralm, die Riederalp im Wallis, Crans-Montana tausend Meter hoch über der Rhône.

Dem Hochwasser also konnte man ausweichen; der allgegenwärtige Feind der Bauern war der Wald. Wie heute in Amazonien der Urwald niedergebrannt und mit Bulldozern planiert wird, damit dort Rinder weiden können: So haben die Bauern auch in den Alpen als erstes die Bäume niedergekämpft, um Platz für ihre Äcker und ihr Vieh zu schaffen; sie haben das Äußerste getan, was sie vermochten, um den leidigen Naturzustand gewaltsam zu beseitigen.

Ein Teil ihrer Haustiere, nämlich Schafe und Ziegen, halfen den Bauern im Kampf um die Weiden: Im Sommer in die Wälder geschickt, fraßen sie dort die jungen Bäume ab und führten so eine Lichtung und Überalterung des Waldes herbei – wie heute in den Bergwäldern die viel zu vielen Hirsche, die dem Jagdvergnügen dienen. Die Bauern selbst trieben entweder Raubbau, in der doppelten Absicht, den Wald zu vernichten und bis dahin reichlich Bau- und Brennholz zu haben, auch Holz zu verkaufen – vor allem an die Schmieden oder die Salinen, von denen im 10. Kapitel die Rede ist; oder Brandrodung: In trockenen Sommern legten sie Feuer an den Wald.

In den ersten drei Jahrtausenden beschränkte sich die Landnahme im wesentlichen auf Höhenlagen unter 800 Metern: also aufs Alpenvorland und im Gebirge selbst auf Täler, die so tief eingeschnitten waren, daß auch die unterste Stufe über dem Talboden – meist ein Moränenhügel – noch das milde Klima der geringen Meereshöhe bot; die großen Seen Kärntens und des Salzkammerguts liegen ja nur 400 bis 600

Meter über dem Meer, das Rhônetal im Wallis zwischen Visp und Martigny auf 480 bis 660 Meter Höhe.

Es scheint dann im 2. Jahrtausend v.Chr. gewesen zu sein, in der Bronzezeit und mit Hilfe der neuen Bronze-Äxte, daß die Bauern dort, wo die Verhältnisse günstig waren, den Wald langsam hinauf bis auf 1300 Meter rodeten (zum Vergleich: Wengen 1276 m, Sölden im Ötztal 1377 m). Damit mußten sie die Rolle der Viehzucht vergrößern, weil Ackerbau oft nur bis in 1000 Meter Höhe möglich ist. 1000 Meter – das heißt bereits im Durchschnitt sechs Grad kälter als in Meereshöhe und drei Monate Schnee.

Zu diesem Drang in immer unwirtlichere Regionen trug vom 8. bis zum 4. Jahrhundert v.Chr. ein vermehrter Bevölkerungsdruck bei: Von Norden strömten die Kelten, von Süden die Etrusker an die Alpen und drängten die vorherigen Bewohner – Illyrer, Ligurer, Lepontier, Räter – in die Berge ab. Die Namen dieser Völker sind strittig und recht zufällig: Wie sie sich selbst nannten, haben sie uns nicht überliefert, und „Rätien" war zwar für die Römer das Land, das wir heute Tirol und Graubünden nennen, aber zugleich benutzten sie „Räter" als Sammelwort für alle Alpenbewohner.

Die letzten Völker, die sich in die Alpen ergossen, von den Touristenströmen des 20. Jahrhunderts zunächst abgesehen, waren die Alemannen und die Bajuwaren. Frühzeitig zogen sie die Grenze zwischen sich am Lech, der von den Lechtaler Alpen über Füssen, Landsberg und Augsburg in die Donau fließt und noch heute die Dialekte und die Sitten trennt, zum Teil überdies die Konfessionen, die Hausfassaden und den Lebensstil.

Die *Bajuwaren* oder Baiern überschwemmten vom 5. bis 8. Jahrhundert das südliche Bayern, Österreich bis in den Raum von Linz und Südtirol; und offenbar erst im Verlauf dieser Landnahme wurden sie zu einem Volksstamm, der ein gewisses Zusammengehörigkeitsgefühl erwarb und sich auf eine Sprache einigte – zusammengewürfelt aus ehemaligen Bewohnern Böhmens und Thüringens, aus versprengten Ostgoten, Markomannen und anderen Gruppen, die beim Zusammenbruch des Weströmischen Reiches durchs Alpenvorland schweiften. Im 11. Jahrhundert hatten die Bajuwaren auch das östliche Österreich bis an den Ostrand der Alpen in Besitz genommen und dabei die Awaren und die Slowenen aus Kärnten und der Steiermark großenteils verdrängt.

Die *Alemannen* kamen im 3. Jahrhundert n.Chr. aus dem Gebiet zwischen Elbe und Main, lieferten den Römern blutige Schlachten und besetzten bis ins 6. Jahrhundert die Region, die wir heute Elsaß, Baden-Württemberg und den bayerischen Regierungsbezirk Schwaben nennen, vor allem aber die Nordhälfte der Schweiz. Im 10. Jahrhundert drangen sie über Grimsel- und Lötschenpaß zur Rhône vor, ins heutige Wallis, und um 1200 sogar über die ungeheure Mauer der Walliser Alpen hinaus bis ins Aosta-Tal, südlich des Monte Rosa.

Und da, im 13. Jahrhundert, geschah etwas Merkwürdiges: Viele jener Alemannen, die sich nun nach dem Wallis *Walser* nannten, zogen nicht weiter nach Süden, sondern wanderten ostwärts übers Tessin nach Graubünden und nach Nordosten über die Silvretta bis ins Paznauntal in Tirol und ins Kleine Walsertal nahe Oberstdorf. Dabei dehnten sie den deutschen Sprachraum gegen die ansässigen Italiener und Rätoromanen aus, besiedelten Höhenlagen, in denen bis dahin kein Mensch ein Auskommen gefunden hatte, und begründeten die Almwirtschaft im klassischen Sinn.

Diese vorletzte Völkerwanderung und Landnahme in den Alpen – die letzte ist noch im Gange – wurde angestiftet von Feudalherren mit Besitz im östlichen Wallis. Sie hatten die Tüchtigkeit der Walser als Bauern wie als Söldner erkannt und wollten mit ihrer Hilfe ihren Einfluß ausdehnen; gegen Kriegsdienst und einen mäßigen Zins in Naturalien übergaben sie ihnen das kolonisierte Land als Lehen zu ewigem

Besitz, bei Selbstverwaltung und persönlicher Freiheit.

Ganz Graubünden sprenkelten die Walser mit deutschsprachigen Siedlungen innerhalb der rätoromanischen Kultur; sie gründeten die bis heute höchste Dauersiedlung in den Alpen, den Weiler Juf nordwestlich des Maloja-Passes, 2126 Meter hoch gelegen: drei Bauernhöfe, zwei Gasthöfe, 1984 noch elf ständige Einwohner, und auch bei minus 30 Grad heizen die Jufer ihre uralten Holzhäuser nur mit Schafsdung und Holz. Die bekannteste Walsergründung ist die heute höchste Stadt der Alpen und größte Hotelstadt der Schweiz, Davos (1560 m) – ein treffender Name, ob es sich nun vom illyrischen „dava", der Brandrodung, ableitet oder vom romanischen „davo", ganz weit hinten.

Überall war den Kolonisten ja der Wald im Wege, der oberhalb der alten Siedlungs- und Rodungsgrenze bei 1300 Höhenmetern begann und irgendwo zwischen 1700 Metern auf windigen Nordhängen und 2500 Metern in windgeschützten Südlagen aufhört; und noch 300 Meter höher reicht die „Kampfzone" des Waldes, die Knieholzregion, der Krummholzgürtel: das Reich der kriechenden Bergkiefern (Latschen, Legföhren), die so zäh und oft so dicht sind, daß sie den Wald der tieferen Lagen wirksam gegen Erdrutsch schützen – und schon manchen Bergwanderer, der sich seinen Weg selbst suchte, zur Verzweiflung getrieben haben.

Erst über diesen krummen Kämpfern gegen Sturm und Frost, das heißt je nach Sonne und Wind oberhalb von etwa 2000 Metern im Norden und 2800 Metern im Süden, beginnt die Zone der *natürlichen Almen*: der Urwiesen oder Grasheiden, auf denen Schafe, Ziegen, Kühe weiden konnten, ohne daß zuvor Wald hätte vernichtet werden müssen, ein schmaler Streifen haustierfreundlicher Natur; nur dort natürlich, wo weder Eis, noch Fels, noch Geröll regieren, und eines von dreien ist oberhalb von 2000 Metern nahezu normal – man denke an die Geröllwüsten, durch die so viele Paßstraßen führen, am eindrucksvollsten vielleicht unterm Col du Galibier.

Zwischen der vorherigen Siedlungsgrenze (bei 1300 m) und der Untergrenze der natürlichen Almen (zwischen 2000 und 2800 m) lag also ein breiter Urwaldgürtel. In diesen brachen die Walser, über die Pässe kommend, von oben ein: Oberhalb der bis dahin höchsten Dörfer ließen sie sich nieder, rodeten die Lärchen-, Fichten-, Kiefernwälder und schafften Weiden für ihr Vieh. Das hieß freilich nicht nur einem härteren Klima mit noch längeren Wintern trotzen, sondern vor allem die Selbstversorgung aufgeben, die bis dahin für die Bergbauern selbstverständlich war: Sie bauten Gerste, Hirse, Hafer und Gemüse an, dazu Flachs, der Öl und Leinen lieferte.

Nicht aber in jenen Höhen, die die Walser nun erschlossen. Um da oben zu überleben, mußten sie einen Überschuß an Milch erwirtschaften, ihn zu Käse verarbeiten und den Käse entwe-

Mit jeweils 100 Höhenmetern sinkt die Temperatur im Durchschnitt um 0,6 Grad, und die Vegetationsperiode wird dabei um zwei Wochen kürzer. Schon in 1900 Metern Höhe – der von Vent im Ötztal – liegt der Jahresdurchschnitt bei 0 Grad, wie in Archangelsk am Nördlichen Eismeer; auf dem Matterhorn ist es durchschnittlich 27 Grad kälter als in Meereshöhe. Die Höhenstufen variieren allerdings erheblich: Ein Nordhang am Nordrand der Alpen ist karger und kälter als ein Südhang am Südrand in gleicher Höhenlage

der auf dem nächsten Markt verkaufen oder ihn bei ihrem Grundherrn gegen Getreide tauschen. Und in der Tat, das war zu schaffen: Kuh, Schaf und Ziege gediehen in der Höhe gut. Zwar brauchen sie im Durchschnitt fünfmal soviel Weide wie im Tal, doch der Platz war ja da.

Begünstigt wurde dieser vertikale Vorstoß in neuen Lebensraum durch das milde Klima, das im späten Mittelalter herrschte, bis das 16. Jahrhundert etwa die heutigen Temperaturen und einen Vorstoß der Gletscher brachte. So entstanden in den Ostalpen, parallel zur Erschließungstätigkeit der Walser zwischen Rhône und Lech, die sogenannten *Schwaighöfe* (vom althochdeutschen „sweiga" für Vieh): nur ein anderer Name für denselben Versuch, die Alpen auch oberhalb der Getreidegrenze wirtschaftlich zu nutzen. Die höchsten der damals gegründeten Schwaigen stehen noch: die Rofenhöfe über Vent im Ötztal, 2014 Meter über dem Meer.

Das Dörflein Vent – 1896 Meter, heute 200 Einwohner – liegt im hintersten Winkel des längsten Nord-Süd-Tals der Alpen, 56 Straßenkilometer vom Inntal entfernt. Im 13. Jahrhundert muß das zwei bis drei Tagesmärsche bedeutet haben – nur daß zum Inn kaum einer ging: Denn es waren Hirten von der Alpensüdseite, aus dem Schnalstal in Südtirol, die anno 1241 beschlossen, aus ihrer Sommerweide auf der Alpennordseite, in Vent, eine Dauersiedlung zu machen. Sie kamen mit ihren Schafen über das 3017 Meter hohe Niederjoch, und da die Weiderechte der Schnalstaler im Ötztal noch immer gelten, können sich die Touristen jedes Jahr im Juni am Zug Tausender von Schafen über den schneebedeckten Paß erfreuen.

So waren im 14. Jahrhundert die letzten leidlich bewohnbaren Hochtäler und Südlagen der Alpen besiedelt; der breite Gürtel der Almen, wie wir ihn kennen, war durch die Rodungen hergestellt, und das heißt: Alles in allem war nun rund die Hälfte des Waldes in den Alpen beseitigt. Bäume blieben

nur stehen, wo den Bauern der Hang zu steil, der Boden zu karg oder der Zugang zu beschwerlich war, oder wo sie selber eine Holzreserve wünschten, oder wo sich, nach vielen Katastrophen, die Einsicht durchsetzte, daß Wald der beste oder einzige Schutz vor Lawinen, Hangrutsch, Steinschlag und Wildwasser ist: Im Jahre 1379 rief die

Vielleicht erschreckt der Juni-Schnee die Schafe – die Menschen finden es normal, wenn sie einen Paß wie das 3017 Meter hohe Niederjoch dazu benutzen, die Tiere vom Schnalstal in Südtirol zum Ötztal in Nordtirol zu treiben, auf die Sommerwiesen über Vent, einem der höchstgelegenen Dörfer der Alpen

Wie ein Wellenbrecher ragt der Bannwald über Andermatt am Gotthard auf: der beste und billigste Lawinenschutz, von der Gemeinde schon im Jahre 1379 festgeschrieben

Gemeinde Andermatt im Gotthardmassiv zum erstenmal in den Alpen ein Waldstück als *Bannwald* aus.

Mit der kompletten Almlandschaft war freilich nicht nur neues Kulturland entstanden, sondern auch eine neue Plage: der „alpine Nomadismus". Mehrmals im Jahr zog die Familie um oder teilte sich, sie mußte zwischen drei, oft vier, manchmal gar fünf Höhenstufen pendeln.

Ganz unten, im Talgrund, der aus Angst vor dem Hochwasser meist unbesiedelt blieb, wurde Obst, in südlichen Tälern auch Wein, Tabak, Mais und Oliven gezogen. Auf der Wohnterrasse, dem Sonnenbalkon über dem Tal, stand das Wohnhaus mit Scheune und Stall inmitten der Getreidefelder. Die dritte Stufe, meist zwischen 1500 und 1800 Metern Höhe, war für Walser und Schwaiger die Dauerwohnung, für die Selbstversorger aus den tieferen Lagen aber das *Maiensäß*, je nach Landschaft auch Frühalpe, Unterstafel, Niederläger, Niederalm genannt: die Weiden, auf die das Vieh im Mai getrieben wurde. Im Juni zogen die Bauern mit ihren Kühen zur *Hauptalm* hinauf, meist zwischen 1800 und 2200 Metern, wie die Seiseralm, die von 1826 Meter auf 2070 Meter ansteigt.

Und darüber wiederum lag die *Hochalm* (die Oberstafel, das Oberläger), in windgeschützten Südlagen bis auf 3000 Meter reichend: teils als Weide für die Rinder im Juli und August genutzt, teils nur noch für Schafe und Ziegen und teils bloß als *Bergmähder*: Wenn die Wiesen für das Vieh zu hoch, zu steil oder zu schwer erreichbar waren, kletterte der Bauer hinauf zu seiner höchsten Hütte, mähte in Schuhen mit Eisenzacken und schleppte seine Ernte, das Wildheu, auf dem Buckel ins Tal; wo das Gelände es erlaubte, ließ er das Heu bis zum Wintereinbruch oben, um es dann mit dem Schlitten abzuholen. Wo heute noch Wildheu gemacht wird, aus Not oder weil es in dem Ruf steht, kranke Tiere zu heilen, da haben viele Bauern eine Materialseilbahn errichtet.

Die Arbeitsebenen lagen durchaus nicht immer übereinander: Ein voller Tagesmarsch zur Weinernte war nicht selten, und die Bauern von Soglio im Bergell treiben noch heute ihre Rinder

Alpine Nomaden: Jedes Jahr im Juli zieht die siebenköpfige Familie Mani aus Pignia am Hinterrhein mit Traktor und hochbepacktem Anhänger hinauf ins Sommerdorf Bavugls, fast 2000 Meter über dem Meer. In den uralten Holzhäusern, die nach Harz, Rauch, Speck und Erde riechen, gibt es weder Strom noch Wasser. Gemäht wird auch am Steilhang, damit die Kühe überwintern können

25 Kilometer weit über die Maloja-Straße zum Sommerdorf Grevaselvas (1940 m) überm Silser See.

Und noch immer nicht genug der Wanderung: Damit die Familie leben konnte, schickten viele Bauern im Sommer ihre Kinder weg, als Hütebuben und Erntehelfer, von sechs Jahren an. Zwar brachten sie kaum Lohn nach Hause, aber ein halbes Jahr lang gab es einen Esser weniger auf dem Hof. Andere Bauernkinder mußten betteln gehen, wenn ein Markt oder eine Stadt in der Nähe waren. Es wird sogar berichtet, bis weit ins 19. Jahrhundert hinein hätten Bauern aus den Lechtaler Alpen ihre Kinder ins reichere Schwaben *verkauft*, um sie so vor dem Verhungern zu schützen.

Die erwachsenen Söhne zogen weit ins Land und schafften Geld herbei als Maurer, Gipser, Steinmetze, Zimmerleute, als Kaminkehrer, Hausknechte, Waldarbeiter, als Hausierer mit eigenen Produkten wie Kienholz und Kräutern, mit Holzlöffeln und anderen Schnitzereien, als Handschuhmacher, Krauthobler – auch das war ein Beruf: Weißkohl schneiden, damit Sauerkraut draus werden konnte –, ja als Vogelhändler und Tanzbärenführer; und oft zog der Bauer selber los und tat das gleiche, mindestens im Winter.

Welche Plage, was für ein Leben! An steilen Hängen, in kurzen Sommern, bis zu sieben Monate lang eingeschneit, ständig bedroht von Steinschlag und Lawinen, Lasten schleppend bergauf und bergab, wo kein Wagen fahren konnte, haben die Bergbauern einer widrigen und gewalttätigen Natur eine elende Existenz abgerungen – mit doppelt soviel Arbeit wie im Flachland oft nur den halben Ertrag.

„Schön" sollte sie sein, diese Natur? „Grandios" das Hochgebirge? So hatten sie das nie gesehen. Jedenfalls ist anschaulich überliefert, wie verdutzt die Alpenbewohner reagierten, als einige Dichter des 18. Jahrhunderts und später die ersten Touristen sie mit solchen Behauptungen behelligten.

Unter diesen Umständen stellt sich die Frage: Warum hat es den Menschen einst überhaupt in die Alpen gezogen? Warum waren sie schon lange vor den ersten Touristen das bei weitem am dichtesten besiedelte Gebirge der Erde? Zwei Gründe liegen auf der Hand: Die Alpen ragen zwischen volkreichen, Handel treibenden Staaten auf, nicht nur im Herzen Europas, sondern tausend Jahre lang überdies inmitten des Heiligen Römischen Reiches Deutscher Nation; die größten Heer- und Handelsstraßen des Mittelalters führten über sie hinweg und dazu der Weg von Deutschland nach Rom.

Überdies sind die Alpen ein überraschend menschenfreundliches Gebirge, an ihrer Höhe gemessen und verglichen mit dem Hohen Atlas oder Vorderasiens nackten Bergen: stark gegliedert, mit niedrigen Pässen versehen und mit dem richtigen Maß von Vergletscherung – weniger Eis hieße Wüste, mehr hieße Tundra. Auch war es ja zu allen Zeiten das Schicksal der meisten Bauern auf Erden, erbärmlich zu leben; was die Alpen dem an Härte hinzufügten, hatten sie dem Flachland oft voraus als Zuflucht vor ausbeutenden Grundherren, plündernden Soldaten oder der rächenden Obrigkeit. Sie waren die bergende Urwaldregion mitten in Europa.

Gesund, wie wir heute meinen – nein, nicht einmal gesund war das Leben in den Alpen. Gute Luft gab es ja damals überall, und dem berühmten Trockenklima des Engadins stehen viele feuchtkalte Höhenlagen gegenüber, auf der Alm waren selbst die Sommernächte eisig, und die heutigen Touristen müssen ja nicht bei minus 20 Grad aufs Plumpsklo gehen.

So war und ist der Rheumatismus eine allgegenwärtige Last. Wolfsrachen und Hasenscharten gab es oft, und dazu die großen Plagen der meisten Hochgebirge: den Kropf und den Kretinismus; beide verursacht durch den Mangel an Jod im Trinkwasser – ein Zusammenhang, der 1820 in Genf entdeckt wurde, was im Lauf des 19. Jahrhunderts zur drastischen Verminderung beider Leiden führte. Kröpfe jedoch sind in den Alpen immer noch häufig, oft mit

Spottnamen versehen wie „Allgäuer Sportabzeichen", oder Gegenstand beliebter Witze: Warum er denn seinen Kropf nicht wegoperieren lassen wolle? wird der bayerische Bauer gefragt. „Daß i net ausschau wiara Preiß!" antwortet der grimmig.

Bis ins letzte Drittel des 19. Jahrhunderts hinein aber waren Kröpfe an Kretins oder an sonst Gesunden eine Landplage und das Entsetzen vieler Alpenreisender – Kröpfe bis zu der Größe „eines runden, sechspfündigen Brotes", wie ein englischer Wissenschaftler 1770 registrierte; und dazu Tausende von Dorftrotteln, Mißgeburten und Idioten, zumal beiderseits der Walliser Alpen: im Rhônetal und im Aosta-Tal.

„Das Aosta-Tal ist wegen seiner Steinböcke berühmt und wegen seiner Kretins berüchtigt", notierte Edward Whymper vor 120 Jahren. „In keinem Tal wird man so oft und so peinlich daran erinnert, wie herrlich die Natur und wie kläglich der Mensch sein kann. Diese verkrüppelten und seelenlosen Wesen, die mehr Tieren als Menschen gleichen, ekeln den Reisenden durch ihre Häßlichkeit, ihre widerlichen Gebärden und ihr sinnloses Stammeln." Andere Touristen berichteten von tierischem Blöken, von Gesichtern wie Baumrinde, von einem Riesen, der nur bei Nacht ins Freie durfte, den „Pferdekopf" mit einem Sack verhüllt.

Doch stachen den Alpenreisenden auch Menschen von auffallender Wohlgestalt ins Auge. Heinrich Heine schwärmte 1828 von einer Spinnerin in Südtirol: „Sie spann und lächelte, und ich glaube, sie hat mein Herz festgesponnen . . . Den ganzen Tag sah ich jenes holde Antlitz, das ein griechischer Bildhauer aus dem Dufte einer weißen Rose geformt zu haben schien." Ein Engländer beobachtete 1866 in Saas-Fee im Wallis „männliche Männer, wohlgestaltete Frauen, blaue Augen, blonde Haare, Sauberkeit", ein deutscher Heimatschriftsteller 1909 in manchen Tälern Nord- und Südtirols „Männer mit lockigen Häuptern und wehenden Bärten, germanischen Helden gleich, und mancher Schafhirte auf

Gesichter aus dem deutschsprachigen Alpenteil: Gebirgsschützen aus Waakirchen in Oberbayern; junge Frauen aus Bad Tölz, für die Leonhardi-Fahrt hergerichtet im Stil der Schönheitsgalerie des Bayernkönigs Ludwig I., der 1848 abdanken mußte wegen seiner Weibergeschichten; Bäuerinnen aus Kastelruth in den Grödner Dolomiten; der Jungbauer Sepp Clara aus Serres bei Campill in Südtirol, unter zehn Kindern der älteste Sohn – ein Optimist, der sich auf dem Grund seiner Eltern einen neuen Hof gebaut hat

einsamer Hochalm erinnert an ein hellenisches Götterbild".

Ob mißgestaltet oder reckenhaft: Arm waren sie fast alle, die Bergbauern. „Unsere Vorfahren lebten unter Bedingungen, die wir heute als weitgehend menschenunwürdig bezeichnen würden", schrieb die „Neue Zürcher Zeitung" 1983, „zählten sie doch zu den ärmsten und rückständigsten Bewohnern Europas." Sie aßen Gerstensuppe, Hirsebrei, Ziegenkäse, sie tranken kaltes Wasser oder Milch. Fleisch war eine Rarität: Schweine wurden nicht gehalten, Kühe, Schafe, Ziegen erst geschlachtet, wenn sie zu wenig Milch gaben.

Bäuerinnen aus Hohenaschau im Chiemgau im Festtagsgewand, um 1800. Tracht war in den Alpen immer die Ausnahme – früher etwas für Reiche an Feiertagen, heute etwas für Trachtenvereine; im südwestlichen Drittel der Alpen so gut wie unbekannt

Entsprechend armselig war die Kleidung. Tracht? Die trugen die wohlhabenderen unter den Bauern zum Kirchgang oder auch nur an hohen Feiertagen und in neuerer Zeit zum Schützenfest. Ein urbayerischer Bergbauer wie Sebastian Pfaffinger, den ich gleich näher vorstellen werde, besitzt nicht einmal eine Lederhose. Als Alltagskleidung der kleinen Leute war die Tracht fast unbekannt. 1883 wurde in Bayrischzell der erste bayerische Trachtenverein gegründet, weil das bißchen Tracht, das es bis dahin gegeben hatte, auch noch im Sterben lag, und das paßte den Touristen nicht – doch die ersten Neutrachtler mit den kurzen Lederhosen wurden aus der Kirche gewiesen.

Lebendige Tracht findet sich heute am ehesten noch in der Steiermark, zumal im Ausseer Land. Je weiter nach Westen man in den Alpen reist, desto häufiger stößt man auf eine einzige Tracht im Dorf, und die ist auf dem Prospekt des Verkehrsamts abgebildet.

Damals, bis weit ins 19. Jahrhundert, als die Bergbauern noch keine Jeans zur Arbeit trugen wie heute die meisten, da liefen die Älpler mehr oder weniger zerlumpt herum; die Armen waren so schmutzig, daß manchen Touristen übel wurde, und die ganz Armen machten sich gierig über die Abfälle der Reisenden aus der Großstadt her. In manchen Teilen der Alpen kam es vor, daß die Dorfgemeinschaft ihre Ärmsten davonjagte, damit sie anderswo betteln gingen; manche von diesen armen Teufeln verhungerten unterwegs oder erfroren auf den Pässen – ein Trauerspiel, an das die „Bettlerlücke" im Wallis (2667 m), das „Bettlerjoch" im Rätikon, der „Bettlerrücken" im Allgäu erinnern.

Das härteste Leben hatten die Bäuerinnen. Wenn der Mann auf Wanderarbeit ging, versorgten sie den Hof allein, und was die Männer in der Fremde verdienten, „versaufen sie meistens in ihren Hütten, wo sie ihre armen, abgehärmten Weiber oft mißhandeln und sich von ihnen wie von Sklaven bedienen lassen". So schrieb ein Reisender aus Bern im 18. Jahrhundert über das Tessin. Im Berner Oberland dagegen herrschte 1816 zwar in den Häusern Mäßigkeit – doch „außer dem Haus, im Gasthofe, wird nicht immer kärglich getrunken", wie ein anderer Berner berichtete. „Ein sehr großer Teil der Einwohner ist in tiefer Armut."

Es hilft nichts: Die Bergbauern-Romantik, wie die Heimatdichter der letzten hundert Jahre sie uns vor Augen stellen, ist weit übertrieben oder schlicht erlogen. Selbst in der Literatur stehen ihr ganz andere Aussagen gegenüber: die schaurigen Verbrechen in John Knittels Bestseller „Via Mala", der „Meineidbauer" im Volksstück von Ludwig Anzengruber. Aus den Provenzalischen Alpen berichtet Jean Giono von Brandstiftung und Mord unter Bauern und Holzfällern („Das Lied der Welt") und aus dem Wallis Charles-Ferdinand Ramuz, wie die Dorfbewohner auf dem Friedhof die hölzernen Grabkreuze ausreißen, um sich gegenseitig den Schädel damit einzuschlagen („Das große Grauen in den Bergen").

Übertreibungen abgerechnet – eines ist gewiß: Solange kein Geld von außen in die Alpen floß, solange die Bauern allein waren mit ihrer erdrückenden Natur, haben die meisten von ihnen ein armseliges Leben geführt. Vermutlich hat es einst vielerorts in den Alpen so ausgesehen, wie der italienische Bergschriftsteller Guido Rey (1861–1935) es noch vom Anfang unseres Jahrhunderts aus dem Valtournanche auf der italienischen Seite des Matterhorns berichtete:

„Etwas Strenges, fast Erschreckendes ist an dem Anblick dieser niedrigen dunklen Häuser, dicht aneinander gedrängt, um sich wechselseitig gegen die Kälte zu schützen und dem Ansturm der Winde Widerstand zu leisten; die Kleidung der Älpler ist schmucklos und abgetragen, die Gesichter sind ernst und scheinen kein Lächeln zu kennen; das Dasein ist hart wie alles, was hier oben lebt und gedeiht, und das Leben der Menschen nicht unähnlich jenem der Tannen, die, mit ihren Wurzeln tief in die Ritzen der Felsen geklammert, dahinleben, bis ein Sturm sie entwurzelt oder eine Lawine sie mit sich reißt; oder sie sterben eines langsamen Todes, wenn die Lebenssäfte stocken. Niemand merkt, daß es eine Tanne weniger im Wald gibt oder ein Kreuz mehr auf dem Friedhof. Es mag sein, daß man dort oben die Leiden und Leidenschaften des städtischen Lebens nicht kennt, aber man leidet stumm, ohne Aufhören. Der Sommer ist kurz; das übrige Jahr ist es Winter, und der Älpler wartet geduldig in seinen dumpfen Räumen, bis die Sonne wiederkehrt. Kurz ist die Erntezeit und die Ernte ist mühsam; es ist, als gäbe es hier keine leuchtende, lachende Arbeitsfreude, eine tiefe verzichtende Ergebung beherrscht das Leben."

Und dazu noch die Angst. Begründete Angst vor den Exzessen der Natur, abergläubische Angst vor den Drachen, Tatzelwürmern, Poltergeistern, mit denen die meisten Bergbewohner die Alpen bevölkert glaubten. Noch 1723 verhalf der Zürcher Stadtphysikus Johann Jakob Scheuchzer in seinen „Reisebeschreibungen aus den Alpenregionen der Schweiz" dem Aberglauben der Älpler zu wissenschaftlichem Rang: Er zeichnete „Bergdrachen" mit allen Einzelheiten, wenn schon nicht nach der Natur, so offenbar direkt aus dem Gemüt des Volkes – geflügelte und flügellose, fußlose und vielfüßige, Ungeheuer mit langen Schwänzen, Stacheln auf dem Rücken, sich zum Angriff aufrichtend und viermal so groß wie ein Mensch.

Wenn ein Gelehrter aus der größten Stadt des flachen Landes sie in sein Buch aufnahm – wie hätte dann ein Bergbauer und Analphabet, zwei Tagereisen vom nächsten Markt entfernt und eben auf solchen Reisen vom Gepolter fallender Steine verfolgt, als hätte ihm ein Unhold hoch oben in den Felsen aufgelauert: Wie hätte ein solcher Bauer keine Angst vor Drachen haben sollen?

So wappneten sich die kleinen Menschen in den riesenhaften Bergen mit Frömmigkeit und einer Fülle christlicher und heidnischer Sprüche und Bräuche gegen die Übermacht des Bösen. Sie beteten viel und gewiß oft mit mehr Inbrunst als im flachen Land; sie unternahmen Wallfahrten und Bußprozessionen; Kreuze und Kapellen stellten sie an Wegesränder und auf Hügel und Pässe, auch Bildstöcke – Mahnungen, an Gott und die Ewigkeit zu denken – und Marterln zum Gedenken an die Marter eines Menschen, der durch Unfall oder Verbrechen ums Leben ge-

Der „Bergdrache" faucht nicht in einem Märchenbuch, sondern in einem wissenschaftlichen Werk von 1723. Da braucht es niemanden zu wundern, daß die Bergbauern an Kobolde und Tatzelwürmer glaubten und das Treiben der ersten Alpinisten mit Entsetzen verfolgten

Kreuze, Marterln, Bildstöcke und Kapellen säumen viele Wege in den Alpen – Ausdruck der Angst vor der Urgewalt des Hochgebirges und des Glaubens an den, der die Bergler davor schützen soll. Das Kruzifix bei St. Martin am Vorberg über der Etsch ist im Hang doppelt verankert

Allerlei heidnische Bräuche und der Wunsch, hin und wieder aus der Mühsal des Alltags auszubrechen, haben sich zu rauhen und manchmal unheimlichen Spielen verbunden wie dem Perchtenlaufen: oben eine „Schiachperchte" aus Altenmarkt im Pongau, unten die lärmenden Riesen von Kundl in Tirol – Burschen in Fellen, auf die leergedroschene Maiskolben genäht sind, behängt mit gewaltigen Kuhglocken oder neuerdings mit leeren Benzinkanistern

kommen war; in Südtirol zum Beispiel liest sich das schlicht so:

Die Lawine traf ihn halt
Auf den Leib und macht ihn kalt

oder

Durch einen Ochsenstoß
kam ich in Himmels Schoß

oder, in Anspielung aufs Fegefeuer:

Stehe hier still, o Wandersmann,
Schaue, wie die Seelen missen
schwitzen!

Und noch wo wir nur Lieblichkeit erblicken, wie bei der Kapelle „Maria Schnee" in Gaschurn im Montafon, oder bei der Wallfahrtskirche „Maria Opferung" auf dem Frauenberg bei Admont an der Enns, oder bei dem Barock-Engelein „St. Johann in Ranui" im Villnößtal: Da hat einst, als man sie baute, zusammen mit der Frömmigkeit die Angst Stein auf Stein geschichtet.

Ja, es geht ans Herz, wenn man in der Innerschweiz hie und da noch einen Senn den „Alpsegen" singen hört: Bei Sonnenuntergang tritt er vor die Hütte, setzt einen Milchtrichter als Megaphon an und ruft, weit hinhallend über Berg und Tal, den Schutz Gottes für Alp und Vieh herbei; aber man muß auch hören, welches Bangen, welches Gefühl der Bedrohtheit in diesem alten Brauch mitschwingt.

Singen, rufen, jodeln – das gehörte zum Alltag der Hirten, ebenso wie das Blasen auf der Schalmei. Da gab es den „Kühsucher" oder „Löckler", das Rufen nach einer verirrten Kuh in auf- und abschwellenden, kurzen und langen Tönen, oft mit einem Jodler dazwischen, diesem raschen, gepreßten Wechsel von Brust- und Kopfstimme. „Almschrei" hieß der Jodler auch oder „Dudler" oder „Juchzer", er war vor allem ein Signalruf von Alm zu Alm oder von der Alm ins Tal oder beim Holzmachen und Schlittenfahren, manchmal auch ein Kampfschrei, der die Rauferei einleitete.

Aus solchen Grenzformen des Gesangs hat sich die alpenländische Volksmusik entwickelt, dazu aus den Kuhglocken und den Rasseln und Peitschen, mit denen viele Bräuche begleitet waren, noch heute zum Beispiel das „Chalandamarz" im Engadin (vom römischen Calendae Martii, dem 1. März), bei dem die Kinder, in blauen Kutten mit roten Halstüchern, lärmend durchs Dorf ziehen, um den Winter auszutreiben – ihn „wegzupeitschen", wie in vielen Alpentälern üblich.

Wenn der Lärm sich mit schaurigen Masken verbindet wie bei den Perchten in der „Rauhnacht" vor dem Dreikönigstag oder den Tschägättä zur Fastnacht im Walliser Lötschental oder den Klaubaufs am Nikolaustag in Osttirol – wer erschreckt da wen? Durch Pelze zur Unförmigkeit aufgetrieben, vom Krach der umgehängten Kuhglocken betäubt, dringen die Burschen des Dorfes in die Häuser ein und raufen mit Passanten. Ein Zweck dieses groben Spiels war früher sicher, die Angst einmal umzukehren, also den Hexen und Berggeistern einen Schrecken einzujagen; ein anderer war und mag noch heute sein, die jungen Mädchen zu ängstigen und sich ihnen anonym zu nähern; und ein dritter gewiß, für eine Nacht aus dem strikten Reglement der Dorfgemeinschaft auszubrechen.

Feste sind ja ihrem Ursprung nach ein erlaubter, ja ein gebotener Exzeß, ein kollektiver Rausch – wovon wir Stadtmenschen, bei denen sie zu gesetzlichen Feiertagen verkümmert sind, kaum noch eine Ahnung haben. Immer sind es die Mühseligen und Beladenen gewesen, die das turbulente, das maßlose Fest gebraucht haben und zu feiern verstanden, und für die Hochzeit seiner Tochter hat sich von Hinterindien bis Oberbayern schon mancher Bauer ruiniert. Das Schmausen und Tanzen zu Hochzeit, Geburt und Begräbnis, den Vollrausch bei der Kirchweih, Kirta oder Chilbi – das ließ der Bauer sich nicht nehmen, falls er nicht zu den Bettlern gehörte. Einmal raus aus der Not!

Die Mehrzahl aller Älpler wohnte in Hütten aus Holz oder Stein, die bis in die Neuzeit hinein oft aus einem einzigen Raum bestanden und nur bei äußerster Bedürfnislosigkeit als „Wohnung" anzusprechen waren, und wenn das Haus mehrere Räume besaß, dann waren sie trotzdem höchstens zwei Meter hoch, die Türen gar nur 1,60 Meter, die Schlafkammern hatten Luftlöcher statt der Fenster und auch die Stube oft nur Luken von 20 bis 25 Zentimetern im Quadrat, die mit einem hölzernen Schieber verschlossen werden konnten.

Natürlich, reiche Bauern gab es auch. Wenn ein tüchtiges Paar einen großen Hof in mäßiger Höhe und in günstiger Lage zu einer Stadt besaß, konnte es schon Wohlstand erwerben, und manche von diesen Bevorzugten haben uns als Zeugnisse ihres Reichtums Häuser hinterlassen, die wir noch heute bestaunen. So geschehen seit dem 16. Jahrhundert im Saanetal südwestlich von Bern, im Simmental südlich von Bern und im Emmental östlich von Bern: auf fetten Böden zwischen 500 und 1000 Höhenmetern mit vielen Almen darüber – und dem besten, was man von den Almen holen konnte, dem neuen, harten Käse, einer Sensation unter den Nahrungsmitteln.

Im Saanetal oder Greyerzer Land, zwischen Gstaad und Greyerz (Gruyères), wurde im 16. Jahrhundert das antike Rezept wiederentdeckt, mit dem man Milch nicht nur, wie bis dahin üblich, in den quarkähnlichen, wenig haltbaren Sauermilchkäse (Ziger) verwandeln konnte, sondern in eine schnittfeste, wohlschmeckende Substanz von jahrelanger Haltbarkeit – was das bedeutete in einer Zeit ohne Kühlschränke und Konservendosen, welche Transportwege der Käse nun überstehen, wie drastisch er die Ernährung auf den Segelschiffen verbessern konnte! Schon im 17. Jahrhundert wurden aus dem Saanetal Tausende von Zentnern Käse exportiert.

Eine halbe Tonne Milch schwappt im Kessel auf der Honegg-Alm unter der Nordwand des Eigers – in 40 Kilo Käse wird sie sich verwandeln, wenn sie langsam genug mäßig erhitzt, dabei gerührt, geformt, gepreßt, gesalzen, kühl gelagert, warm gelagert, alle zwei Tage gewendet und nochmals kühl gelagert worden ist. Nach dem Pressen kann der Holzreif abgeschlagen werden. Almen, auf denen noch Käse bereitet wird, sind rar geworden

Eine trickreiche und harte Arbeit war allerdings damit verbunden: Aus der Magenschleimhaut saugender Kälber mußte das Labferment gewonnen werden, das das Kasein der Frischmilch ohne Säuerung gerinnen läßt; die geronnene Milch wird zerkleinert, verrührt, eine Stunde lang auf genau 52 bis 55 Grad erhitzt, dann gepreßt, zwei Wochen lang täglich mit Salzwasser eingerieben, dann für sechs bis zehn Wochen in warmer, feuchter Luft gelagert und dabei alle zwei Tage gewendet und gesalzen, dann kühl gelagert ein halbes Jahr – und all das oben auf der Alm, damit der Senn nicht eine Tonne Milch ins Tal zu schaffen brauchte, sondern nur den 80 Kilo schweren Käselaib, der von ihr übrigblieb.

Den „welschen" (französischsprachigen) Sennen des Saanetals gelang das zuerst. Ein Bauer, der einen solchen Senn beschäftigen konnte und genügend Kühe besaß, der wurde reich. Wie reich, ist am eindrucksvollsten abzulesen vom Grand Chalet bei Rossinière an der Saane, einem Holzpalast von 1756, bis 1976 ein Hotel, seitdem wieder in Privatbesitz. Doch daneben gab es die Bauern mit den wenigen Kühen, und im 17. Jahrhundert war jeder fünfte Bewohner des Saanetals ein Bettler.

Das benachbarte Simmental fand bald Anschluß an den Käseboom und wurde gleichzeitig für seine Viehzucht berühmt: Die vielen Schweizer Offiziere in fremden Diensten ritten Pferde aus Erlenbach im Simmental, und die gefleckten Simmentaler Rinder, gleich stark in Milch- und Fleisch-Ertrag, grasen heute in den USA, Brasilien und Australien.

Die schönste Erinnerung an diesen Reichtum bietet das Knutti-Haus bei Därstedten unweit Erlenbach: erbaut 1756 wie das Grand Chalet von Rossinière – im fernen Norden war gerade der Siebenjährige Krieg ausgebrochen – und noch heute im Besitz des Knutti-Bauern in sechster Generation, während ich die achte aus dem Kinderwagen schreien hörte; breit hingelagert, zur Außenwelt geöffnet mit großen, scheinbar ganz unbäuerlichen Fenstern, reiches Schnitzwerk im tiefgebräunten Holz, die Originalbemalung von 1756 mit schöner Patina. Und während sich die Knuttis 1981 ein Badezimmer haben einbauen lassen, schon weil sie im Sommer zwei Zimmer vermieten, betreten sie die 1760 prächtig ausgemalte „Sonntagsstube" noch immer nur zu feierlichem Anlaß, wie es sich für Bauern ziemt.

In den Alpen stehen eben nicht nur viele der elendesten Hütten und der häßlichsten Hotels von Europa, sondern auch Bauernhäuser, die auf Erden kaum ihresgleichen haben, und die Krone gebührt dem Emmental, aus dem der andere ganz berühmte Käse kommt: die dunkelbraunen Holzhäuser von Langnau, Signau oder Heimiswil, nur durch die Blumenpracht verziert, aber so unglaublich üppig und behäbig auf die Wiesen hingelagert wie eine Glucke auf ihr Nest, und die gewaltigen Dächer, einst mit Stroh gedeckt, noch heute mit ihren Ziegeln oder genagelten Schindeln ein Anblick, der den Atem höher gehen läßt.

Ja, da steckt Wohlstand drin, Zimmermannskunst, Geschmack und Fleiß, und ein sonntäglicher Glanz geht von diesen Häusern aus, „den man mit einigen Besenstrichen nicht zu erzeugen vermag", wie Jeremias Gotthelf aus dem Emmental berichtete, sondern „das köstliche Erbgut angestammter Reinlichkeit" sei dazu nötig, „der Familienehre gleich, welcher eine einzige unbewachte Stunde Flecken bringen kann".

Reiche Bauern gab es auch, und viele von ihnen schmückten die Fassaden ihrer Häuser. Der häufigste Zierat ist in Oberbayern die Lüftlmalerei, in den frischen Mörtel gemalt (hier: Hagenberg bei Fischbachau); im Engadin die Sgraffiti, aus dem frischen Putz herausgekratzt (Cinuoschel bei Zuoz). Auch schmucklose Bauernhäuser strahlen oft eine Heimeligkeit und eine Würde aus, die den Bausparern und den Baulöwen von heute nicht mehr gelingen will

n: Salzburger Land

Holz: Schnalstal, Südtirol

: Alpbach-Tal, Nordtirol

Lüftl-Malerei: Oberbayern

n mit Sgraffiti: Ardez, Unterengadin

Holz über Stein: Saanetal, Kanton Bern

Und wie sie lebten, diese reichsten unter allen Bauern: Käse, feinste Butterzöpfe, schön braun und gelb, Eierküchlein hoch getürmt, Kaffee, heißer Rahm – ein Frühstück, schrieb Gotthelf 1842, „wie es Fürsten selten haben und keine Bauren auf der Welt als die Berner. Tausende von Engländern rennen durch die Schweiz, aber weder einem der abgejagten Lords, noch einer der steifbeinichten Ladies ist je ein solches Frühstück geworden."

Das also waren ein paar Ausnahmen in den Alpen: Wohlstand durch große Tüchtigkeit, die aber wenig gefruchtet hätte, wäre sie nicht durch mäßige Höhe und hervorragende Verkehrslage begünstigt gewesen. Auch in vielen der schmucken oberbayerischen Dörfer waren diese Bedingungen erfüllt, ebenso in einigen glücklich gelegenen Dörfern in Tirol, Salzburg und der Steiermark.

Hier kam ein gewisses, möglicherweise „bajuwarisches" Talent hinzu, die Häuser fröhlich herzurichten – und fröhlich, das sind die Berner Bauernpaläste nicht –, vor allem mit Hilfe der „Lüftlmalerei", die gegen 1700 in Oberammergau entstand und später nach ihrem berühmtesten Meister benannt wurde, Franz Seraph Zwinck (1748–1792) aus dem Haus „zum Lüftl": religiöse, später auch bäuerliche Motive oder Ornamente, mit mineralischen Wasserfarben in den noch nassen Kalkmörtel gemalt und jahrhundertelang haltbar. Mancher Kitsch ist da in jüngerer Zeit hinzugekommen, doch nur schwer kann man sich dem Reiz der Frühlingsstraße in Partenkirchen oder des überwältigenden Marktplatzes von Neubeuern im Inntal entziehen.

Selbst in karger Höhe ist ein Haustyp entstanden, der einen gewissen Wohlstand eindrucksvoll darstellt: das Engadiner Haus mit seinen dicken Mauern, seinen asymmetrisch eingeschnittenen Fenstern, seinem vieleckigen Erker und den Sgraffiti-Ornamenten, auch Pflanzen oder Tieren, die mit dem Kratzeisen aus dem frischen Putz herausgearbeitet und oft bräunlich, gelblich oder rötlich getönt worden sind. Im Engadin war wenigstens die Verkehrslage günstig durch die alten Römerstraßen über den Julier- und den Maloja-Paß, und viel Geld schafften die begehrtesten und höchstqualifizierten aller Wanderarbeiter der Alpen heim: die Engadiner Zuckerbäcker, die im reichen Venedig ein Monopol ausübten.

Je weiter weg von den Städten und Durchgangsstraßen aber und je höher im Gebirge die Bauern wohnten und je weniger sie eine in den Städten gefragte Kunstfertigkeit besaßen: desto sicherer blieben sie in den Klauen der Armut, und bis heute hat sich daran wenig geändert – unter denen, die geblieben sind.

Wer die Postkartenschönheiten vom Nordrand der Alpen mit den Alpen insgesamt verwechselt, den irritiert ja schon ein Dorf, das durchaus nicht arm, aber hochgelegen und dabei dörflich geblieben ist wie Burgeis (1215 m) unterm Reschenpaß – zwischen schönen Gasthöfen noch so viel Kuhmist, Urigkeit und Enge, wer hätte das gedacht? Reist man aber weiter in den Süden und Südwesten des Alpenbogens, so wird man schmerzlich angerührt von der Armut – und vom Verfall.

Diesem großen französisch-italienischen Alpenteil südlich von Chamonix haften zwei geographische Nachteile an: In mancher Region gibt es weit und breit keine blühende Stadt wie Bern, und die nach Süden zu immer geringere eiszeitliche Vergletscherung hat nicht die vielen breiten Talböden ausgehobelt, in denen Landwirtschaft und Fremdenverkehr gedeihen. Dazu kommen zwei historische Nachteile: Große Flächen des Gebirges wurden von Klöstern aus bewirtschaftet, und als die Französische Revolution das Klostereigentum aufhob und die Bauern befreite, da vernichteten die neuen Herren den Wald so radikal, daß sich weite Landstriche bis heute nicht von der Erosion erholt haben, die daraus folgte.

Und dann erklärte der Code Napoléon das Grundeigentum für teilbar. Die gute Absicht, die Benachteiligung der nichterbenden Bauernkinder zu beseitigen, bewirkte eine Zerstückelung des Bauernlandes, an der viele Existenzen zerbrachen. In den französischen Alpen hat allein zwischen 1950 und 1970 die Hälfte der Bauern aufgegeben, ganze Täler sind entvölkert, die Experten sprechen vom „désert français", der französischen Wüste. Jetzt ist die Abwanderung gestoppt – doch wie sehen Bergdörfer aus?

In Le Chazelet, obwohl unter der grandiosen Meije gelegen und mit dem Touristenort La Grave durch eine gute Straße verbunden, ist die Hälfte der Häuser verfallen oder unbewohnt, von den bewohnten sind etliche mit unverputzten Betonsteinen ausgeflickt. Durch die Kirche weht ein modriger Wind: kein Fenster heil, das Gemäuer vom Schwamm angefressen. Die einzigen Blumen wachsen auf dem Friedhof von Le Chazelet, aber zur Hälfte ist er von Unkraut überwuchert, und die meisten Kreuze stehen schief. Ein graues Wrack von einem Dorf, dem nicht nur „das köstliche Erbgut angestammter Reinlichkeit", sondern selbst der Besen fehlt; über allem ein Hauch von Dreißigjährigem Krieg, wenn die Fernsehantennen nicht wären.

So trist wirkt das Tessin nicht, aber Schwermut liegt auch über ihm. Wir setzen den sonnigen Kanton ja gern mit Lugano, Locarno und Ascona gleich, doch zum größten Teil ist er von wildem Gebirge bedeckt und von Schluchten durchzogen, die steil, waldreich und romantisch sind, dazu arm und von Menschen halb entleert. Die grauen Granithäuser türmen meist vier Räume übereinander, einen in jeder Etage: Keller, Küche, Kammer, Speicher, verbunden nur durch eine Außentreppe, die manchmal eher eine Leiter ist. Viele Häuser verfallen, viele Dörfer sind schon tot; in anderen gibt es keine Hochzeiten und keine Geburten mehr, nur noch Beerdigungen, acht Einwohner statt früher hundert in Sonlerto (Val Bavona) und für den letzten Bauern keine Frau.

Mehr oder weniger hat das alles der Verkehr bewirkt: die Eisenbahn in dem halben Jahrhundert zwischen 1854 (erste Überwindung eines Alpenpasses) und 1904 (erste Dampflokomotive in St. Moritz) und seit dem Zweiten Weltkrieg das Auto. Die Anbindung der Alpen an den Weltverkehr machte die vielen Bergwerke unrentabel, ebenso die Heimarbeit, das Spinnen, Weben, Färben, Töpfern, und vielerlei Kleinindustrie; sie schwemmte die Touristen heran, deren großkotziger Umgang mit Zeit und Geld alle bäuerlichen Maßstäbe durcheinanderwirbelte; und zugleich machte sie es technisch leichter, der alten und der neuen Not zu entfliehen, durch Auswanderung nach Amerika oder nach Australien – zu Zehntausenden im 19. Jahrhundert – oder in den letzten Jahrzehnten durch Abwanderung ins flache Land, wo man mit so sehr viel weniger Arbeit so sehr viel mehr Geld verdienen kann.

Andererseits: Für viele Bauern war die Eisenbahn ein rechter Segen. Meist erst im Dienst der Schiene wurden die großen Alpenflüsse reguliert und damit die Talgründe endlich bewohnbar gemacht – und das hieß: intensivere Landwirtschaft in wärmerem Klima auf oft ebenen Böden. Das Rhônetal im Wallis konnte so zu einer Schatztruhe

Der verwahrloste Friedhof des sterbenden Dorfes Le Chazelet über La Grave im Dauphiné. Im südwestlichen, französisch-italienischen Drittel der Alpen erschrecken deutschsprachige Touristen oft über das Ausmaß von Armut und Verfall. Das hat vielerlei geographische und historische Gründe, aber mit einer geringeren Geschäftstüchtigkeit im Umgang mit den Stadtmenschen und ihrem Geld muß es auch etwas zu tun haben

voll Wein, Mais, Tabak, Spargel, Erdbeeren und Aprikosen werden, und der Vinschgau, das Tal der oberen Etsch in Südtirol, zu Europas Apfel- und Birnen-Zentrum.

Und dies, obwohl der Vinschgau wie das Rhônetal von gewaltigen Bergen eingeschlossen und dadurch so trocken sind, daß ohne künstliche Bewässerung nichts von all dem wachsen würde, nur Wald auf den Nordhängen und auf der Sonnenseite gelbes Steppengras. Doch über beiden Tälern hängen mächtige Gletscher, und Gletscherwasser hat zwei unvergleichliche Vorzüge: Das jahrhundertelange Schürfen des Eises auf dem Fels hat es reich an Mineralien gemacht, und je heißer und trockener der Sommer ist, um so heftiger sprudelt es, zum Entzücken auch der heutigen Kraftwerksbetreiber. Also galt es, die Gletscherbäche anzuzapfen und in ein Kanalsystem zu leiten, in Leiten eben, auch Wasserfuhren genannt, im Vinschgau Waale, im Wallis Suonen oder französisch bisses, von bissection, der Zweiteilung, weil sie sich teilen und verästeln über die Weiden und Felder der Bauern.

Bau und Betrieb erforderten Erfindungsreichtum, Geduld und dörfliche Organisation. Nicht zu steil durften die Leiten sein, sonst hätte das Wasser sie zerstört, und nicht zu flach, dann würde es versickern und verdunsten; bis zu 2000 Höhenmeter Gefälle waren so zu überbrücken in Leitungen von manchmal mehr als zehn Kilometern Länge. Um das richtige Gefälle zu wahren, mußte man hier Kanäle in Felsen hakken, dort das Wasser in hölzerne „Kännel" fassen, Leitungen nach Art von Dachrinnen, die an Felswänden entlangführten und alljährlich im Frühling ausgebessert werden mußten, oft unter Lebensgefahr; Jakob Christoph Heers wilddramatischer und einst berühmter Roman „An heiligen Wassern" (1898) gibt davon Bericht.

Heute liegt nur noch ein kleiner Teil der Leiten offen in den Wiesen, mit den Büschen und den saftigen Gräsern, die ihren Lauf begleiten; andere sind in Röhren gefaßt, in Stollen gesprengt

Die alte Bewässerung in den regenarmen Tälern der Rhône im Wallis und der Etsch in Südtirol: Gletscherwasser wird in künstlichen Bächen – Suonen oder Waalen – zu den Weiden herabgeleitet und dort nach einem von der Dorfgemeinschaft aufgestellten Bewässerungsplan mit Brettern und Blechen verteilt. Unten rechts die Burg Schluderns an der oberen Etsch

oder verfallen. In Mals im Vinschgau funktioniert das so mit der Bewässerung: Jeder Bauer bekommt alle ein bis drei Wochen eine Wasserzuteilung von vier bis sechs Stunden; sie richtet sich nicht nach dem Bedarf, also dem Grad der Trockenheit, sondern nach dem Vorrat; mit der Folge, daß im subtropischen Sommer 1983 viele Wiesen und Felder verbrannten. Wann er an der Reihe ist, erfährt der Bauer aus dem Bewässerungsplan, und ob es ihn nachts oder sonntags trifft – er nutzt seine maximal sechs Stunden mit harter Arbeit aus.

In Gummistiefeln stellt er sich spreizbeinig über den Waal und stößt das Wasserblech, eine Art Spaten, dessen überbreites Blatt nach unten einen Halbkreis bildet, an verschiedenen Stellen in verschiedenen Winkeln in die Wasserrinne, und um die Verteilung über den Hang noch zu verfeinern, steckt er Bretter in wechselnden Winkeln mit Pflöcken in die Erde.

Weiter talab sind an die Stelle der Wasserbleche die Beregnungsanlagen getreten, die kreisenden Fontänen, die die Arbeit halbieren, die Erträge verdoppeln und den unteren Vinschgau mit tausend Regenbogen schmücken. Freilich, das Wasser vertreibt die Vögel und erschlägt die Bienen, vermehrt aber Feldmäuse und Maulwürfe, und wo Grasland künstlich beregnet wird, gerät das allzu lockere Erdreich in die Mähmaschinen und beschädigt sie.

Aber die Obsternte! 300 Doppelzentner Äpfel pro Hektar, von der Genossenschaft gelagert, sortiert und verschickt, das meiste nach Deutschland, England und in die Nachbarstaaten, zunehmend auch in die arabische Welt – das macht 60 Pfennig Nettoerlös pro Kilo, davon können selbst die Kleinbauern, um die es sich überwiegend handelt, recht gut leben.

Die meisten Bergbauern können das auch heute nicht. Die Regierungen der Alpenländer tun ja viel für sie: Sie gewähren Prämien, Subventionen, billige Kredite, Steuererleichterungen zur Sanierung oder Rationalisierung ihrer Höfe, auch zur Errichtung von Hand-

Die neue Bewässerung: kreisende Fontänen. Die Anlage ist teurer, die Arbeit leichter, die Obsternte größer, der Anblick für Touristen ein Hochgenuß, der prasselnde Dauerregen köstlich für die Mäuse und tödlich für die Bienen

werksbetrieben oder Familienpensionen im Dorf. Die entlegensten Siedlungen sind ans Strom- und Wassernetz angeschlossen, die letzten Wildbäche reguliert, und den Straßenbau haben die Regierungen zu ihrem Lieblingskind gemacht: Selbst in den hintersten Winkel des französischen Alpenteils führt ein Asphaltband, das oft in weit besserem Zustand ist als jenes Dorf, das es retten helfen sollte.

Alle Regierungen, auch die Europäische Gemeinschaft, erkennen an, „daß der Bergbauer Leistungen erbringt, die nicht auf dem Markt abgesetzt werden können": Noch Steilhänge macht er zur Nahrungsquelle – und er erhält die Almregion am Leben. Die Sommerwanderer lieben sie, und die Skifahrer haben allen Grund, den Bergbauern dankbar zu sein, daß sie die pistenfreundliche Rodung des Bergwalds größtenteils schon vor 700 Jahren erledigt haben.

Doch all die gut gemeinten und oft kostspieligen Bemühungen haben nicht viel gebracht. Überall verdienen die Bergbauern drastisch weniger als die Flachlandbauern und die wiederum weniger als die Industriearbeiter, und der Abstand wächst. Die „Vollbauern" sind in den Alpen zu einer Minderheit, ja oft zur sozialen Randgruppe geworden. In Zermatt gibt es keinen mehr und nur noch einzelne Höfe, die wenigstens überwiegend von der Landwirtschaft leben; in Virgen (Osttirol) sind drei Vollbauern übriggeblieben, verglichen mit 98 Nebenerwerbsbetrieben.

Das ist der eine Ausweg des sterbenden Bergbauernstandes: Bauer oder Bäuerin arbeiten an der Seilbahn, am Skilift, auf dem Parkplatz, im Hotel; als Maurer und Zimmerleute beim Bau neuer Ferienwohnungen tragen sie zur Verstädterung ihres Dorfes bei. Es gibt da auch glückliche Kombinationen: den Bauern, der sich einen eigenen Gasthof hinstellen konnte, den anderen, der sich als Bergführer oder Skilehrer ein Zubrot verdient, und auch Adolphe Ferrier sei nicht vergessen, der Briefträger von La Grave im Dauphiné: Von 9 bis 12 schwatzt er mit den Leuten, dann versorgt er seine fünfzehn Kühe, und dieser tägliche Wechsel macht ihm Spaß.

Der andere Ausweg ist die Fabrik unten in der Stadt. Aber die, die keine Doppelarbeit wollen oder keine finden, weil weder eine Touristenattraktion noch Industrie in der Nähe ist: Die geben auf – selbst in der deutschen Schweiz vier Bauern Tag für Tag.

Nicht, daß sie dann in der Stadt zufrieden wären. Das Volkskundliche Seminar der Universität Zürich hat 1981 eindrucksvoll belegt, in welcher Gemütsverfassung sich eine Gruppe ehemaliger Bauern aus dem Bergdorf Sursilvans nun in der Stadt Chur befindet: Sie stehen ratlos vor der Freizeit an den leeren Abenden, lehnen es strikt ab, zum Zweck des Nichtstuns zu verreisen, werden halb krank, wenn sie Kuhglocken hören, und schwärmen: „Wenn du auf dem Feld bist und so fest arbeitest, daß du am Abend zum Umfallen müde bist, dann fühlst du dich ungeheuer leicht, so frei, man hat nichts, das einen einengt."

So ähnlich sieht das auch der Sebastian Pfaffinger auf der Mitterleiten über Sachrang im Chiemgau, einer von der bedrohten Art der reinen Bergbauern. Zwar vermietet er im Sommer zwei Zimmer, denn der Blick ins Tal hinab und hinauf zum Zahmen Kaiser ist prächtig, und hier können Stadtkinder noch Enten in Mistpfützen paddeln sehen. Aber das Geld muß von den 20 Hektar Grünland kommen und von den 10 Hektar Wald. Die ernähren schon den Sebastian und seine Frau Christine, seine Eltern und seine Kinder: den 22jährigen, der Sebastian heißt und zur Zeit „beim Bund" ist, und den 18jährigen Alois, der in Aschau in die Gärtnerlehre geht.

Sie haben einen Kühlschrank, eine Tiefkühltruhe und eine Waschmaschine, die Pfaffingers, und zu den Olympischen Spielen von 1976 haben sie sich einen Schwarzweiß-Fernseher angeschafft. Fernsehen tun sie jedoch nicht viel, denn wer um fünf aufsteht, geht halb neun ins Bett, und obendrein mögen sie beide weder Krimis noch Ki-

Bei den Pfaffingers über Sachrang im Chiemgau ist die Bergbauernwelt noch in Ordnung: Kuhmilch fürs Kalb und für die Molkerei, Ziegenmilch für die Familie, Holz fürs Sägewerk, fürs Auge ein Wald von Geranien, zu einem Bier am Abend reicht es auch, und einer der Söhne wird den Hof übernehmen

nofilme, nur Sendungen wie „Die lustigen Musikanten" und im übrigen die Tagesschau. Zum Abendessen leisten sie sich ein Bier, zum Mittag trinken sie Ziegenmilch, denn die Milch der zwölf Kühe ist zum Verkaufen da. Mit dem Schlepper wird sie nach Sachrang hinuntergefahren, da wechseln sich die drei Bauern von der Mitterleiten ab, die übrigens alle Pfaffinger heißen.

Das Haus ist von 1665, nur Balkon und Dachstuhl sind einmal erneuert worden – ein „Einhof" wie meist in den Ostalpen, Mensch, Tier und Heu unter einem Dach. Von außen betrachtet, denkt man sich nichts dabei, außer daß man den stattlichen Anblick würdigt. Aber wenn der Stadtmensch im ersten Stock durch die Diele geht und arglos die Eisentür zur Scheune öffnet: Dann steht er erschrocken auf dem Grund einer Schlucht zwischen fünf Meter hohen Wänden von Heu.

Das Haus ist der Stolz von Christine Pfaffinger, vor allem die hängenden Geranien; auf ihrem Balkon allein sprießen davon mehr als in drei französischen Alpendörfern zusammen. Urlaub? Nein. Nach der Hochzeit waren sie drei Tage in Wien, einmal sind sie nach Frankfurt gefahren, alle paar Jahre besuchen sie in München die Landwirtschaftsausstellung, und manchmal machen ein paar Bäuerinnen zusammen einen Tagesausflug. Kirchweih oder Schützenfest? „Nein", sagt Christine Pfaffinger, „mein Mann tanzt eh nicht."

Aber lachen kann er, der Sebastian Pfaffinger, ansteckend und von einem Ohr zum anderen, ein bißchen wie ein netterer jüngerer Bruder von Franz-Josef Strauß. Ja, man möchte meinen: Die Welt ist noch in Ordnung auf der Mitterleiten. Einer der Söhne wird den Hof schon übernehmen. Hier sind eben dieselben Bedingungen erfüllt wie in den reichen Schweizer Tälern: Tüchtigkeit, mäßige Höhe (870 m) und günstige Verkehrslage, dicht über der Straße vom Chiemsee nach Kufstein.

Wo eines von den dreien fehlt, leben die letzten Bauern hart wie eh und je – und mehr noch die Bäuerinnen, die ja

oft genug den Hof führen, während der Mann oben am Lift oder unten in der Fabrik oder auf Wanderarbeit ist. Noch immer schleppen sie Heu auf Kraxen oder in riesigen Bündeln oder die großen Milchkannen auf dem Buckel, in den Julischen Alpen, den Lechtalern, im Wallis dort, wo nicht die Touristen regieren, im Tessin. Und wenn sie dieselbe Last tragen wie ihre Großmütter, so tragen sie doch schwerer daran, weil die Fremden, das Fernsehen, die erleichterte Reise in die Stadt ihnen die Augen über ihre Mühsal geöffnet haben.

Paul Mischi wenigstens hat kein Fernsehen, und auch Fremde bekommt er selten zu Gesicht – hin und wieder unten im Gasthof in Campill, wo am Sonntag nach der Kirche die Bauern ihren Schoppen trinken, mit Hut und Krawatte und vorzugsweise in jenen lila

Da stehen die Brote wie die Hühner in der Legebatterie, fürs ganze Jahr müssen sie reichen bei den Mischis über Campill in den Dolomiten, und weil das Dauerbrot nach einigen Monaten seine erste Frische verloren hat, wird es mit der eisernen Grammel zertrümmert. Die Krümel sind dann selbst einem städtischen Gaumen angenehm

getönten Stadtanzügen, wie deutsche Flachlandbauern sie in den dreißiger Jahren liebten. Die Bauern von Campill sprechen Ladinisch, das tun fast 20 000 Südtiroler: wie das verwandte Räto-Romanisch in der Schweiz eine Restsprache der romanischen Ureinwohner, die einst durch die bajuwarisch-alemannische Landnahme in die Enge getrieben wurden.

Campill liegt 1398 Meter hoch in einem Nebental des Gadertals zwischen Bruneck und Corvara in den Dolomiten und der Weiler Mischi mit seinen acht Höfen noch 224 Meter höher, seit 1981 über eine drei Kilometer lange Schotterstraße zu erreichen – Siedlungsraum des 13. oder 14. Jahrhunderts und typisch für diejenige Verkehrs- und Höhenlage, in der auch durch Tüchtigkeit kein Wohlstand erzeugt werden kann.

Schlecht leben sie nicht, der 62jährige Paul Mischi, seine adrette Frau und ihre 15jährige Tochter Rita (die 20jährige Maria ist Sekretärin in Corvara und kommt jede Woche zu Besuch). Aber weit, weit weg von allem, was Touristen kennen oder auch nur ahnen, ist ihre Art zu leben schon. Die Mischis sind noch Selbstversorger: Nur Pasta, Polenta, Reis und Werkzeuge werden gekauft – „und die Ringe, wenn wir heiraten", fügt Paul Mischi hinzu. Er treibt Ackerbau auf seinen sechs Hektar Land in 1620 Metern Höhe: Roggen, Gerste und Kartoffeln für den eigenen Bedarf, dazu hält er Hühner und zwei Schweine, Milch und Käse hat er sowieso. Was er verkauft, sind erstens Rinder und zweitens Holz aus seinen 44 Hektar Wald.

Das Brot wird natürlich selbst gebakken, jedes Jahr im Juni (habe ich richtig gehört?), ja, reichlich mit Fenchel und Anis gewürzt, und im Oktober, als ich zu Gast bin, werden die handtellergroßen Laibe mit Hackwerkzeugen zertrümmert, damit man sie essen kann. Es ist nur so, daß kantige Aniskrümel mit dekorativ gelegten Schinkenstreifen von der eigenen Sau und selbstgebranntem Enzianschnaps ein köstliches Mahl ergeben. Durchs Stubenfenster sehe ich den Peitlerkofel über Wald und Matten ragen.

Deutsch hat Paul Mischi – Ton auf der zweiten Silbe – erst im KZ gelernt. Als die SS ihn 1943 musterte und einberief, weil sie Südtiroler gleich Südtiroler setzte, da fluchte er ladinisch und italienisch auf sie ein, verweigerte den Gestellungsbefehl, wurde von Feldgendarmen abgeholt, zum Tode verurteilt – und im Angesicht des Erschießungskommandos begnadigt zu acht Jahren Zwangsarbeit, wie all. jene Mithäftlinge, die gleich ihm kein Deutsch verstanden. Er kam nach Dachau. „Sie waren unglaublich böse, die Deutschen im KZ", erzählt er, immer erst ladinisch murmelnd, ehe er seine Worte für mich auf Deutsch wiederholt.

Und das Leben hier oben? „Ich habe eine gute Frau", sagt er, „das ist das Beste." Abwechslung? Ja, wir haben ein Radio und den Ladinischen Kalender, und Rita fährt jede Woche nach Bruneck zum Friseur, zweimal eine Stunde mit dem Omnibus, da bringt sie zwei oder drei Zeitungen mit. Auch in Bozen sind die Mischis ein paarmal im Jahr, zweimal drei Stunden Omnibus. „Und 1982 habe ich plötzlich 500 000 Lire bekommen, dafür, daß ich hier bleibe!" Der Bauer lacht und schüttelt den Kopf dazu.

Und bleiben Sie denn? „Ich bleibe", sagt Mischi „mein Vater hat gearbeitet, bis er 90 war." Und wer wird dann den Hof übernehmen? Da sehen Vater, Mutter und Tochter sich reihum an und lächeln. „Ich bleibe schon – wenn ich einen Mann finde", sagt die 15jährige. Aber wird es den Mann geben, der hier der Bauer werden will? Sie schweigen. Ich mache noch einen Versuch: Was wird hier oben in fünfzig Jahren sein?

„In fünfzig Jahren?" Mischi kratzt sich am Kopf. „Da wird es hier oben nicht mehr acht Bauern geben, sondern keinen."

Traurige Himmelfahrt in Bosco-Gurin

Die Laubwälder des Maggia-Tals bei Locarno triefen vom Regen, die Baumkronen schäumen im Wind. 12. Mai 1983. Das Sträßlein schraubt sich empor in die Region der Kiefern und der Birken, durchstößt die Wolken und endet, 1504 Meter über dem Meer und 1310 Meter über dem Lago Maggiore, im schmutzigen Schnee von Bosco-Gurin, wo die Lärchen noch keine Nadeln tragen und der Mai, wie im Engadin, der häßlichste Monat des Jahres ist.

Die Häuschen haben kleine Fenster, doch anders als sonst in den Tessiner Dörfern sind sie aus Holz auf gemauertem Sockel – und gut in Schuß. Gleich hinter der unverschlossenen Haustür liegt die Wohnküche. Alle Küchen, alle Wege leer.

Denn in der 700jährigen Kirche hält Karl Piffer – gesprochen „Biefr" – mit heiserer Stimme den Festgottesdienst zu Christi Himmelfahrt. Er spielt auch die Orgel, leidend mit gekrümmten Fingern. „Er ischt kränklich", sagt seine Haushälterin. „Deswegen hat er eine so kleine Pfarrei." Im Mai, wenn der Schnee endlich schmilzt und doch nicht schmelzen will, leidet der Pfarrer am meisten, und viele Guriner sind krank.

Die Kirche ist nicht einmal halb gefüllt, und dabei sind die meisten Bewohner des Dorfes gekommen: 82 leben noch hier oben. Es waren 400 vor 130 Jahren; doch dann begann die große Flucht aus dem Tessin, damals dem Armenhaus der Schweiz, zu Tausenden zogen sie nach Kalifornien und Australien; und seit an den Tessiner Seen die reiche Sonnenstube der Eidgenossenschaft entstanden ist, zieht es die Guriner hinunter nach Locarno und Lugano.

Als eine Heldentat hatte die Besiedlung einst begonnen: Da wanderten sie heran um das Jahr 1240 mit Kind und Kegel über steile Pässe, zuletzt die Gurinerfurka, und nahmen das menschenleere Hochtal in Besitz. Sie waren Walser, jene Alemannen aus dem Wallis, die die Alpen von oben nach unten erschlossen. Den Wald rodeten sie, und so weit im Süden gelang es ihnen, neben der Milchwirtschaft noch Ackerbau zu treiben für die Selbstversorgung: Gerste, Flachs und Hanf bauten sie an – heute nur noch Kartoffeln.

Und schwer war das Leben! 1695 wurden 34 Guriner von einer Lawine umgebracht, 1749 gar 41 Dorfbewohner vom Schnee begraben. 1799 verirrte sich eine österreichische Brigade mit 5000 Mann auf der Flucht vor den Franzosen in das einsame Hochtal und requirierte sechs Kühe sowie alle Schafe und Ziegen.

Doch immer noch ist in Bosco-Gurin mehr Leben als in allen anderen entlegenen Dörfern des Tessins; einige davon sind kaum noch bewohnt, andere hat schon der Wald verschlungen. Dabei trägt kein Kraftwerk mit Arbeitsplätzen oder Wasserzins zu den Finanzen der Gemeinde bei; die 45 Fremdenbetten sind mehr als genug, die wenigen Ferienhäuser von einfacher Art. Nur Tagesausflügler aus Locarno, die an schönen Sommertagen das Sträßlein verstopfen, bringen Geld in die Kasse des neuen Ristorante und des alten Gasthofs Edelweiß; einen Skilift gibt es seit 1968, ein zweiter ist im Bau.

Beharrlich bewahrten die Walser in der Fremde ihre Sitten und ihren Dialekt. Da er auf Sprachinseln wie Bosco-Gurin von der allgemeinen Entwicklung des Schweizerdeutschen abgeschnitten war, sind in ihm althochdeutsche Formen erhalten geblieben, was den Walsern 1962 einen Ehrenplatz in Professor Rudolf Hotzenköcherles „Sprachatlas der deutschen Schweiz" verschaffte. Da hat sich das althochdeutsche *fleugan* für fliegen nur zu *fleuga* oder *fleigä* abgewandelt; die Walser kennen noch den Genitiv, der sonst in deutschen Dialekten ausgestorben ist: „Gib mir ein Gläschen dessen", sagen sie, *gib mr es Gläsli desch*; und *Aachä* ist Walserisch für das schweizerdeutsche *Anken*, was wiederum Butter heißt.

Natürlich, die Zumsteins haben sich in „della Pietra" umgetauft, und aus ihrem italienischsprachigen Umland haben die Guriner viele Brocken übernommen – „sie schwatzen in einer Sprache, die Dante zum Erröten und Goethe zum Weinen bringen würde", schrieb ein Sprachforscher anno 1900. Allerdings wird Deutsch an der Schule von Bosco-Gurin erst seit 1886 angeboten, und erst seit 1942 ist es Pflichtfach.

Sechs Schüler gibt es noch, dazu fünf Kinder im Vorschulalter, „ja, und bald erwarten wir das sechste", erzählt der Pfarrer nach dem Gottesdienst. Für die hundert Schritte von der Kirche zu seinem japanischen Kleinwagen hat er sich Gummistiefel angezogen und einen dicken Schal umgewickelt. Es ist nicht leicht, mit ihm zu plaudern: Auf einem Ohr hört er schwer, auf dem anderen gar nicht, und über beide Ohren hat er sich eine Pudelmütze gezogen. Auch ist er in Eile, er will ein geistliches Konzert in Locarno besuchen.

„Die letzte Hochzeit? Das war 1981", sagt Karl Piffer, „aber das waren Auswärtige." Und wann er zum letzten Mal ein Paar aus Bosco-Gurin getraut hat? Zweimal muß ich die Frage wiederholen, er formt die Hand zum Schalltrichter und denkt nach: „Das wird so sechs, acht Jahr' her sein", sagt er heiser.

Auf den Schnee klatscht unablässig der Regen. Der Pfarrer, seit mindestens drei Tagen unrasiert, hustet noch einmal in den traurigen Tag, läßt den Motor an und rollt hinab zum Lago Maggiore.

In die Alpen reisen wollte fast niemand bis vor 200 Jahren – nur möglichst rasch durch sie hindurch. Die Kaufleute, Pilger, Soldaten und „Lustreisenden" (wie Goethe) mußten sich mit den Straßen der Römer begnügen, den Hospizen der Mönche und den ersten Postkutschen im 18. Jahrhundert. Als 1854 zum erstenmal die Eisenbahn die Alpen überwand, begann das Zeitalter der Viadukte, der Tunnel und jenes Massenverkehrs, an dem manche Täler heute schier ersticken. 1980 im Furka-Tunnel: Der Bagger schaufelt das frisch abgesprengte Gestein nach hinten

Nur schnell hindurch und keinen Blick nach oben

So hat aller Verkehr in den Alpen einst begonnen: mit mühsam angelegten, halsbrecherischen Wegen wie diesem, der zum Egghof und zum Vorrahof über St. Martin im Vinschgau führt, die einzige Verbindung zur Außenwelt für Mensch und Tier. Nur für Lasten haben sich die beiden Einödbauern kürzlich einen Aufzug gebaut

So hat der Verkehr sich die Alpen unterworfen: Im kühnen Spiel mit Spannbeton werden Flüsse, Täler, Dörfer überbrückt wie die Levantina im Tessin, und überall wird dem Gebirge die Gerade aufgezwungen – Liebling der Ingenieure, der Kaufleute und jener ungeduldigen Urlauber, die die Alpen nur als lästiges Hindernis auf der Reise von Deutschland nach Italien betrachten. 1987 soll die Autobahn durchs Tessin vollständig befahrbar sein

Der Furka-Tunnel, die jüngste Röhre für die Eisenbahn, 15,4 Kilometer lang – endlich eine wintersichere Verbindung zwischen dem Wallis und der Innerschweiz. Beim Bau rammte der „große Jumbo" mit 2800 Schlägen pro Minute Sprenglöcher in den Fels, dann kam der „kleine Jumbo" (Bild) und bohrte Tausende von Löchern für die Stahlanker, die die Tunnelwand stabilisieren

Von 1888 bis 1914 entstand das Netz der Rhätischen Bahn, die Chur, Davos, St. Moritz und Arosa miteinander verbindet, technisch meisterhaft mit ihren ragenden Viadukten, Schmalspur mit putzigen Zügen. Wer würde auf die Eisenbahn noch verzichten wollen? Was aber soll der Naturschutz schützen — da eine Landschaft mit Eisenbahn doch kaum noch „Natur" genannt werden kann?

Autos auf dem Transporter auf der Autobahn über Klausen am Brenner. Rücksichtslos rollt der Transitverkehr über das malerische alte Städtchen nordöstlich von Bozen mit seinen vielen Kirchen hinweg. Gewachsene Siedlungen, unter die Stelzen einer Autobahn geduckt — das empfinden Urlauber und Spediteure als selbstverständlichen Tribut

Weit haben wir es gebracht, seit Hannibal im Jahre 218 v.Chr. die Alpen weglos überschritt und dabei sein halbes Heer verlor durch Absturz und Erfrieren! Die Berge haben wir durchbohrt, die Abgründe überbrückt, und nur Ballungsräume des Flachlands sind *noch* mehr von Straßen und Schienen zerschnitten als die Alpen.

Von Hamburg nach Rom? Durch den Gotthard-Tunnel, bitte. Ein Tagesausflug von München in die Dolomiten? Über die Brenner-Autobahn – vielleicht mit einer Rast da unten in dem alten Dorf Gossensaß, das schier erschlagen wird von dieser Autobahn und ihren Stelzen. Von Dortmund nach Dubrovnik an der Adria? Über den Wurzenpaß; der Stau auf der steilen Straße wird von Polizisten mit Funkgeräten sorgfältig beobachtet. Siebzig Kilometer Stau am Karsamstag 1983 bei Albertville, einem Flaschenhals auf der Route zu den französischen Skistationen. Und wo man im hintersten Lötschental im Wallis auf die Wildnis hofft, da breitet sich ein Parkplatz von der Größe mehrerer Fußballfelder aus.

Welcher Wandel allein in den letzten zwanzig Jahren! Bis zu den Eisenbahnen in der zweiten Hälfte des 19. Jahrhunderts aber bedeutete eine Alpenüberquerung immer Abenteuer, Angst und Plage. Zehntausende von Soldaten, Pilgern, Händlern, Bauern, Trägern, Pferdeknechten sind dabei erfroren, abgestürzt oder in Lawinen erstickt; Mönche versuchten die Not der Alpenreisenden zu lindern; Dichter haben ihren Schrecken besungen.

Das Schlimmste waren die *Pässe* – und darunter verstand man nicht etwa die Paßhöhen, die wir heute meinen, denn die hießen *Berge*. An diesem Bedeutungswandel läßt sich ablesen, wie spät sich Einheimische und Durchreisende für das zu interessieren begannen, was *wir* „Berge" nennen und wofür es bis weit ins 18. Jahrhundert einfach kein Wort gab – weder einen Sammelbegriff noch Eigennamen wie „das Matterhorn".

Ja, *Matterberg* sagten die Zermatter schon, und die Leute in Breuil auf der anderen Seite sagten *Mont Cervin*; doch darunter verstanden sie von den ersten Zeugnissen im 16. Jahrhundert bis 1786 den Theodulpaß unterm Matterhorn. Dann erst sprach der französische Topograph Nicolas de Robilant von „der Granitspitze des Theodulpasses", le pic graniteux du Mont Servin; vermutlich, weil im selben Jahr der Montblanc zum erstenmal bestiegen worden war, womit die Neugier der Wissenschaftler wie der Moritatensänger sich endlich auf die Berge über den Pässen zu richten begann.

„Mont Cenis" ist noch heute der Name einer Paßhöhe, ebenso „Kesselberg" zwischen Kochel- und Walchensee, und Weinberge sind bekanntlich bloß Hänge. Der Große St. Bernhard hieß bei den Römern Mons Jovis und in Zedlers Universallexikon von 1732 „großer Bernhards-Berg". Bei den *Tauern* gehen die Bedeutungen weiter durcheinander: Felber Tauern – ein Paß; Radstädter Tauern – zum ersten ein Paß (1739 m), zum zweiten die Gipfel darüber (bis 2711 m); Hohe Tauern: daß sie „Pässe" waren, ist vergessen. Wenn aber „Berg" nicht „Paß" bedeutete, dann entweder *Burg* – im nächsten Kapitel mehr darüber – oder *Alm*: „. . . wie denn in der schweitzerischen Sprache Alp ein Berg ist, von welchem man das Graß nicht abhauet, sondern es mit dem Vieh abtreibet" (Zedler, 1732); eine Alm war einst auch der Obersalzberg oberhalb von Berchtesgaden.

Wer nun meint, wenigstens mit dem Wort *Gipfel* seien die Spitzen der Alpen eindeutig bezeichnet, der irrt natürlich. Der Gipfel ist ein höchster Punkt, sonst nichts, immer in Relation zu anderen Punkten, zum Beispiel zu den Stationen einer Reise – also in den Alpen meist zu einem Paß: „Den 13. November auf dem Gipfel des Gotthards bei den Kapuzinern", schrieb Goethe 1779.

Und was waren dann „Pässe", wenn schon nicht die Sättel, Joche, Kerben im Gebirge, die wir heute Pässe nen-

Die Schöllenen-Schlucht mit der schäumenden Reuß in der Tiefe war das berüchtigte Hindernis auf dem Weg zum Gotthard – zuerst im 13. Jahrhundert durch die „Teufelsbrücke" passierbar gemacht (vorn auf dem oberen Bild), die um 1830 durch eine größere Brücke ersetzt wurde (hinten). Heute schwingt sich die Straße kühn über die Brücke von 1830 hinweg, und die Reuß schäumt nicht mehr

nen? Ein Paß, das war das gefürchtete Hindernis auf dem Weg zum Mont, zum Berg oder zu den Tauern, die ja meist zahme Formen haben und als Höhe- und Wendepunkte der Reise eher aufatmend begrüßt wurden: die Engstelle, der „Engpaß", der Taldurchbruch, die Schlucht mit dem donnernden Wildbach in der Tiefe – oft unpassierbar, wenn nicht ein Feldherr oder ein reicher Kaufmann ein paar todesmutige Zimmerleute fand, die einen Steg an der Felswand entlangführten oder von Fels zu Fels eine Brücke schlugen.

Solche berüchtigten Engstellen waren die Kuntersschlucht unterhalb des Brenners, der Paß Lueg an der Salzach unweit der Stelle, wo die Autobahn Salzburg-Villach zwischen Hagengebirge und Tennengebirge eingeschnitten ist, die Salurner Klause an der Etsch, die Via Mala, der böse Weg, in der Schlucht des Hinterrheins, und die Schöllenen-Schlucht unterhalb des Gotthard-Passes (damals also: Gotthard-Berges oder Gotthard-Gipfels).

Erst zu Anfang des 13. Jahrhunderts gelang es den Bewohnern von Uri, die Schöllenen-Schlucht passierbar zu machen – durch ein System halsbrecherischer Stege über der Reuß entlang und eine Brücke über sie hinweg, die „Teufelsbrücke" hieß – weil die Urner geflucht hatten: Über diese Schlucht soll doch der Teufel eine Brücke bauen! – oder „Stiebende Brücke” wegen der heraufschäumenden Gischt; ein Lieblingssujet der Maler und Kupferstecher bis zu Arnold Böcklin (1827–1901), der sogar den schnaufenden Drachen malte, der die Reisenden auf dem Brücklein bedroht.

„Ich habe geschrieben, daß der Gotthard ein Gebeinhaus der Natur sei und daß, statt der Totenknochen, ungeheure Reihen von öden Steingebirgen und in den Tälern übereinander gehäufte Felsentrümmer dalägen; und so ist es”, schrieb der deutsche Dichter Wilhelm Heinse 1780 über seine Wanderung durch die Schöllenen-Schlucht. „Das Rauschen der Reuß, die über unzählige Felsenbrüche herunterschießt und durch Krümmungen schäumt und über Steinmassen tobt, ist oft so stark, daß man sein eigen Wort nicht hört, und die von den hohen Gipfeln in die Tiefe herabstürzenden Bäche brüllen an vielen Orten wie Waldhörner in die ungeheure Symphonie. Das vielfarbene Glanz- und Strahlenspiel der Sonne hinein, die vielen Gipfel, die gen Himmel ragen, so daß sein Blau völlig darauf zu ruhen scheint – so ungeheuer tief und klein steht man da unten! Und der Schnee und das Eis dazu macht den Spaziergang zu dem einzigen seiner Art in der Welt.” Schiller, der nie in den Alpen war, besang die Schöllenen-Schlucht in seinem „Berglied” von 1804:

Am Abgrund leitet der
schwindlichte Steg,
Er führt zwischen Leben
und Sterben;
Es sperren die Riesen
den einsamen Weg
Und drohen dir ewig
Verderben.
Und willst du die schlafende
Löwin nicht wecken,
So wandle still durch die
Straße der Schrecken.

Sich die gräßliche Plage einer Alpenüberquerung zuzumuten, könnte zuerst mit dem Anbruch der Bronzezeit und den Kupferfunden in Tirol, also um 1800 v.Chr. erforderlich geworden sein. Im 1. Jahrtausend v.Chr. entwikkelte sich ein Netz von Pfaden, über das Mensch, Pferd oder Esel Waren schleppten. Lud der Mensch seine Last einem Tragtier auf, so hieß es Saumtier (vom althochdeutschen „soum”: Traglast, Packsattel), er selbst war ein Säumer und sein Pfad ein Saumweg – jahrtausendelang für viele Alpendörfer die einzige Verbindung zur Außenwelt. Bis 1868 war in Graubünden noch die „Eidgenössische Säumerpost” zu Pferde unterwegs; eine strenge „Säumerordnung” sah vor, daß ein Säumer höchstens acht Pferde oder Maultiere treiben durfte.

Im 1. Jahrhundert v.Chr. begannen dann die Römer mit ihrer großen Tat: Kühn, rücksichtslos, technisch perfekt und organisatorisch bewundernswert trieben sie ihre Straßen durch die Alpen, um auch dieses schaurigste Stück ihres Reiches den Bedürfnissen ihrer Soldaten, Beamten, Kuriere und Händler dienstbar zu machen. Im Prinzip hatten Römerstraßen schnurgerade zu verlaufen, auf die kürzeste Verbindung und sonst nichts kam es an; und wenn sich diesem Grundsatz ein so fürchterliches Hindernis wie die Alpen in den Weg stellte, so taten Roms Ingenieure immer noch das äußerste, um dem krummen Gebirge eine Annähe-

Zeugnisse römischer Zivilisation: ein Meilenstein bei Bruneck in Südtirol und der Aquädukt von Pont d'El im Val di Cogne südlich von Aosta, erbaut unter Kaiser Augustus. Der Weg liegt 120 Meter über dem tiefsten Punkt der Schlucht

rung an die römische Gerade aufzuzwingen.

Mit Hacken, Hämmern und Spaten traten sie an, die Bautrupps der Legionen, die Bauern der Umgebung, die Gefangenen und die Sklaven. Sand und Steine schafften sie in Körben weg, denn der Schubkarren, in China längst in Gebrauch, war in Europa noch unbekannt. Dämme schütteten sie auf und Buckel hobelten sie ab. Sie bauten Hunderte von Brücken und Viadukten aus Stein und Holz. Sie schnitten Schächte ins Gelände, hackten Felsnasen weg und trieben sogar kurze Tunnel durchs Gestein. Wo ein Felshang zu queren war, zogen sie entweder Stützmauern hoch, um die nötige waagerechte Breite zu erreichen, oder sie höhlten den Fels aus, zum Teil so tief, daß die Wagen unter einem Felsdach fuhren. Kurz: Sie taten alles, was sie in einer Zeit ohne Beton und Dynamit vermochten, um die lästige Barriere kreuz und quer zu zersägen.

Und welche Organisation war nötig nach dem Bau! Die Anwohner wurden gezwungen, die Straßen instand zu halten und sie von Schlamm und Geröll, Neuschnee und Lawinen zu säubern. Nach jeder römischen Meile (1,48 Kilometer) zeigte eine Steinsäule von etwa 2,40 Metern Höhe die Entfernung von Rom an. In Abständen von einer Tagereise, das heißt von dreißig bis fünfzig Kilometern, standen an den Hauptrouten große Rasthäuser mit bis zu vierzig Pferden und Maultieren in den Ställen, mit einem Tierarzt, einem Wagenmeister und etlichen Pferdeburschen. Dazwischen gab es kleinere Raststätten, außerdem Verpflegungsdepots, Kastelle und auf allen Pässen Tempel.

Es reisten Soldaten, Beamte und Kuriere, Kaufleute und Schauspieler, Gelehrte und Quacksalber. Sie reisten zu Fuß oder sie ritten auf Maultier oder Esel; waren sie reich, reisten sie zu Pferd oder im Wagen oder, um sich das Geratter zu ersparen, in der Sänfte, von Sklaven getragen, Cäsar liebte es so. Es gab zweirädrige Karren für den Warentransport, vierrädrige Planwagen für reiche Fahrgäste und zweirädrige Eil-

Mitteleuropa steht Kopf, der Schaft des italienischen Stiefels ragt oben aus den Alpen: Kartographie um 1500. Ein natürliches Oben und Unten hat ja die Erdkugel nicht, und die Sitte, die Karten zu „norden", setzte sich erst im 16. Jahrhundert durch; vermutlich, weil so Europa nach oben kam und „oben" für etwas Besseres gilt. Die Karte der wichtigsten Römerstraßen dagegen ist nach heutiger Technik gezeichnet. Die Römer wollten der Natur die Gerade aufzwingen, den kürzesten Weg für ihre Soldaten und Kuriere. Bei der Straße von der Adria nach Mailand gelang ihnen das, doch die Alpen forderten ihnen ärgerliche Konzessionen ab

Die Römerstraße von Ivrea nach Aosta bei Pont St. Martin – direkt neben der Autostraße von heute, doch ein wenig höher als diese, so daß die Autofahrer sie nicht sehen. Durch die Spurrillen rumpelten Postwagen wie der, der einen römischen Grabstein auf dem Friedhof der Wallfahrtskirche von Maria Saal in Kärnten schmückt. Vermutlich ratterten die Wagen fürchterlich, aber was war das, verglichen mit der Sensation, daß Wagen über die Alpen fahren konnten!

wagen für Kuriere, die pro Tag bis zu 180 Kilometer schafften – eine Reisegeschwindigkeit, die durch Pferd und Wagen niemals überboten worden ist; die Europäer mußten die Eisenbahn erfinden, um schneller als einst die Römer zu sein.

Nicht alle Alpenstraßen waren befahrbar. Ein ökonomisch trassierter Weg, von einem Räumdienst instand gehalten und mit Brücken über alle Schluchten versehen: Das brachte Reitern, Wanderern und Lastenträgern auch schon bedeutenden Gewinn. Von den Fahrstraßen waren viele nur einspurig ausgelegt, mit Ausweichstellen und oft mit gleisähnlichen Spurrillen im Fels, die ein Abrutschen zur Seite verhindern sollten. Zwei Spuren hatten nur die wichtigsten Straßen wie die über den Julierpaß in Graubünden. In die Fahrstraßen waren an Steilstücken zwischen den Rillen für die Räder manchmal Stufen für die Zugtiere gehackt, und dort mußten die Fahrgäste aussteigen und bergauf schieben, bergab an Seilen bremsen helfen, während die Fuhrleute Knüppel zwischen die Speichen schoben.

Auch Mischformen gab es wie die Straße von Bologna durchs Aosta-Tal ins Wallis über den *Großen St. Bernhard*, den schon Gallier und Etrusker als Handelsweg benutzt hatten, eine der wichtigsten des Römischen Reiches, weil sie die kürzeste Verbindung nach Nordostfrankreich und Britannien wie auch nach Trier und Köln darstellte; zugleich die bedeutendste Alpenroute neben der von Verona über Bozen, Reschenpaß und Fernpaß nach Augsburg: Zwei oder drei Stunden unterhalb des Großen St. Bernhard endete der Fahrweg, das Gepäck wurde auf Maultiere oder Esel umgeladen, die Menschen ritten oder stiegen auf die Paßhöhe, auf der ein Jupiter-Tempel stand, der höchstgelegene des Römischen Reiches.

Die Römerstraßen verfielen rasch nach dem Zusammenbruch des Imperiums im 5. Jahrhundert n.Chr. Wenn überhaupt ein Verkehrssystem wieder in Gang kam, so lag dies an den Mönchen. 515 n.Chr. wurde in St. Maurice d'Agaune im Unterwallis das erste Kloster in den Alpen gegründet; im 8. Jahrhundert folgten viele nach: die Benediktiner-Abteien Disentis (1140 m) und Müstair (1388 m hoch gelegen), beide ausdrücklich als Vorposten in die Einsamkeit Graubündens gestellt. Herzog Tassilo III. von Bayern markierte die Grenzen seiner Macht mit den Klostergründungen von Innichen im Pustertal (Südtirol) und Kremsmünster in Oberösterreich, und Bruno von Köln, Stifter des Kartäuserordens, gründete 1084 in der Chartreuse nördlich von Grenoble sein Stammkloster, das heute vor allem für seinen Kräuterlikör berühmt ist.

Den Klöstern folgten die Hospize: Die Mönche errichteten zusätzliche Raststätten an vielbegangenen Wegen, zumal als Zuflucht unter den Pässen und schließlich auf den Pässen selbst. Sie handelten dabei nicht nur in christlicher Nächstenliebe gegenüber Kaufleuten und Lastenträgern, sie verstanden sich vor allem als Dienstleistungsunternehmen für ihresgleichen: für die Pilger, Priester, Äbte und Bischöfe, die zu Tausenden die Alpen überkletterten, um ins Zentrum der Christenheit zu reisen, nach Rom, oder für die Kreuzritter auf den Zügen gen Jerusalem.

Das erste Hospiz *auf* einem Paß wurde zu Anfang des 11. Jahrhunderts gegründet: das auf dem Großen St. Bernhard, berühmt durch die rückhaltlose Gastfreundschaft der Augustinermönche und die Findigkeit ihrer Hunde. Freilich, das Hospiz half nicht viel, wenn die Zustände so waren wie im Januar 1128, als Abt Rudolf aus dem Kloster St. Trond bei Lüttich von Italien heimwärts zog: Schon im Dorf St. Rhémy, 1632 Meter hoch auf der italienischen Seite, wurden Pilger und Bauern von Lawinen erschlagen. „Schließlich kamen die Bergführer und boten uns gegen hohen Lohn an, einen Weg zu suchen. Sie setzten sich Filzhüte auf die Köpfe und zogen Stiefel mit eisernen Spitzen an. Sie nahmen lange Stangen mit, um durch den Schnee nach der Straße zu stochern . . . Halb stolpernd und halb kriechend erreichten wir Jupiters schreckliches Heiligtum."

Bis ins 20. Jahrhundert hinein blieb dieser klassische Alpenübergang einer der beschwerlichsten, mit neun Monaten Schnee im Jahr und Temperaturen bis minus 30 Grad; nirgends sonst also waren die Reisenden und die Maultiertreiber so dankbar für Zuflucht, Kost und Logis, die die Mönche noch dazu umsonst gewährten – Zuflucht nicht zuletzt vor den Räubern, die bis weit ins 19. Jahrhundert eine Alpenplage waren, so daß vor dem Alleinreisen gewarnt und zum Mitführen von Pistolen geraten wurde. In dem dreistöckigen Hauptbau des St. Bernhard-Hospizes aus dem 16. Jahrhundert kamen bequem 80, notfalls 300 Menschen unter, 20 000 waren es im 19. Jahrhundert Jahr für Jahr; nicht gerechnet die Erfrorenen und Verschütteten, die in der Leichenkammer aufgebahrt wurden.

Noch 1890 – über andere Alpenpässe donnerten längst Lokomotiven – führte nur ein Pfad über den berühmten Paß: „Bei der einsamen Cantine de Proz hört aller Fahrweg auf", schrieb damals der Große Meyer. „Durch einen wilden Engpaß, wo dem Wanderer

Ein halbes Jahrtausend nach dem Verfall des Römischen Reiches waren es die Mönche, die als erste wieder eine Art Verkehr über die Alpen ermöglichten – am berühmtesten die auf dem Großen St. Bernhard, deren Hunde so manchen aus einer Lawine gerettet haben, wie die ohnmächtige Dame auf der Darstellung aus dem 18. Jahrhundert

Die Klettertour Kaiser Heinrichs IV. über den Mont Cenis im Januar des Jahres 1077 war eine alpine Tat. Napoleons Straße über den 2084 Meter hohen Paß nordwestlich von Turin galt als „eine der schönsten Chausseen Europas". 1871 wurde durch den Mont Cenis der erste große Eisenbahntunnel der Alpen getrieben, fast 13 Kilometer lang. In die Bohrlöcher kam statt des alten Schwarzpulvers zum erstenmal das gerade erfundene Dynamit mit seiner vervielfachten Sprengkraft

durch Schneestürme und Lawinen Gefahren drohen, gelangt man zu zwei steinernen Refuges und erreicht das berühmte Hospiz, nächst dem Zufluchtshaus auf dem Stilfersjoch die höchste Winterwohnung in den Alpen." Erst 1905 war die Straße über die Paßhöhe hinweg fertig, und im Winter können Autos sogar erst passieren, seit 1964 mehr als 800 Meter unter der Paßhöhe der Straßentunnel eröffnet worden ist.

Die Bernhardiner haben seitdem keine Arbeit mehr. Die schön gefleckten Hunde, von ungeklärter Herkunft und zuerst 1650 auf einem Gemälde festgehalten, spürten Verschüttete auf, erschnüffelten unter dem Schnee die Route und bahnten den Erschöpften eine Spur; jeden Morgen stiegen ein Hund und ein Knecht zu einer Hütte unter dem Paß hinab, um mit Notproviant auf Wanderer oder ihre Hilferufe zu warten. Die Idee eines Ansichtskarten-Produzenten, den Bernhardinern ein Schnapsfäßchen an den Hals zu hängen, machte sie schließlich weltberühmt. Wahrscheinlich haben die wahren und die falschen Geschichten über ihren Mut und ihre Treue dazu beigetragen, daß die einst immer nur als feindselig erlebten Alpen im 18. Jahrhundert begannen, auch ein paar herzerwärmende Vorstellungen auf sich zu ziehen – eine Entwicklung, ohne die der Massentourismus nicht in Gang gekommen wäre.

Viele Hospize folgten nach, auf dem San Bernardino, am Lukmanier südlich von Disentis, auf dem Grimsel und dem *Mont Cenis* nordwestlich von Turin. Dieser war berühmt geworden durch den tollkühnen Übergang des deutschen Kaisers Heinrich IV. im Januar 1077, in einem Winter so kalt, daß der Rhein und der Po zufroren; und da die deutschen Fürsten den vom Papst in Bann erklärten Kaiser daran hindern wollten, über ihren Kopf hinweg die Lösung vom Bann zu erwirken, sperrten sie alle Alpenpässe Tirols und der Schweiz.

Da machte Heinrich den gewaltigen Umweg von Speyer zum Genfer See und stieg mit seiner Frau, seinem Sohn, kleinem Gefolge und einheimischen Führern durch Schnee und Eis zum Mont Cenis auf 2084 Meter hinauf: „Als man aber den Gipfel des Berges erreicht hatte, gab es keine Möglichkeit des Weiterkommens; die abstürzende

eisige Wand schien jeden Abstieg zu verbieten", schrieb ein zeitgenössischer Chronist. Die Männer krochen auf Händen und Füßen, die Frauen wurden auf die Rinderhäute der mitgeführten Zelte gelegt, so daß die Führer sie hinablassen konnten, die Pferde mit zusammengebundenen Beinen geschleift. Dann ritt Heinrich IV. quer durch Oberitalien, am Nordrand des Apennin entlang, traf auf der Burg Canossa bei Parma den Papst, demütigte sich drei Tage lang barfuß im Büßerhemd und erreichte schließlich, daß Gregor VII. den Bann von ihm nahm – für Heinrich eine gewonnene Schlacht in seinem Krieg mit den deutschen Fürsten; gewonnen mit Hilfe der Bereitschaft, den schrecklichen Alpen in der schlimmsten Jahreszeit zu trotzen.

An Bedeutung wurden der Große St. Bernhard, der Mont Cenis und all die anderen klassischen Pässe im 13. Jahrhundert vom Gotthard und im 18. Jahrhundert vom Brenner überholt. Der Gotthard wäre schon immer der kürzeste Nord-Süd-Übergang über die Alpen gewesen – wenn es nur früher gelungen wäre, die Schöllenen-Schlucht zu überwinden. Als die Urner dies zu Beginn des 13. Jahrhunderts schafften, bot der restliche Aufstieg auf den Gotthard (2144 m) keine Probleme mehr. Rasch entwickelte sich ein lebhafter Verkehr – mehr als 1000 Tonnen Handelsware pro Jahr –, der den schweizerischen Urkantonen Uri, Schwyz und Unterwalden zu schönen Einnahmen aus den damals üblichen Straßenzöllen verhalf.

„Pässe" im heutigen Wortsinn bedeuteten Geld und Macht für den, der sie zu bewachen verstand; ja sie hatten die merkwürdige Eigenschaft, nicht zu trennen, sondern zu vereinen: Mehrere der wichtigsten Alpenstaaten hatten Pässe nicht als Grenzen, sondern als Mitte. Das Herzogtum Savoyen entstand beiderseits des Großen St. Bernhard, die Grafschaft Tirol beiderseits des Brenners, und es waren „Pässe" im *alten* Wortsinn, Schluchten also, die ihre Grenzen zogen: für Tirol der Finstermünzpaß am Inn gegen Graubünden, die Veroneser Klause (auch „Berner Klause") an der Etsch gegen die Republik Venedig. Der Gotthard erwies sich gar als Kraftquell der Urkantone, als eine Keimzelle der Schweiz.

„Säumer" mit ihren Maultieren auf dem Weg zum Gotthard-Paß – die einzige Art, Lasten über das Herzstück der Schweiz zu bewegen, bis 1824 die Gotthardstraße durchgehend befahrbar war. Seit 1882 ist der Gotthard von der Eisenbahn untertunnelt, seit 1980 auch von der Autobahn. Niemand erlebt den Paß heute noch so wie Goethe: „Ruckweiser Sturmwind, Geräusch der Wasserfälle, das Klingeln der Saumrosse in der höchsten Öde."

So war es ein dramatischer Fortschritt, daß es 1707 Pietro Morettini aus Locarno, Festungsbaumeister Ludwigs XIV., gelang, den Kirchfluhfelsen im obersten Teil der Schöllenen-Schlucht mit Hacke und Schwarzpulver zu durchbohren und so das bis dahin schlimmste Stück des Klettersteigs durch einen Tunnel zu ersetzen, 60 Meter lang und breit genug für ein Pferd mit Last – das Urner Loch. Die Reise von Flüelen nach Bellinzona (heute 117 Straßenkilometer) war bei gutem Wetter nunmehr in vier Tagen zu bewältigen, mit einer Rast in dem Hospiz, das seit 1629 auf der Paßhöhe stand.

Schon 1775 geschah etwas Erstaunliches: Eine Postkutsche – nun ja, „fuhr" über den Gotthard, vierspännig, jedoch so, daß sie an mehreren Stellen zerlegt und in Einzelteilen bis zur Fortsetzung der Fahrstraße getragen werden mußte; insgesamt 78 Arbeiter standen jeweils dort, wo der Fahrweg endete, zum Zerlegen, Tragen und Montieren bereit. Erst 1824 war die Gotthardstraße so weit ausgebaut, daß sie von Pferdewagen durchgehend befahren werden konnte.

So sah 1820 das „Posthaus" auf dem Brenner aus, bei dem die Postkutschen Station machten. Mancher Reisende empfand die Landschaft als „entsetzlich". Beiderseits des Brenners, der unter allen Alpenübergängen der bequemste ist, lag die Grafschaft Tirol. Den Paß statt dessen zur Grenze zu machen, war die rein politische Entscheidung der Sieger von 1918

Mit der Straße über den Brenner war dies schon 1772 gelungen: 1300 Jahre nach dem Verfall der Römerstraße wurde sie wieder befahrbar gemacht, und noch dazu auf direkterem Weg, durch die Kuntersschlucht im unteren Eisacktal, die von den Römern umgangen worden war. Ihre niedrige Scheitelhöhe (1375 m) und das mäßige Gefälle, das sich ohne Spitzkehren bewältigen ließ, erleichterten den Bau und zogen Verkehr auf sich; 20 000 Pferde jährlich hatten schon vor der Eröffnung der Fahrstraße den Brenner überquert.

Doch was war alle Kunst des Straßenbaus, verglichen mit der technischen Revolution, die 1854 in die Alpen Einzug hielt: der fauchenden, qualmenden, funkensprühenden Eisenbahn. Für die Bergbauern war sie ein Teufelswerk, vor dem sie das Kreuzzeichen machten – für die städtische Intelligenz „eine wahre Weltbegebenheit, eine weltumgestaltende Erfindung wie Compaß, Schießpulver und Buchdruckkunst", wie der Große Brockhaus 1844 schrieb. „Monate, die sonst zu Reisen erfordert wurden, schwinden jetzt zu Tagen, und die Cultur wird auf eisernen Schwingen bis in die fernsten Gegenden dringen, die Länder werden ihre Kenntnisse wie ihre Producte schnell austauschen, und manche isolirende Schranke wird fallen müssen, die sonst für Jahrhunderte errichtet schien."

Aber konnten auch die Alpen, dieses ewige, entsetzliche Verkehrshindernis seit vorrömischer Zeit, solchem Wunderwerk erschlossen werden? Nie würden sich doch die Schienen legen lassen wie die Straßen, steil den Hang hinauf und notfalls mit Haarnadelkurven auch das stärkste Gefälle überlistend wie 1825 die großartige Straße übers Stilfserjoch. Weite Kurven würde die Eisenbahn brauchen, nur sehr mäßige Steigungen würde sie bezwingen können, auf gänzlich neue Trassen also würde sie angewiesen sein, die mit Dutzenden von Brücken und Tunnels versehen werden mußten.

Überhaupt, die Steigung! Als Österreich 1848 unerschrocken mit dem Bau der Bahn über den 980 Meter hohen *Semmering* begann, die Wien mit Klagenfurt und dem damals österreichischen Triest verbinden sollte, einer Trasse mit fünfzehn Tunnels und sechzehn Viadukten, „einem der kühnsten und großartigsten Bauwerke der Welt", wie der Große Meyer noch 1890 schrieb: Da war auf Erden keine Lokomotive bekannt, die die immer noch verbleibende Steigung hätte bewältigen können. Pferde spannte man vor die Dampfrösser, wenn ihnen bergauf die Kraft ausging, und die technischen Überlegungen waren auf folgendem Stand:

„Man hat zur Überwindung der größern Steigungen verschiedene Vorschläge gemacht, deren Erfolge aber ihrem Zwecke nicht immer entsprochen haben. Dahin gehört z.B. der, eine Bahn auf eine möglichst große Länge dadurch fast horizontal zu machen, daß man ihre kleinen Steigungen summirt und auf eine große schiefe Ebene bringt, welche man dann durch stationaire Dampfmaschinen zu übersteigen strebt. Dahin gehören auch die *self acting planes* der Engländer, bei welchen ebenfalls schiefe Ebenen angebracht werden, welche aber so angeordnet werden müssen, daß der Train, welcher dieselben ersteigen soll, durch einen andern, welcher auf der entgegengesetzten Seite bergab läuft, hinaufgezogen werden kann.

Badnalls undulirende (wellenförmige) Bahnen sollen so construirt werden, daß starke Steigungen so regelmäßig einander folgen, daß der Wagenzug beim Hinabfahren eine so große Ausharrung in der Bewegung erhalte, daß er die darauf folgende Steigung mit geringer Nachhülfe der Dampfmaschine wieder überwinden könne, und so fort."

Doch während sich das bestaunte Wunderwerk am Semmering der Vollendung näherte, nahm die Entwicklung der Lokomotiven den erhofften Gang: War 1829 die Eisenbahn von Liverpool noch mit 34 Stundenkilometern nach Manchester getuckert, so brachte es ein Dampfzug in Amerika 1851 auf 97 Kilometer. Und drei Jahre später, bei der triumphalen Eröffnung, kam die Semmeringbahn ohne Pferde und schiefe Ebenen aus. Der Traum von der „Überschienung" der Alpen, wie man damals sagte, hatte sich erfüllt.

Schon 1871 war der Mont Cenis, den einst die Familie Heinrichs IV. auf Kuhhäuten überwunden hatte, 800 Meter unter der Paßhöhe untertunnelt, in einem Durchstich von dreizehn Kilometern Länge, bei dem zum erstenmal das 1867 von Alfred Nobel erfundene Dynamit eingesetzt wurde. Dies war keine Linie, die innerhalb eines Staates die Verbindungen verbesserte wie die Semmeringbahn – es war der große Alpendurchbruch für den internationalen Fernverkehr: „Unser Weg nach Indien!" jubelte Edward Whymper. Denn da zwei Jahre zuvor der Suezkanal in Betrieb genommen worden war, konnten britische Kaufleute und Kolonialoffiziere auf der Reise nach Indien oder nach Australien Wochen sparen, wenn sie mit der Eisenbahn über Paris, Lyon, den Mont Cenis und Turin nach Brindisi an der südlichen Adria fuhren und erst dort das Schiff bestiegen.

Den kühnsten und bis heute wichtigsten Schienenstrang nahm 1869 die Schweiz in Angriff: die Überwindung

Das erste Wunderwerk der Eisenbahn: die „Überschienung" des Semmering-Passes zwischen Wien und Klagenfurt. Bis kurz vor der Eröffnung im Jahre 1854 waren sich die Ingenieure noch nicht sicher, ob es für ihre Steigung eine genügend starke Lokomotive geben würde. Schon wenige Jahrzehnte später aber wurden die Eisenbahnbauer so hochmütig, daß sie dampfgetriebene Zahnradbahnen auf die Berge schickten wie die auf den Schneeberg (2075 m) südwestlich von Wien, die noch heute qualmt

Von London nach Genua durch den Simplon-Tunnel – mit 19,8 Kilometern Länge bis heute der längste der Alpen. Nirgends wird deutlicher als auf dem italienischen Plakat vom Juni 1906 (kurz nach der Eröffnung), daß die Alpen weniger ein Reiseziel waren als vielmehr ein bloßes Verkehrshindernis, das es so rasch wie möglich zu überwinden galt. Wer in die Alpen hinein wollte, den bediente die Rhätische Bahn. Das Plakat von 1911 zeigt den 56 Meter hohen Viadukt über den Ruseiner Tobel

des *St. Gotthard*, der ungeheuren Barriere zwischen Zürich und dem Tessin, Mailand, Genua. Trotz des Dynamits und der modernsten Druckluftbohrmaschinen dauerte es elf Jahre, bis die 53 Tunnels von zusammen 41 Kilometern Länge, die 519 Brücken und Viadukte errichtet waren. Der Scheiteltunnel in 1155 Metern Höhe war mit 14,9 Kilometern Länge die längste Röhre, die der Mensch bis dahin durch die Erde gebohrt hatte. Dem Bauunternehmer wurde er zum Grab, seine Erben ruinierte er. 177 italienische Bauarbeiter starben durch herabstürzenden Fels, durch Wassereinbrüche, Verbrennungen, Rauchvergiftungen im Tunnel oder durch Krankheit in den elenden Wohnbaracken – nicht gerechnet die Toten des Streiks von 1875, den das Schweizer Militär zusammenschoß (ihre Zahl blieb geheim), und die Opfer des Eingeweide-Hakenwurms, der im Tunnel durch die Fäkalien verbreitet wurde, denn an sanitäre Einrichtungen hatte niemand gedacht; diese Toten zählte keiner: Sie waren längst invalide und entlassen, ehe sie starben.

Von blumengeschmückten Dampflokomotiven bergauf gezogen, bei der Talfahrt von zwanzig Eisenbahnern gebremst (je einem an den beiden Handbremsen jedes Waggons): So fuhr am 1. Juni 1882 der erste Zug von Zürich nach Mailand, begrüßt von Musikkapellen, Ehrenjungfrauen und Spruchbändern wie

Frei der Eiserne Pfad
Eile, geflügeltes Rad!
Rings um das Erdenrund
Knüpfe den Völkerbund.

„Die Gotthardbahn verbindet den Kanton Tessin mit den deutschen Kan-

Furkabahn und Furkastraße – ein Bild der totalen Unterwerfung der Natur durch den Verkehr. Die Straße über den 2431 Meter hohen Furkapaß war bei ihrer Eröffnung im Jahre 1866 die erste, von der man aus der Postkutsche oder vom Pferderücken auf einen Gletscher hinabblicken konnte. Das mochten die reichen Engländer, die damals im Tourismus den Ton angaben

tonen der Schweiz, also Italien mit Deutschland, Holland, Belgien und Nordfrankreich auf kürzestem Weg", frohlockte der Große Meyer von 1890. „Sie macht Genua zum Transitwelthafen für den Verkehr Mitteleuropas mit den asiatischen Hauptländern, mit den Hafenstädten der Türkei und den La-Plata-Staaten."

Weder für die Toten, Verletzten und Verstümmelten war Platz in den Festreden und Würdigungen, noch für die Not, die die Gotthardbahn über das Urseren-Tal im Kanton Uri brachte ebenso wie über die obere Levantina im Tessin, die Heimat der nun arbeitslosen Postkutscher, Fuhrknechte und Straßenarbeiter. Mehr als tausend von ihnen wanderten in den ersten zehn Jahren des Bahnbetriebs nach Amerika aus. Wenn Arthur Schopenhauer es 1851 als größte Wohltat der Eisenbahnen rühmte, „daß sie Millionen Zugpferden ihr jammervolles Dasein ersparen", so hatte er wohl zu wenig bedacht, wieviel Jammer damit über wie viele Menschen kam.

Gar nicht gerechnet die Zehntausende von Alpenbewohnern, die ihren Arbeitsplatz oder einen lebenswichtigen Nebenerwerb einbüßten, weil die Eisenbahn Güter aus aller Welt heranschaffte, womit sie den Bergbau und viele alte Formen der Kleinindustrie und der Heimarbeit unrentabel machte. Dem stand die Chance gegenüber, hochwertige Güter wie den Hartkäse vermehrt zu exportieren und neue Arbeitsplätze in den Hotels zu finden, die in der Nähe der Bahnhöfe aus dem Boden schossen.

Überall hin fraßen sich die Schienen: bis St. Moritz 1904, bis Arosa 1914 und schließlich 1928, nach jahrzehntelangen Schwierigkeiten mehr der französischen und italienischen Politik als der Ingenieure, über den Colle di Tenda nördlich von Ventimiglia, die kürzeste Route zwischen Nizza und Turin.

Die Alpen, dieser furchtbare Wall zwischen den Kernländern der Zivilisation, waren durchbohrt, ihres Schreckens beraubt, kein Hindernis mehr für das weltumspannende Netz der Bahnen und Straßen. Bis zu 300 Züge täglich mit 100 000 Tonnen Fracht rollen heute durch den Gotthardtunnel. Obwohl 1980 ein zweiter Tunnel in Betrieb genommen wurde, für die Autos, die nun nicht mehr auf Waggons verladen werden müssen, erwägt die Schweizer Bundesbahn, einen dritten Tunnel zu bauen, der den Gotthard in Höhe der Talböden unterqueren soll, 43 Kilometer lang.

Natürlich ist auch der Autotunnel dem Ansturm längst nicht mehr gewachsen, von 27 000 Fahrzeugen wurde er an einem einzigen Tag (dem 1. August 1982) befahren, an den Zufahrtsstraßen stauten sich die Autos bis zu 55 Kilometer lang; und das Tessin sieht sich von einer Rollbahn zerschnitten, die von Tankstellen, Motels, Supermärkten und Lagerhäusern gesäumt ist, den Schwerlastverkehr auf sich zieht und immer mehr Touristen verführt, durchs Tessin hindurch zu rollen, weiter nach Süden.

Unpassierbar bis ins 13. Jahrhundert, ein halbes Jahrtausend lang eine abenteuerliche Expedition mit den Schrekken der Teufelsbrücke, ist der Gotthard heute ein Stück Schiene oder Straße wie tausend andere auch, am Wochenende freilich wiederum fast unpassierbar wie hundert andere auch. Wer über der Schöllenen-Schlucht nicht sucht und parkt, der kann die alte Teufelsbrücke nicht mehr finden, und wer sie überschreitet, der kann die Reuß nicht mehr schäumen sehen. Denn ihr Wasser wird vom Kraftwerk Göschenen rationiert; dessen Hochspannungsmasten sieht man am Himmel, darunter die Stützmauern und Galerien der Furkabahn rechts und des Asphaltbandes von Andermatt nach Oberalp links und in der Tiefe die Ran-

Das große Grausen packte die Reisenden, die auf dem Weg von Chur ins Tessin die Via Mala passieren mußten. Die beiden Brücken über die Schlucht des Hinterrheins, die heute romantisch vergammeln, waren um 1800 technische Meisterwerke und der entscheidende Fortschritt gegenüber den wackligen Holzstegen von einst. Souverän dagegen steht die Europabrücke zwischen Innsbruck und dem Brenner auf ihren bis zu 190 Meter hohen Stelzen aus Beton

giergleise und Autobahnschleifen von Göschenen – als wolle die Technik den verrufensten der alten „Pässe" ihre Übermacht demonstrieren.

In der *Via Mala*, der Schlucht des Hinterrheins, hat sie sich nämlich ähnlich maßlos breitgemacht: Hoch darüber und dran vorbei braust der Verkehr auf der Schweizer Nationalstraße 13, die Chur über den San Bernardino mit Bellinzona verbindet, und die tobenden Wasser, die einst diese Schlucht gegraben haben, werden von den Kraftwerken nur in dosierter Menge durchgelassen; statt dessen führt die Ölleitung von Genua nach Ingolstadt hindurch. Nur ein paar Reste sind noch auszumachen von den hölzernen Galerien, auf denen sich einst Händler, Pilger und Soldaten entlangdrückten, Stegen, „so an die Felsen gehängt wie Schwalbennester an einen Balkon" (ein Basler Kaufmann von 1587), „und aus dem Abgrund heulte tausendfacher Tod" (ein dänischer Dichter 1790). Via Mala – das war noch 1875 für Theodor Fontane „die Verkörperung des Elementar-Ungeheuerlichen, das aus Fabelzeiten her hier seine Stätte hat".

Wer dergleichen heute wenigstens noch ahnen will, kann, durch ein Drehkreuz gegen Eintrittsgeld, über eine Betontreppe zu einem Balkon in halber Tiefe hinuntersteigen und zu den Steinbrücken von 1793 und 1823 emporschauen, die einst Inbegriffe technischer Kühnheit waren und heute so rührend anmuten wie der Postkarten-Bernhardiner mit dem Fäßchen – während über die Betonpfeiler von 1967 die Blechlawine rauscht. Sie lärmt zwar weniger, als es Schneelawinen tun, doch dauerhafter; auch ist sie giftig und raubt mehr Menschen das Leben.

Da hatte ja anno 1911 der Kanton Graubünden einen Beschluß gefaßt, von dem sich nicht ganz leicht sagen läßt, ob er lächerlich oder eher zukunftweisend war: Er verbot auf seinem Territorium den Betrieb von Kraftfahrzeugen. Produzierten sie nicht Krach und Staub, hatten sie nicht genug Hühner überfahren, Menschen erschreckt und Pferde scheu gemacht? Natürlich, für den sich rasch entwickelnden Fremdenverkehr war das Verbot nicht günstig, und so hoben die Stimmbürger es 1923 mit knapper Mehrheit wieder auf. Wer heute in St. Moritz einen Parkplatz sucht oder auch nur die klare Luft des Engadins, merkt, was sie damit angerichtet haben.

Verflucht seien alle überfüllten Alpenstraßen! Wer hätte das noch nicht gemurmelt? Der Fluchende läßt freilich meist im Dunkeln, ob er die Überfüllung meint – oder auch die Straßen? Ja, das hätten wir gern: ein perfektes Straßennetz und fast niemand außer uns, der es benutzte. Aber das kann man nicht haben, es sei denn in ein paar glücklichen Stunden zu ungewöhnlicher Tages- und Jahreszeit.

Da war so ein Oktobertag mit Neuschnee, durch den noch die Grasbüschel lugten, schwarze Wolken wälzten sich die Silvretta-Straße entlang und begannen die Sonne zu verschlingen. Ich war allein, stieg aus, roch förmlich die Wildnis und sang an gegen den Sturm. Nur daß ich eben ohne Straße nicht in dieses Hochtal gekommen wäre, jedenfalls nicht zu dieser Stunde; wie ich auch nicht böse war, daß ich vor dem klatschenden Schnee ins warme Auto fliehen konnte.

Umgekehrt: Wir stehen am reißenden Rio Fitzroy in Patagonien am Südzipfel Amerikas und leiden an unserer europäischen Hilflosigkeit – sollen wir durchwaten? Ein französischer Bergsteiger ist dabei ertrunken, und was wird aus Kleidern und Gepäck, und ist das nicht eiskaltes Gletscherwasser? Eine Brücke! Hat hier niemand eine Brücke gebaut? Würde es in den Alpen nicht selbstverständlich eine Brücke geben über einen reißenden Fluß an einem Weg zu einem so berühmten Berg wie dem Fitzroy?

Die wirklich unberührte Natur ist uns zu unbequem. Hier eine Straße, dort eine Brücke, da ein freundliches Haus: So, und im Grunde nur so, lieben die meisten von uns die Einsamkeit. Und dann wundern wir uns, daß auch andere die Einsamkeit lieben und daß wir sie mit ihnen allen teilen müssen.

Zuflucht vor ausbeutenden Grundherren, plündernden Soldaten oder der rächenden Obrigkeit – auch das waren die Alpen vom Beginn ihrer Besiedlung bis ins 18. Jahrhundert. Aber Soldaten haben immer wieder die Täler verheert und die Burgen geschleift. Von 1915 bis 1918 fand zwischen Österreich und Italien der furchtbarste Gebirgskrieg der Weltgeschichte statt. Der Schweiz ist es seit den Napoleonischen Kriegen gelungen, jedem Fremden den Durchzug zu verwehren; noch im Atomzeitalter baut sie darauf, daß sie mit ihren natürlichen Schluchten, ihrer wehrhaften Gesinnung und ihren Festungen, Sprenglöchern und Panzersperren – wie hier überm Thuner See – unüberwindlich ist

Kriege auf den Gletschern und den Graten

Das Gotthard-Massiv ist der strategische Angelpunkt der Schweiz, in beiden Weltkriegen galt es als letzte Zuflucht im Fall der militärischen Katastrophe. Noch heute ist der Gotthard mit Verteidigungsanlagen gespickt wie kaum eine andere Region auf Erden. Die wirklichen Festungswerke liegen unsichtbar im Berg; wenn man eines wirklich sieht wie hier, dann ist es eine Attrappe, die den Angreifer verwirren soll

Pferde gehören zur selbstverständlichen Ausstattung der drei schweizerischen Gebirgsinfanteriedivisionen. Schon im Manöver (hier bei Disentis in Graubünden) sind die Tiere höchst beliebt, weil sie den vorgeschobenen Posten warmes Essen auch dorthin bringen, wohin kein Fahrzeug klettern kann, und dies selbst bei einem Wetter, bei dem kein Hubschrauber fliegt. Im Verteidigungsfall würden sie überdies Lasten auch dann noch transportieren, wenn aller Treibstoff erschöpft wäre

Zu den ältesten Transportmitteln die modernsten Waffensysteme: eine Doppelpatrouille der schweizerischen Luftstreitkräfte bei einem Übungsflug im Berner Oberland, knapp 4000 Meter hoch, die doppeltschallschnelle Mirage III S auf 800 Stundenkilometer gebremst. Daß sie die Technik des Gebirgsflugs beherrschen und in ihrem Land jeden Paß und buchstäblich jeden Hochspannungsmast kennen — das, so hoffen die schweizerischen Militärpiloten, würde auch einen zahlenmäßig weit überlegenen Angreifer in Nachteil setzen

Ein Gang mit vielen Gewehren und einer Tür. Von außen, auf einer entlegenen und unbeschilderten Straße im Gotthard-Gebiet, sieht man nur ein Fachwerkhaus, das sich an einen Berghang lehnt. Die Tür im Hintergrund führt zum Geheimnis: einem der Festungswerke, deren Artillerie aus senkrechter Felswand schießt und deren Vorräte an Munition und Lebensmitteln länger reichen sollen als die Geduld eines Angreifers

Straßen durchs Hochgebirge – welch gefährlicher Unsinn für die, die einst eben deshalb in den Alpen Zuflucht gesucht hatten, weil sie abseits der Heerstraßen lagen und gegen jeden Feind ein Bollwerk sind! Berg und Burg, das hing ja zusammen: „Berg" hieß einst jener Hügel oder Fels, der eine „Burg" tragen konnte, und zusammen versprachen Berg und Burg *Geborgenheit.* Jemanden *bergen* bedeutete: ihn auf einer Fluchtburg unterbringen.

So sehr wurde das Gebirge als Zuflucht, als Sicherheit verstanden – ein Umstand, den die französische Widerstandsbewegung sich von 1940 bis 1944, mit ihren „Hochburgen" in Hochsavoyen und dem Haut Dauphiné, zunutze machte und der in Deutschland noch im April 1945 ein paar verblendete Hirne mit der Hoffnung erfüllte, Hitlers „Alpenfestung" werde unüberwindlich sein. Dabei bestand sie nur aus ein paar Bunkern auf dem Obersalzberg und aus dem Ausweichquartier des Reichssicherheitshauptamts in Bad Aussee in der Steiermark.

Mehr Grund zur Zuversicht hat da die Schweiz, wenn sie behauptet, kein Angreifer würde sie jemals ganz erobern können: Sie *ist* eine Alpenfestung. In Albrecht Hallers Lehrgedicht von 1732 heißt es gar, die Natur habe die Alpen eigens „aufgeworfen", um die Bergbewohner „von der Welt zu zäunen".

Der Zaun ist ja wirklich hoch – und doch immer wieder überklettert worden. In entlegenen Tälern, durch die kein Saumweg zur Paßhöhe führte, kam es vor, daß die Bauern jahrhundertelang von keinem äußeren Feind behelligt wurden; andere Täler sahen sich oft genug von Räubern oder landsuchenden Volksstämmen bedrängt oder gar in eine Durchzugsstraße verwandelt. Dem Vorteil, daß die Alpen abschreckend auf Reisende und Reisige wirkten, stand der Nachteil gegenüber, daß ihr Durchzug, wenn er trotzdem stattfand, sich auf wenige Routen konzentrierte.

So machten manche Bergbauern Wallburgen aus ihren Dörfern, andere legten in noch höheren Regionen Fluchtburgen an, in die sie sich zurückzogen, wenn Feinde nahten. Eines von

Südöstlich des Montblanc, da, wo sich die Straßen teilen: über den Großen St. Bernhard nach Trier, Köln und Britannien, über den Kleinen St. Bernhard nach Gallien – da gründete Kaiser Augustus im Jahre 25 v. Chr. die Militärkolonie Augusta praetoria, die heute Aosta heißt, ein von gewaltigen Mauern eingeschlossenes Rechteck, damals die stärkste Festung des Alpenraums. Zu den Ruinen aus der Römerzeit gehört die 22 Meter hohe Bühnenwand des Teatro Romano

beiden muß die Burg auf dem Mont Vully über dem Murtensee westlich von Bern gewesen sein: schon um 1000 v.Chr. angelegt und seit 1978 ausgegraben.

Es waren die Römer, die den Burgen einen anderen Charakter gaben: ihre Alpenstraßen zu sichern oder bei Bedarf zu sperren. Kastelle säumten die Straßen des Imperiums; in der Stadt Aosta, gegründet 23 v.Chr. als römischer Vorposten am Alpenrand, sind noch Reste der mächtigen Befestigungen erhalten, die den Übergang über den Großen St. Bernhard nach Norden und über den Kleinen nach Westen sichern sollten.

Doch so war es nicht, daß Straßen und Rasthäuser den Alpen ihren Schrecken genommen hätten. Als der römische Feldherr Stilicho um 400 n.Chr. den Splügen-Paß (2114 m) im heutigen Graubünden überschritt, „da erstarrten viele Krieger vor Frost, als hätten sie das Antlitz der Gorgo geschaut, viele verschlang die Masse des Schnees, oft versanken Wagen und Gespann wie Schiffe im Meer. Belastet mit triefendem Mantel klopft der Reiter das frierende Pferd."

Als Rom zerfiel, plündernde Heere durch die Alpenländer zogen und die Germanen ihren Druck aus dem Norden verstärkten – da lag es für die Alpenbewohner erst recht nahe, sich hinter immer neuen Befestigungen zu verschanzen. Später wurde manche Fluchtburg von den neuen Herren, den Grafen und Rittern des Fränkischen Reiches und des Königreichs Burgund, übernommen und zum wehrhaften Wohnsitz ausgebaut.

Solche Feudalburgen – oft Trutzburgen inmitten einer mißgünstigen Umwelt oder Zwingburgen über einer Stadt – entstanden im Mittelalter zu Hunderten, die meisten in Südtirol und im Aosta-Tal. Sie liegen an üppigen Weinhängen wie Schloß Tirol über Meran oder in der Öde wie die finstere Burg Montmayeur im Valgrisenche; sie blicken trutzig auf liebliches Land hinab wie die Burg Hohenaschau auf den Chiemgau, oder sie kleben als Adlerhorst auf steilem Fels wie Burg Karneid über Bozen oder die Haderburg über der Etsch, die einst die Klause von Salurn beherrschte, von wo die Ruine nur für Schwindelfreie erreichbar ist.

Hoch überm Sarntal bei Bozen thront die Burg Runkelstein, die volkstümlichste in ganz Tirol – gegründet 1237, von Kaiser Franz Joseph 1893 restauriert. Berühmt sind ihre Fresken, die zu den umfangreichsten Wandmalereien des Mittelalters gehören, meist mit profanen Motiven wie der Reiterszene in der Turnierkammer

Festungsmauern gibt es, die umschließen einen prächtigen Hof und kostbare Wandmalereien wie die Burg Fénis bei Aosta – oder sie beschützen, zehn Meter hoch, überragt von Türmen und Rondellen, ein Bauernstädtchen wie Glurns im Oberen Vinschgau, das einst Gerichtsort, Stapelplatz für den Salzhandel und Verwaltungssitz der Fuggerschen Bergwerke im Engadin war, während heute die 900 Einwohner samt Kühen und Mistpfützen den Anschluß ans 20. Jahrhundert suchen.

Die gewaltigsten Burgen aber entstanden dort, wo ein Landesfürst einen Paß oder eine Durchgangsstraße sichern

Im Mai 1800 zog der General Bonaparte mit 30 000 Franzosen über den Großen St. Bernhard nach Italien; es war so kalt, daß er allen Grund gehabt hätte, nicht nur eine Hand in den Waffenrock zu stecken. Eine der stärksten Festungen der Alpen brauchte nie einen Gegner abzuwehren: Briançon, unter Ludwig XIV. ausgebaut, weil es in strategischer Schlüsselposition an der Straße von Turin nach Grenoble liegt

oder sperren wollte, um Zölle einzuheben oder Feinden den Durchzug zu verwehren. Da ragt bei Donnaz an einer Engstelle des Aosta-Tals ein Felssporn über den Fluß Dora Baltea, kurz bevor er sich in die Ebene ergießt; schon die Römer errichteten auf dem Sporn ein Kastell, und im 11. Jahrhundert entstand am selben Platz das *Fort Bard*, dessen düstere Klotzigkeit – in der Form von 1825 – noch heute einen Anblick zum Fürchten bietet.

Der General Bonaparte hatte die Festung demolieren lassen, weil es hier 400 Österreichern im Mai 1800 gelungen war, acht Tage lang den 30 000 Franzosen zu widerstehen, die über den Großen St. Bernhard kamen. Das war ein denkwürdiger Zug: Das Eis zerschnitt den Soldaten die Stiefel, und um ihre 150 Kanonen über den Paß zu bringen, mußten die Franzosen sie zerlegen: die Rohre in hohlen Baumstämmen verkeilt und von je 20 Mann geschleift, die Lafetten in Einzelteilen von Maultieren oder Soldaten geschleppt. Die Kapellen der Regimenter waren über die Paßstraße verteilt und spielten, um die Moral zu heben, und für jeden der 30 000 hatten die Mönche vom Hospiz Brot, Käse und Wein.

Übler erging es sieben Monate später, im Dezember 1800, dem französischen General Alexandre Macdonald: Als er mit 3700 Mann wie einst Stilicho über den Splügen zog, da fielen „alle Schrekken des Alpenchaos" die Soldaten an. Bepackt mit Verpflegung für fünf Tage, voller Entsetzen, weil sie mit ansehen mußten, wie eine Lawine dreißig Mann verschlang, kämpften sie sich durch den Schnee empor, eine Kette von Bauern und Ochsen stampfte einen Weg zurecht. Dutzende von Soldaten und Maultieren stürzten beim Abstieg in die Tiefe, „von Fels zu Fels aufschlagend, nur kurz noch hallte ihr Schmerzensgebrüll herauf, dann waren sie verschwunden". Als aber der General mit der letzten Kolonne aufstieg, „da übte der böse Geist jener Höhen erneut seine fürchterliche Herrschaft aus: Ein schrecklicher Schneesturm hatte den Trampelpfad wieder zugeschüttet. Die Bauern weigerten sich, weiterzugehen, sogar seine Grenadiere kehrten um. Da stapfte Macdonald allein voran, die Schneemassen für die Nachkommenden teilend."

Die größten Festungen in den Alpen entstanden erst zwischen 1700 und 1840: Die Straßen waren besser geworden, allein Napoleon ließ sieben Paßstraßen ausbauen oder neu anlegen – und das begünstigte nicht nur die Händler, die Pilger, die ersten Touristen und die eigenen Soldaten, sondern auch den möglichen Feind. Also mußte man ihm desto wehrhaftere Burgen entgegenstellen.

So baute Sébastian Vauban, der berühmte Festungsbaumeister Ludwigs XIV., das Städtchen Briançon mit einem dreifachen Mauerring und sieben Forts zu einer Festung aus, die als uneinnehmbar galt, jedenfalls nie eingenommen wurde: Briançon, weil es am Schnittpunkt von vier Tälern und am Fuß des Montgenèvre an der Straße von Turin nach Grenoble liegt, 1320 Meter hoch an steilem Hang.

Seit 1838 überragt die Franzensfeste in der Brixener Klause das Eisacktal, um die Brennerstraße zu schützen; seit 1840, noch ehe die Straße durch die

So sah der Künstler die Schlacht bei Sempach im Jahre 1386, in der die Schweizer ein weit überlegenes österreichisches Ritterheer besiegten. Winkelried erwarb dabei Weltruhm, und die Eidgenossen wurden zu Europas begehrtesten Söldnern. Die Schweizer Garde des Papstes ist die letzte Erinnerung daran

wilde Schlucht gelegt war, durch die der Inn von Graubünden nach Tirol strömt, war die Grenzfeste Altfinstermünz errichtet, und die Schießscharten des Sperrforts Nauders glotzen an der engsten Stelle auf jene Straße, die kühn über dem Inn aufsteigt und über Nauders und den Reschenpaß ins Vinschgau führt.

Nordöstlich des Lago Maggiore, dort, wo die Straße aus der Innerschweiz über den Gotthard mit der aus der Ostschweiz über den San Bernardino zusammentrifft und den „Schlüssel zu Italien" bietet: dort, in *Bellinzona*, erbauten die Herzöge von Mailand die drei Burgen, die die Stadt noch heute krönen, und soweit nicht die Festung Bellinzona selbst das Tal versperrte, zogen sie eine Mauer quer hindurch. Doch 1499 gelang es den Franzosen, Bellinzona zu erobern, und 1500 den Soldaten von Uri vom Gotthard herab, und die sind geblieben.

Zweierlei wird durch diesen schweizerischen Griff ins italienische Flachland deutlich: zum ersten die „weise Grenzpolitik", nicht nur die Pässe zu behaupten, sondern auch das *Glacis* in Besitz zu nehmen, die „Wehrlehne", die Abdachung jenseits der Brustwehr im Festungsbau und jenseits des Passes im Gebirge. Beim Großen St. Bernhard ist dies den Eidgenossen nicht gelungen. Doch über den Simplon haben sie die Grenze 20 Kilometer weit hinabgetragen, von 2000 auf 800 Höhenmeter; südlich vom Gotthard und vom San Bernardino liegt das Tessin, unterm Maloja-Paß reicht die Schweiz 22 Straßenkilometer weit hinab durchs Bergell und jenseits des Bernina-Passes 33 Kilometer weit durchs Puschlav.

Was zum zweiten an der Eroberung und Behauptung Bellinzonas deutlich wird, sind der uralte Wehrwille und die auffallende militärische Tüchtigkeit der Schweizer. 1315 besiegten die Urkantone am Morgarten das weitaus größere österreichische Ritterheer, und in der Schlacht bei Sempach war's, anno 1386, daß der wackere Landmann Arnold Winkelried aus Unterwalden die Lanzen etlicher österreichischer Ritter mit den Armen umfaßte, sie auf seine Brust vereinigte und so für seine Landsleute eine Bresche schlug. Solcher Kriegsruhm machte das Schweizer Fußvolk vom 15. bis ins 17. Jahrhundert überall in Europa zu den begehrtesten und oft schlachtentscheidenden Söldnertruppen; die Schweizergarde, die seit 1505 den Papst bewacht, ist eine lebende Erinnerung daran.

An das Söldnerwesen, wohlgemerkt. Der Wehrwille ist gänzlich ungebrochen bis heute. Seit 1813 hat kein ausländisches Heer mehr Schweizer Boden betreten – und dies, obwohl die Eidgenossenschaft eine Drehscheibe Europas und in ihrer flachen Nordwesthälfte eine überaus begehrenswerte Ansammlung von Reichtümern ist. In beiden Weltkriegen hatte kein kriegführendes Land einen größeren Anteil seines Volkes unter Waffen als die Schweiz, und heute betrachtet sie sich als das größte Sperrfort der Erde.

Bedient sich da ein eisenharter Verteidigungswille nur zusätzlich der natürlichen Fels- und Eisbastion – oder ist solche Kampfentschlossenheit auf das Wissen angewiesen, daß man, mit Schiller, „unbezwingbar zwischen seinen Alpen" sei? Sind Bergbauern bessere Soldaten – und wenn, dann deshalb, weil sie ihre Heimat mehr lieben, oder weil ihr hartes Leben sie tüchtiger gemacht hat, oder weil es, umgekehrt, vor 2000 Jahren einiger zugleich militärischer Tugenden bedurfte, um sich die wüsten Alpen untertan zu machen? Und wenn es eine solche Wechselwirkung gäbe – müßte sie dann nicht auch in den nichtschweizerischen Teilen der Alpen stattfinden?

In der Tat, über die *Tiroler* heißt es in der schon zitierten Landeskunde von 1909: „Der durch seine rauhe Natur dem Volke anerzogene Mut steigerte sich früher nicht selten zur Rauflust, wobei es auf einige ausgedrückte Augen und abgerissene Ohren nicht ankam. Grausamkeit und Wildheit mochten wohl während des Freiheitskampfes gegenüber dem Feinde vorkommen, erklären sich aber aus der Rauhheit der Zeit."

Das hilft uns nicht weiter: Warum die Natur der Tiroler „rauh" ist, wird damit nicht erklärt. Nicht einmal Andreas Hofer, der Sandwirt von St. Leonhard im Passeiertal in Südtirol und Freiheitskämpfer von 1809, gibt eine Antwort auf die Frage, ob und wie die Berge mit der Kampfkraft ihrer Bewohner zusammenhängen: Denn am Berg Isel besiegte er dreimal ein anderes Alpenvolk, die Bayern, die mit den Franzosen im Bunde waren.

Populär wie kaum ein anderer Alpenbewohner, und das bis ins fernste Preußen: der stämmige Bauer und Gastwirt Andreas Hofer aus St. Leonhard im herrlichen Passeiertal, dreifacher Sieger über Bayern, Sachsen und Franzosen, hingerichtet 1810 zu Mantua, 1823 in der Hofkirche von Innsbruck feierlich beigesetzt

Über Andreas Hofer wurden Balladen (wie „Zu Mantua in Banden . . ."), Erzählungen, eine Oper und rund achtzig Dramen geschrieben; in meiner Schulzeit in Berlin galt er als der größte Mann der Geschichte gleich nach dem Alten Fritzen; und in Südtirol gibt es Fremdenverkehrsexperten, die einen Teil der Beliebtheit ihres Landes bei den Deutschen den Resten der alten Andreas-Hofer-Schwärmerei zuschreiben, so daß sie dem Wegsterben der letzten schwärmenden Generation mit Bangen entgegensehen.

Wie nun, wenn die wackeren Tiroler auf jene Alpenjäger stießen, mit deren Leistungen nach Auskunft eines deutschen Lexikons von 1890 „keine Truppe der Welt" konkurrieren konnte – auf die italienischen *Alpini*? Die Alpini waren ein Novum, allesamt Gebirgsbewohner, sie wurden ungewöhnlich hart ausgebildet, und sie besaßen jene Kampfmoral, wie sie sich in ihrem Lied vom sterbenden Hauptmann äußerte: Er befahl, seinen Körper in fünf Teile zu schneiden, je ein Fünftel für seine Mutter, seine Braut, seinen König, seine Kompanie und seine Berge.

Freilich, Österreich hatte schon 1816 die Tiroler Kaiserjäger in Andreas Hofers Tradition gegründet, und aus Respekt vor den Alpini stellte es 1906 eine Gebirgsjägertruppe auf, schärfer ausgelesen und höher besoldet als die anderen Truppenteile; bei ihren Manövern wurden sie zu Pionieren des Skilaufs und des Winterbergsteigens, und im Krieg gegen Italien von 1915 bis 1918 erwiesen sie sich als „die schönste, beste und edelste Armee in der Geschichte der Menschheit" – so zu lesen in einem Buch, das 1981 in Südtirol erschienen ist.

Es war der einzige große Krieg, der je im Hochgebirge stattgefunden hat; ein dramatisches Kapitel in der Geschichte der Alpen und der Kriege, das es verdient hätte, angemessener gewürdigt zu werden als in ein paar patriotischen

Die Ziege kann nichts dafür. Sie steht über Cannobio am Lago Maggiore und blickt in den Ausguck der Kasematten, die italienische Partisanen dort 1944 errichteten. Zu Schlachten kam es im Zweiten Weltkrieg in den Alpen nicht. 1915 aber war das erbitterte Ringen zwischen Österreich und Italien losgebrochen – um jeden Felskopf der mehr als tausend Kilometer langen Front. In den Marmolada-Gletscher trieben die Tiroler Kaiserjäger ein acht Kilometer langes Netz von artilleriesicheren Versorgungsstollen

Memoiren und in Luis Trenkers Film „Berge in Flammen".

Obwohl es die Italiener waren, die am 23. Mai 1915 den Krieg erklärten und also das Überraschungsmoment auf ihrer Seite hätten haben können, gelang es den Österreichern, auf der mehr als tausend Kilometer langen Front die meisten Gipfel, Kämme und Pässe vor den Alpini zu besetzen – und sie fast alle bis zum letzten Tag des Krieges zu behaupten, vom Stilfser Joch über den Nordzipfel des Gardasees (denn so weit reichte damals Tirol) und die Dolomiten bis zu den Julischen Alpen im heutigen Jugoslawien.

Dreieinhalb Jahre lang wurde um jeden Grat gerungen, mit einer Erbitterung und einer Aussichtslosigkeit, wie sie selbst in den Weltkriegen selten waren. Den Ortler, zunächst nur von Patrouillen begangen, nahmen die Österreicher im Frühjahr 1916 in Besitz; ein Eisstollen in 3890 Metern Höhe, wenige Meter unter dem Gipfel, war von nun an zweieinhalb Jahre lang das Quartier der Kaiserjäger. Eisstollen, das hieß: Hacken bis zum Umfallen, leben in ewig feuchter Kälte in ewig nassen Kleidern, und jeden Bissen, jede Patrone, jede Kerze, jede Decke, jedes Brett heraufschleppen über Fels und Eis unter dem Feuer der Alpini, die sich gegenüber auf der 3563 Meter hohen Trafoier Eiswand verschanzt hatten.

Um diese Schlüsselposition zu stürmen, trieben die Österreicher von März bis August 1917 einen anderthalb Kilometer langen Stollen durchs Eis hinauf, höchstens zehn Meter schafften sie pro Tag mit ihren Hacken und Beilen, von Tropfwasser berieselt und in Eiswasserpfützen stehend. Am 1. September 1917 gelang es fünfzehn Mann, den Gipfel zu erobern; drei Tage später wurden sie von den Alpini verjagt. An der Königsspitze in der Ortlergruppe schlug der Blitz ins österreichische Gipfeltelefon, fuhr die drei Kilometer lange Leitung hinunter zur Schaubach-Hütte und brachte dort drei Soldaten um. Die Kreilspitze in der Ortlergruppe eroberten die Österreicher, indem ihnen die alpinistische Erstbegehung der 45 Grad (gleich 100 Prozent) steilen Nordwand gelang, und dies mit einer zerlegten Acht-Zentimeter-Kanone.

Über die Marmolada, den vielgipfligen höchsten Berg der Dolomiten, lief die Grenze zwischen Österreich und Italien; die Kaiserjäger behaupteten zwar den größten Teil des Gipfelkamms und brachten 1916 auf dem Hauptgipfel (3342 m) einen Minenwerfer in Stellung, fanden jedoch keinen Weg, die Alpini vom Ostgipfel (3035 m) zu verdrängen, wo sie sich in einen 300 Meter langen Felsstollen gekrallt hatten. Schlimmer noch: Ihren Nachschub mußten die Österreicher über den weitläufigen, mäßig geneigten Marmolada-Gletscher hinaufschleppen, ein ideales Schußfeld für die italienische Artillerie, die mit Hilfe eines Scheinwerfers auch bei Nacht zielen konnte.

So entschlossen sich die Tiroler, ein acht Kilometer langes Netz von Stollen durchs Gletschereis zu hacken und zu bohren, bis zu 60 Meter unter der Eisoberfläche mit entsprechend hohen Lüftungsschächten, mit Strickleitern,

Heiß umkämpft während des Alpenkrieges war der Lagazuoi (2803 m) in den Dolomiten. Die italienischen Baracken lagen unter Beschuß, 100 000 Kubikmeter Fels sprengten die Österreicher weg. Auf dem Gipfel steht seither ein Kreuz, in das Besucher Opfermünzen stecken

Holzbrücken, Seilgeländern und ganzen Baracken im Eis, durch die Bewegung des Gletschers zu ständigem Umbau gezwungen; seit 1917 sogar mit elektrischem Licht, das die Eismänner von dem ewigen Gestank nach Karbid oder Petroleum erlöste.

Am blutigsten umkämpft war der Col di Lana östlich vom Pordoi-Joch in den Dolomiten. An diesem leicht zu ersteigenden, eher hügelförmigen Berg versuchten die Alpini vom Juni 1915 bis zum April 1916, den Durchbruch ins Pustertal zu erzwingen. So führten beide Seiten immer neue Verstärkungen heran, der Gipfel wurde von Granaten umgepflügt, und zu Dutzenden starben die österreichischen Träger, die die Gipfelbesatzung mit Nachschub versorgten, denn ihr Pfad führte nur achtzig Meter an der Stellung der Alpini vorbei.

Im März 1916 begannen die Italiener den Col di Lana zu unterminieren. Die Kaiserjäger hörten das Bohren Tag und Nacht (ihre Angst hat Luis Trenker eindrucksvoll gestaltet), aber anders als im Film wurden die meisten von ihnen zerrissen, als am 17. April 1916 kurz vor Mitternacht fünf Tonnen Dynamit den Gipfel explodieren ließen. Die Alpini besetzten ihn und konnten ihn halten; weiter kamen sie nicht. Sprengkrater, Granattrichter und Drahtverhaue sind noch heute zu besichtigen; Unterstände, Schießscharten, Grabkreuze, rostiges Eisen erinnern überall zwischen Ortler und Drei Zinnen an den grausamen Kampf.

Am Lagazuoi in den Dolomiten sprengten die Österreicher 100 000 Kubikmeter Fels von der Südwand mitsamt der italienischen Besatzung ab. Der Gipfel des Monte Pasubio östlich des Gardasees wurde mit 60 Tonnen Dynamit in die Luft gejagt. Doch die meisten Opfer des schrecklichen Krieges starben nicht durch Kampfhandlungen, sondern durch Lawinen: auf beiden Seiten zusammen 40 000 bis 60 000 Mann. Der Winter 1916/17 war der schnee- und lawinenreichste, der je in historischer Zeit registriert worden ist; in Sulden unterm Ortler lag der Schnee acht Meter hoch. Im Dezember 1916, nach achttägigem Schneesturm, donnerten rund eine Million Kubikmeter Schnee den Marmolada-Gletscher hinab und brachten in einem Barackenlager unterhalb des Gletschers fast 300 Tiroler um.

Wer der Lawinengefahr hätte ausweichen wollen, hätte desertieren müssen. Gerade die gefährlichste oder schwierigste Route zu wählen, gerade bei Nacht oder bei widrigem Wetter anzugreifen – eben darin lag die Chance, einen militärischen Vorteil zu gewinnen. Im August 1918 – das Durchschnittsgewicht der österreichischen Gebirgsjäger betrug noch 48 Kilo, auf zehn Mann kam ein Paar Steigeisen – entrissen die Alpini den Österreichern die Punta San Matteo im Ortlergebiet, 3678 Meter hoch. Da trieben die Tiroler einen Angriffskeil über die bis zu 55 Grad steile vereiste Südwand hinauf, sie schlugen Stufen ins Eis unter einem Hagel von Granaten, viele stürzten tot aus der Wand, die anderen kletterten weiter. Auf dem vereisten Gipfelgrat kam es zum Nahkampf, im Eisstollen flogen Handgranaten, auf österreichischer Seite fielen 40 Mann und alle Offiziere.

Umsonst! Die Alpenfront bewegte sich nicht. Zwar gelang den Österreichern mit deutscher Unterstützung im Oktober 1917 der große Durchbruch am Isonzo am Westrand der Julischen Alpen; doch da fand der Kampf unterhalb 700 Meter Höhe statt, und die Beute war das Flachland rings um Udine. Südtirol fiel 1920 im Frieden von St. Germain an Italien; die italienischen Soldaten waren 1918 nur bis Trient gekommen.

Nirgends rückt ein Angreifer mühsamer und mit größeren Verlusten vor, nirgends hat der Verteidiger es leichter als im Hochgebirge. Die Russen spüren es seit 1980 in Afghanistan, die Schweizer haben es in zwei Weltkriegen zu nutzen verstanden.

Die Schweiz machte mobil, als Hitler gegen Polen mobil machte; dann schickte sie einen Teil der Truppe auf Urlaub, bis Hitler in Holland, Belgien und Frankreich einfiel: Aus den Kinos

Gut getarnt gegen Flugzeuge, doch von jedem Autofahrer einzusehen – so bieten sich in der Schweiz die Manöverstellungen zu Tausenden dar. Mit klarer Absicht unterhalten die Eidgenossen „die sichtbarste Armee der Welt": Ein möglicher Angreifer soll ja durch den Anblick von Rüstung und Wehrbereitschaft den Anreiz verlieren

wurden die Milizsoldaten herausgeholt wie 1973 im Jom-Kippur-Krieg die Männer Israels. Entbehrungen und Strapazen nahmen sie auf sich, als ob sie es wären, die den Weltkrieg führten, und was immer sich an Kampftaktik und Kampfverlauf aus Tobruk, Stalingrad oder Monte Cassino auf die Schweiz übertragen ließ: Die Armee vollzog es im Manöver nach. Da wir den Willen, die Mittel und die Berge haben, sagte General Guisan, der Oberbefehlshaber der eidgenössischen Armee, können wir uns jeden Feind vom Halse halten. Für den schlimmsten Fall ließ er das Gotthard-Massiv, das Herzstück der Schweiz, zum *Réduit national* ausbauen, zur Zuflucht der Nation, zur letzten Burg, die kein Feind je sollte nehmen können.

Statt „Abschreckung" verwenden die Schweizer für ihre Strategie das Wort *Dissuasion*: die Kunst, jemanden zu überreden, etwas nicht zu tun, die Gegenrede, der warnende Rat. Jeder mögliche Angreifer soll sich gewarnt fühlen: Größer als sein Appetit soll seine Sorge sein, sich an diesem Bissen zu verschlucken. Er würde einen unverhältnismäßig hohen Eintrittspreis zu zahlen haben. Von der Grenze an hätte er mit heftiger Gegenwehr zu rechnen, einen Rest der Schweiz, ein Stück vom Alpenraum, würde er nie erobern können, und von dort aus würde ein Abnutzungskrieg von unbegrenzter Dauer gegen ihn geführt, der so lange an seinen Kräften zehren würde, „bis er die Beute fahren läßt". Für 80 Prozent der Schweizer Bürger sind atom- und gassichere Unterstände vorbereitet, 1995 sollen sogar alle Zivilisten darin unterkommen können („passive atomare Dissuasion", heißt das).

Die Grundausbildung des Schweizer Wehrmanns dauert nur siebzehn Wochen, aber dann muß jeder wehrhafte Schweizer acht dreiwöchige Übungen machen, bis er 32 ist, und weitere, bis er 42 ist, und viel mehr, wenn er Offizier ist. Berufsoffiziere gibt es nur im Instruktionskorps für die Miliz, im Überwachungsgeschwader der Luftwaffe und im Festungswachtkorps, das die Burgen in den Felsen unterhält, und dazu kommen die Kommandanten der vier Korps und der zwölf Divisionen – ein winziger Kader mit niedrigen Kosten, ermöglicht durch ein System der ungeheuren Zumutung an das halbe Volk.

Jedes Jahr das „obligatorische Schießprogramm", nicht zu vergessen, und immer wird scharf geschossen und hart trainiert mit einer Unbefangenheit und mit einem Unfallrisiko, über die man in anderen Ländern staunt. Man hört sie schießen als Tourist, man sieht sie allerorten marschieren, klettern, lagern, sie studieren Karten und legen Feldtelefone, sie quellen aus Schluchten, Gräben und Garagen, die Tarnuniformen behängt mit der Feldflasche und den Bollen der Giftgasabwehr und der Notverpflegung, und wer die Nacht hindurch marschiert ist, bekommt dennoch keine Zeit zum Schlafen: Er muß seine Waffen pflegen, essen, sich rasieren – und „angreifen".

Am Anfang der Verteidigung stünde die Zerstörung. Kein anderes Land der Erde hat die sofortige und radikale Vernichtung seiner Brücken und Tunnel, seiner Straßen und Schienen, seiner Flugplätze und aller Verbindungsstränge so gründlich vorbereitet, und in kaum einem anderen Land würde ein Angreifer damit derart lahmgelegt wie in der Schweiz, wo die Viadukte bis über 200 Meter hoch, die Tunnel bis zu 20 Kilometer lang und viele Straßen halbe Hochseilakte sind. Von 2000 „Sprengobjekten" spricht die Armee, und nicht etwa müßte im Verteidigungsfall das Dynamit in die Sprenglöcher gefüllt werden, das würde ja Tage dauern – nein, neuerdings ist der Sprengstoff „in die Objekte einbetoniert, und zwar so, daß er nur mit großem Arbeitsaufwand freigelegt werden könnte . . . Die Erstellung der Zündbereitschaft durch die Mineure ist innert weniger Stunden möglich."

Während so der Angreifer blitzartig aufgehalten, verwirrt, verschüttet, vom Nachschub abgeschnitten wäre, würden die 650 000 Mann der schweizerischen Miliz ihre Sturmgewehre aus dem Schrank holen, und binnen 48 Stunden wäre jeder in seinem Bereitstellungsraum angelangt, gar nicht weit weg von zuhause, dieselben Kameraden wiedertreffend, mit denen er seine Wehrübungen absolviert hat.

Jedes Tal ist autark in Waffen, Medikamenten, Verpflegung und Versorgungsgütern, Nachschub braucht nicht stattzufinden – auf Monate, auf Jahre? Das bleibt geheim. Bekannt dagegen wurde, daß die Schweiz im Calanda-Massiv am Oberrhein bei Chur 450 000 Kubikmeter Heizöl als Reserve für Krisenzeiten einlagern will: Denn das hat die Anlieger des Bodensees auf den

Auch das alte Städtchen Gruyères (nordöstlich des Genfer Sees), von mächtigen Mauern umschlossen und von einer Burg aus dem 13. Jahrhundert überragt, ist mit Sprenglöchern versehen wie zweitausend weitere Objekte in der Schweiz. Der Dynamit ist schon einbetoniert, so daß im Kriegsfall nur wenige Stunden vergehen müßten, bis sämtliche wichtigen Brücken, Tunnel, Straßen und Schienen des Landes in die Luft gejagt werden könnten

Ein Kampfflugzeug vom Typ Tiger f 5e wird aus seinem Versteck in einer Felshöhle herausgeschleppt. Der GEO-Fotograf kam an kein Bildmotiv des Buches, die Montblanc-Besteigung eingeschlossen, so schwer heran wie an dieses

Plan gerufen, die für ihr Wasser fürchten.

Das Herzstück der Verteidigung sind die *Festungswerke* im Alpenraum, tief in die Felsen gesprengt, Informationszentralen und Vorratslager mit schwerer Artillerie, die bei den modernsten Werken aus getarnten Scharten in senkrechten Felswänden schießt. Wo sie sind und wie sie aussehen? Das ist unter allen Geheimnissen das größte. Ja, wir durften einen Blick riskieren, Guido Mangold und ich, nach vielen Anträgen und langen Vorgesprächen, und doch bekamen wir mehr zu ahnen als zu sehen:

Eine Schotterstraße im Gotthard-Gebiet, steil bergauf, unbeschildert und abseits des Verkehrs. Stacheldraht, ein Posten vor einem unscheinbaren Fachwerkhaus am Fels. Darin ein Gang so lang, daß schon er die Dimensionen des Fachwerkhäuschens sprengt, die Wände gespickt mit Skiern und Sturmgewehren, auf dem Boden zwei Dutzend Soldaten in Schlafsäcken. Dahinter eine Tür wie zu einem riesigen Tresor. Auf unser Drängen hin wird sie sogar geöffnet – ein Blick auf Gänge und Kavernen, mehr nicht. Daß es da schwere Geschütze gibt und Munitionsdepots, Schlafsäle, Kantinen, Lazarette, riesige Verpflegungslager – davon ist nichts zu sehen, schon hier schneiden die Offiziere bedenkliche Gesichter: „Zurück, wir bitten Sie!"

Selbst Flugzeuge fahren aus dem Fels, ein Teil der 170 Abfangjäger der Schweiz – wenig an Zahl verglichen mit dem, was ein Angreifer einsetzen könnte, doch mit zwei Vorzügen, von denen der erste kaum und der zweite überhaupt nicht wettzumachen ist.

Kaum konkurrieren könnte ein Feind mit der Technik des Fliegens im Hochgebirge: knapp über Grate hüpfen, sich einer Felswand auf 50 Meter nähern, 100 Meter über dem Talboden entlangjagen, zwischen engen Wänden wenden mit 550 Stundenkilometern, der Mindestgeschwindigkeit eines Düsenjägers.

Und unmöglich mithalten könnte der Angreifer mit dem, was die eidgenössischen Piloten üben Hunderte von Stunden lang: Ihr Land, so klein, daß sie es in viereinhalb Minuten überflogen haben können – das kennen sie wie ein alter Taxifahrer seine Stadt. In langsamen Propellermaschinen machen sie sich mit jedem Berg, jedem Tal, jedem Paß, jedem Fluß der gesamten Schweiz vertraut, ja mit den Zehntausenden von Kabeln der Seilbahnen und der

Hochspannungsleitungen, die einem Fremden zur Todesfalle werden müßten; und im 30 Kilometer langen Tal zwischen Visp und Zermatt kennen sie den einzigen Punkt, wo ein Düsenjäger zwischen den Bergen wenden kann. Wollten feindliche Flugzeuge sie verfolgen, sie würden immer wieder hilflos suchen und wahrscheinlich kampflos zerschellen.

Auf der Ebenfluh überm Brienzer See im Berner Oberland erlebten es die Militärattachés von 25 Nationen, daß eine Mirage aus dem Nichts auftauchte, über sie hinwegdonnerte und im Nichts verschwand, ehe die Tribüne aufgehört hatte zu zittern. Noch bevor das Programm zu Ende war, bekam jeder Attaché ein Foto in die Hand gedrückt: ihn von oben zeigend, wie er ungläubig und erschrocken in den Himmel starrt.

Einer dieser rasenden Mirage-Piloten ist Hauptmann Dieter Troesch, Jahrgang 1948. Es fasziniert ihn, wie er mit der Maschine senkrecht in den Himmel stoßen kann und wie sein Beruf ihn zwingt, eine so hochgezüchtete Technik inmitten einer so wilden Natur zu beherrschen. Er hat eine hübsche Frau, zwei Kinder und ein Haus in Corcelles im französisch-sprachigen Kanton Fribourg. Wie spricht er denn über Funk mit seinen „welschen" Kameraden? In einem Minimalwortschatz aus deutschen, französischen, italienischen und englischen Wörtern, die eingängigen und unmißverständlichen haben sie herausgepickt, „Bambini-Code" nennen sie ihn: *avanti* für den Angriff, *dégagement* für das Abdrehen danach.

Im Garten seines Hauses hegt Hauptmann Troesch zwei Teiche als „Biotope", im nahen Wald sucht er Pilze, beobachtet das Wild und jagt. Skilaufen ist seine dritte Leidenschaft, neben dem Wald und dem Himmel. „Diese Freiheit, die wir haben, die wird verteidigt", sagt er – „sackgrob verteidigt", fügt er hinzu.

Auf Kriegsdienstverweigerung steht in der Schweiz Gefängnis, einen zivilen Ersatzdienst hat das Volk 1977 abgelehnt und 1984 wieder. „Handelt der Täter aus religiösen oder ethischen Gründen in schwerer Gewissensnot, wird er" (aha, also doch ein Schlupfloch? Was wird er?) „mit Gefängnis bis zu sechs Monaten oder mit Haft bestraft" – das ist die einzige Vergünstigung, denn andernfalls drohen ihm drei Jahre. Einen Befehl haben Schweizer Soldaten auch dann auszuführen, „wenn sie dessen Sinn und Zweck nicht zu erkennen vermögen". Ja, es ist etwas an dem alten Spruch: Die Schweiz *hat* keine Armee, sie *ist* eine Armee. Die Natur des Landes, die Natur der Menschen und eine alte militärische Tradition sind ein Trutzbündnis eingegangen, das auch in Zukunft geeignet sein könnte, jeden Angreifer zu entmutigen.

Das eigentliche Kunststück aber war, diese Gesinnung des „Keiner darf in unser Land" sinnreich und geschäftstüchtig zu verknüpfen mit der Einladung „Nun kommt doch alle!" Ein Berner und ein Genfer, Albrecht Haller und Jean-Jacques Rousseau, hatten als erste die Idee, die scheußlichen Alpen als eine paradiesische Landschaft vorzustellen, Goethe, Schiller, Byron folgten ihnen darin. Mit Hilfe der Dichter also wurde die Schweiz zum Mutterland einer Weltindustrie: des modernen Tourismus.

Zwei „währschafte" Schweizer: Hauptmann Dieter Troesch, der Verbandsführer der Doppelpatrouille, die auf Seite 154/55 zu sehen ist, in seiner Mirage III S – und Simon Michael Huber, der Gemeindediener von Langwies bei Chur, mit allen Medaillen, die er im Lauf seines Lebens für das Schießen mit Karabiner und Pistole gewonnen hat

Straßen und Autobahnen, Omnibusse und schmucke Hotels, Bergbahnen zu Tausenden und Touristen zu Millionen – wer hätte das vor hundert Jahren den Alpen prophezeit? Daß wir sie „schön" oder gar „lieblich" finden, ist ein ziemlich junges Geschmacksurteil, geprägt im 18. Jahrhundert vor allem von drei populären Dichtern: Haller, Rousseau und Goethe

Die Dichter riefen – die Touristen kamen

Wenn in der Hochsaison der Schmalspurschnellzug aus Brig in cen Bahnhof von Zermatt einläuft, dann quellen die Touristen in Trauben zu den Pferdekutschen und Elektrotaxis des autofreien Hoteldorfs unterm Matterhorn. Japanische Reisegesellschaften fallen meist durch dreierlei auf: ihren Zusammenhalt, ihren Fotografier-Eifer und die Fröhlichkeit, mit der sie auch bei strömendem Regen in die Bergbahn steigen

Dienstag 9h
zur
Seiseralm
Dolomiten
Brixen-Grödnertal
St. Ulrich-
Kastelruth-Seis am
Schlern-Eisacktal
Sterzing incl. 30.-
Blick auf die
incl. Maut
30.-
Heute
Unsere Fahrten:
14⁰⁰ Riessersee
Eibsee-Badesee
Grainau
Buchung noch möglich,
von 13⁴⁵-14⁰⁰
Geschäftszeit
Dienstag
Ruhige gemütliche
Dienstag
Zur herrlichen
Gletscherwelt ins
Ötztal
Ötz-Sölden-Hochgurgl
Ausflug zum 2509m
Timmelsjoch
Dienstag 23.-
Bezaubernder
Hochgebirgsausflug
Kühtai
Mittwoch 11.-
Kurze gemütliche
Kaffeefahrt zur
Pfeiffer-Alm

Kaum ist man am Urlaubsort angekommen, im oberbayerischen Wallgau beispielsweise – schon locken die Omnibus-Unternehmen mit der Einladung, man möge rasch an einen anderen fahren; frei nach dem Motto des englischen Touristen bei Wilhelm Busch: „Schön ist es auch anderswo, und hier bin ich ja sowieso.“ Das füllt die Kasse, die Filme und die Straßen

Mit dem Charme
eines Motorrasenmähers
rattert die Einschienenbahn zur Staumauer des
Lac d'Emosson hinauf,
ein Stück lärmender
Faulheit – oder himmlischen Vergnügens? –
über Le Châtelard an der
französisch-schweizerischen Grenze

Die Verwandten der gefleckten Simmentaler Kuh sind über alle Erdteile verstreut, vor allem über Amerika – und nun kommen aus den Vereinigten Staaten die Touristen in den Kanton Bern, um die Heimat ihrer Rinder zu besuchen, vor allem aber eine „Schaukäserei", die ein tüchtiger Viehzüchter zu diesem Zweck eingerichtet hat, mitsamt einem leibhaftigen Senn, Peter Burgener heißt er

Die erste Seilbahn der Welt für Personen war 1908 der Wetterhorn-Aufzug über Grindelwald, jetzt schon lange nicht mehr in Betrieb. Hunderte von Bahnen aber schweben überall in den Alpen an schwankendem Seil zu Gipfeln, Hütten, Pässen, Skigebieten, oft auch mitten durch die Wolken wie die Bahn vom Pordoijoch bei Canazei in den Dolomiten auf den Sasso Pordoi (2950 m)

Bis zu 47 Grad heiß sind die Quellen, die in Badgastein aus den Felsen sprudeln, so daß sie auch im Winter Freiluft-Badefreuden bieten. Mit ihrem Gehalt an Radon, einem radioaktiven Edelgas, versprechen sie Linderung bei Gicht, Rheuma und Altersleiden aller Art. Thermalbäder waren von der Antike bis ins 18. Jahrhundert der einzige Grund, warum Stadtmenschen freiwillig in die Alpen reisten

Bad Mitterndorf im steirischen Teil des Salzkammerguts macht eine Mode mit, die auch in französischen Skistationen herrscht: Auf den Zweitwohnungssilo mit seinen zehn Etagen klatsche man ein Satteldach, als letzte Anleihe beim Baustil der Alpenbewohner, die einst flache Satteldächer brauchten, damit die Schindeln hielten, wie bei dem Hof im Vordergrund, den der reichgewordene Grundbesitzer nun verfallen läßt

Man plagte sich in den Alpen, wenn man Bauer war. Über die Alpen hinweg plagte man sich, wenn man Soldat, Pilger oder Händler war. Daß aber Menschen ohne Not in die Alpen reisen würden, um sich zu amüsieren – darauf wäre bis vor zweihundert Jahren niemand gekommen, und daß es jährlich an die 100 Millionen sein würden, hätte noch vor dreißig Jahren niemand geglaubt.

Sie wandern in Viererkolonnen zur Drei-Zinnen-Hütte, sie parken Blech an Blech am Rand der Pasterze, sie haben eine einsame Alm wie die Kleine Scheidegg zu einem der lebhaftesten Umsteigebahnhöfe Europas gemacht, mit tausendfältigem Gestolper zwischen Gleisen, Kiosken und Rucksäkken auf knirschendem Kies. Das Land Salzburg bietet mehr Fremdenbetten an als ganz Griechenland, und hemmungslos wenden sich Millionen Älpler als Gastwirte, Bergbahnschaffner, Skilehrer oder Watschentänzer den Touristen zu, nicht zu vergessen „Gondi, die Stimmungs-Wildsau aus dem Schwarzatal", den Fremden angepriesen 1983 in Hermagor in den Gailtaler Alpen.

Dieser unglaubliche Wandel des Geschmacks setzte im 18. Jahrhundert ein, und es ist ein lohnendes Abenteuer, seinen verschlungenen Wegen zu folgen. Fremdenverkehr findet ja nur statt, wo ein paar Pioniere, Geschmacksrichter, „Trendsetter" vorentschieden haben, daß es da schön sei: Die Entscheidung fiel für Sylt vor gut hundert Jahren, und erst im vergangenen Jahrzehnt fiel sie für die Idee, eine Durchquerung der Sahara als Urlaubsreise anzubieten. Welche Meinungsführer für die Alpen den Umschwung einleiteten, dafür lassen sich sogar ein paar Namen und Daten nennen.

Jean-Jacques Rousseau aus Genf, der erfolgreichste und einflußreichste Schriftsteller des 18. Jahrhunderts, sang das Lob der Natur, 1761 auch das Hohelied der Alpen. Der Kupferstich zu seinem Roman „Emile" macht deutlich, was Rousseau oder mindestens seine Leser unter „Natur" zu allererst verstanden: „Schäferspiele", wie man damals sagte, eine Art erotisches Picknick. „Ausgelassene Spiele sind die besten Köche der Welt", ist unter dem Stich zu lesen

Anno 1732 veröffentlichte der 23jährige Arzt, Botaniker und Dichter Albrecht Haller aus Bern ein sogenanntes Lehrgedicht mit dem Titel „Die Alpen". Es stellte die Maßstäbe seiner Zeit auf den Kopf, nahm die Naturschwärmerei und Kulturfeindschaft Rousseaus vorweg, beeinflußte später Schiller und begleitete Goethe 1779 auf seiner zweiten Reise in die Schweiz.

Zwei erstaunliche Behauptungen stellte der junge Schwärmer auf: Die Alpen seien nicht gräßlich, sondern schön – Verwunderung in der gesamten gebildeten Welt –, und ihre Bewohner seien durchaus nicht die armseligen Hinterwäldler in einem schrecklichen Land, für die man sie bis dahin gehalten hatte, sondern ein keusches Volk mit reichem Herzen und tiefer Liebe, das, frei vom verderblichen Überfluß und der Sittenlosigkeit der Städte, sein Glück aus harter Arbeit ziehe.

O glaubt's, kein Stern macht froh,
kein Schmuck von Perlen reich!
Seht ein verachtet Volk
zur Müh und Armut lachen,
Die mäßige Natur allein
kann glücklich machen.
Kein unzufriedner Sinn
zankt sich mit seinem Glücke,
Man ißt, man schläft, man liebt
und danket dem Geschicke.

Was aber treibt die glückliche Familie im harten Alpenwinter, „wo fetter Fichten Dampf die dürren Balken schwärzt"? Nichts! „Der sorgenlose Tag wird freudig durchgescherzt."

Dies war zwar Unfug, sozusagen, doch unter Hallers wohlhabenden städtischen Lesern minderte das weder die

Entrüstung der einen über solche Belehrung noch die respektvolle Neugier der anderen auf einen so bemerkenswerten Menschenschlag.

Nicht weniger Einfluß übte Haller mit seiner anderen Behauptung aus: daß man diese abscheuliche Versammlung von Wäldern, Stein und Eis als „schön" betrachten könne.

Wenn Titans erster Strahl
der Gipfel Schnee vergüldet
Und sein verklärter Blick
die Nebel unterdrückt,
So wird, was die Natur
am prächtigsten gebildet,
Mit immer neuer Lust
von einem Berg erblickt . . .
Bald zeigt ein nah Gebürg
die sanft erhobenen Hügel,
Wovon ein laut Geblök
im Tale widerhallt;
Bald scheint ein breiter See,
ein Meilen-langer Spiegel,
Auf dessen glatter Flut
ein zitternd Feuer wallt;
Bald aber öffnet sich
ein Strich von grünen Tälern,
Die, hin und her gekrümmt,
sich im Entfernen schmälern . . .
Ein Wandrer sieht erstaunt
im Himmel Ströme fließen,
Die aus den Wolken fliehn
und sich in Wolken gießen.

Da es das Berner Oberland war, das Haller verherrlicht hatte, und da die beiden Grindelwald-Gletscher leicht zugänglich und die am tiefsten herabreichenden der Alpen sind, konnte der Pfarrer von Grindelwald schon 1748 „viele Fremde" begrüßen, vor allem englische Lords, die „das große Wunder der Natur" bestaunten und in Ermangelung von Hotels im Pfarrhaus wohnten. Das Wallis war noch nicht entdeckt: Da liefen im September des Jahres 1800 die Zermatter zusammen, um den ersten Engländer anzustaunen.

War schon Haller populär – Widerhall unter allen Gebildeten des Abendlands fand erst Rousseau mit seinem leidenschaftlichen Plädoyer für die Alpen im besonderen und die Natur im allgemeinen. 1750, im „Discours sur les arts et les sciences", pries er den kulturlosen Urzustand der Menschheit als den glücklicheren; 1762, unter dem Eindruck seines Romans „Emile oder Über die Erziehung", entstand das Schlagwort „Zurück zur Natur – retour à la nature!" 1761 aber war sein Roman „Briefe zweier Liebender aus einer kleinen Stadt am Fuß der Alpen" erschienen (später unter dem Titel „Neue Heloise" bekanntgeworden), der größte Bestseller der französischen Literatur im 18. Jahrhundert.

Unter dem Eindruck Hallers und einer eigenen Reise ins Oberwallis (1744) ließ Rousseau darin seine Heldin von den Alpen schwärmen: der „unaussprechlichen Mischung" von Licht und Schatten, von wilder und gezähmter Natur, von kraftvollen Farben und dem „Blendwerk der erleuchteten Gipfel", dem Übereinander aller Jahreszeiten – „ein zauberisches Schauspiel, das den Geist und die Sinne entzückt". Mit der Höhe werde der Atem freier, leichter der Körper und heiterer das Gemüt, „und die Gedanken nehmen einen erhabenen Schwung".

Nicht sofort natürlich setzte sich die neue Sicht der Alpen durch. Ein Schweizer Forscher berichtete 1760 von der scheußlichen Finsternis und den „heulenden Raubvögeln" des Berner Oberlands; der deutsche Kunsthistoriker Johann Joachim Winckelmann schrieb 1768 von seiner Reise über den Brenner: „Welch entsetzlicher Anblick, welche ungeheuerliche Höhe der Berge!" Und der Philosoph Immanuel Kant, obwohl Haller für ihn „der erhabenste deutsche Dichter war", resümierte 1790 im fernen Königsberg noch einmal das Geschmacksurteil, das vor Haller unangefochten gegolten hatte: „Wer wollte auch ungestaltete Gebirgsmassen, in wilder Unordnung übereinander getürmt, mit ihren Eispyramiden, oder die düstere tobende See usw. erhaben nennen?"

Es waren Goethe und Schiller, die dem neuen Geschmack zum Durchbruch verhalfen. „Kennst du den Berg und seinen Wolkensteg?" fragte Goe-

Albrecht Haller, ein zu seiner Zeit berühmter Arzt und Dichter aus Bern, war 1732 der erste, der die bis dahin als garstig empfundenen Alpen mit dem Stempel „schön" versah. Goethe brachte 1779 aus der Schweiz, die er mit seinem Mentor, Herzog Karl August von Sachsen-Weimar-Eisenach, bereiste, die bis heute großartigsten Schilderungen der Bergwildnis mit

Auf dem Mer de Glace über Chamonix, dem zweitlängsten Gletscher der Alpen, tummelten sich schon im 19. Jahrhundert zahlreiche Touristen, zumal aus England: die Herren mit steifen Hüten, die Damen mit Sonnenschirmen, beide Geschlechter mit den damals obligatorischen „Alpenstangen" ausgerüstet, wie sie heute nur noch einige Bergbauern benutzen. Hinten rechts der Dent du Géant, der schwierigste Viertausender der Alpen

the 1784 in „Mignon". 1796 veröffentlichte er das Tagebuch seiner Alpenreise von 1779, und darin schlug er Töne an, die man noch nie vernommen hatte:

„Es wurde dunkler, wir kamen dem Tale näher und endlich darein. Nur die großen Massen waren uns sichtbar. Die Sterne gingen nacheinander auf, und wir bemerkten über den Gipfeln der Berge ein Licht, das wir nicht erklären konnten. Hell, ohne Glanz wie die Milchstraße, doch dichter, unterhielt es lange unsere Aufmerksamkeit, bis es endlich, da wir unseren Standpunkt änderten, wie eine Pyramide, von einem inneren geheimnisvollen Lichte durchzogen, das dem Schein eines Johanniswurms am besten verglichen werden kann, über den Gipfeln aller Berge hervorragte und uns gewiß machte, daß es der Gipfel des *Montblanc* war . . . Man hatte Müh', in Gedanken seine Wurzeln wieder an die Erde zu befestigen. Vor ihm sahen wir eine Reihe von Schneegebirgen auf den Rücken von schwarzen Fichtenbergen liegen und ungeheure Gletscher zwischen den schwarzen Wäldern herunter ins Tal steigen. – Meine Beschreibung fängt an, unordentlich und ängstlich zu werden; auch brauchte es eigentlich immer zwei Menschen, einen, der's sähe, und einen, der's beschriebe."

Wer hätte dahin nicht reisen wollen? Doch Goethe tat noch einen Schritt, nun vollends über Haller hinaus: Nicht nur den majestätischen Berg über dem

sicheren Tal beschrieb er und genoß er, er bejahte auch die Öde, die Einsamkeit, die Wüste von Geröll – die Natur, „die unbedürftig, gefühllos und göttlich ist". Das letzte Stück unter dem Gotthard, 1775, sah Goethe so: „Nackte wie bemooste Felsen mit Schnee bedeckt, ruckweiser Sturmwind, Wolken heran und vorbeiführend, Geräusch der Wasserfälle, das Klingeln der Saumrosse in der höchsten Öde, wo man weder die Herankommenden noch die Scheidenden erblickte. Hier kostet es der Einbildungskraft nicht viel, sich Drachennester in den Klüften zu denken."

Am stärksten jedoch wirkte Goethe auf dem Umweg über Schiller auf die öffentliche Meinung ein: Ihm legte er 1797, nach seiner dritten und letzten Schweizer Reise, die Sage von Wilhelm Tell ans Herz – Tell, der „jenen der ganzen Welt als heroisch-patriotisch-rühmlich geltenden Meuchelmord" beging, wie Goethe 1775 in Küßnacht notiert hatte. Da machte nun Schiller, der ungleich populärere Dichter, die Alpen, die er nicht kannte, zum Hort der Freiheit, die Schweiz zu „der Freiheit Land"; und die Jungfrau hat keiner, der sie kannte, so feurig besungen wie Schiller in seinem „Berglied" von 1804:

Es sitzt die Königin hoch und klar
Auf unvergänglichem Throne,
Die Stirn umkränzt sie sich
wunderbar
Mit diamantener Krone.
Drauf schießt die Sonne
die Pfeile von Licht,
Sie vergolden sie nur
und erwärmen sie nicht.

So wurde es allmählich Mode, in die Schweiz zu reisen, die eine so hehre Geschichte mit einer so staunenswerten Bergnatur verband. Mit zwei oder noch mehr Kutschen, entsprechend vielen Dienern und Pferden, mit lebenden Hühnern als Nahrungsreserve und angeblich auch mit einer Kollektion von Hunden, Katzen, Affen und Pfauen reiste Lord Noel Byron, der schon weltberühmte Dichter, 1816 an den Genfer See und ins Berner Oberland und siedelte sein im Jahr darauf erschienenes Schauerdrama „Manfred" in den Bergen an: Der Held wohnt in einem „Alpenschloß", hat Umgang mit einer „Alpenhexe" und erwägt, von der – 1811 erstmals bestiegenen – Jungfrau herab in den Tod zu stürzen: „Du jugendfrischer Tag und ihr, ihr Berge – wozu seid ihr schön? Ich kann euch doch nicht lieben!"

Aber schön waren sie eben, die Berge, und die Engländer kamen, auch ein paar Deutsche, Italiener und Franzosen. 1832 wurde auf dem Faulhorn über Grindelwald ein Berggasthaus errichtet – nicht als Stützpunkt am ungeliebten Weg wie einst die Hospize, sondern als Ziel für naturbegeisterte Touristen. Das Faulhorn, der bröckelnde Schieferklotz mit dem häßlichen Namen,

Auch als es weder Autos noch Bergbahnen gab – zu Fuß gingen die Herrschaften nicht im Hochgebirge, wenn es sich vermeiden ließ. Sie ritten (hier unter der Jungfrau im Berner Oberland), ließen sich in Tragsesseln tragen oder auf Schlitten ziehen. Die Einheimischen nahmen die Chance wahr, ihr karges Leben durch solche Dienste aufzubessern

2681 Meter hoch, liegt dem auf Erden einzigartigen Nordabsturz des Berner Oberlands gegenüber und überragt auf der anderen Seite um mehr als zwei Kilometer den Brienzer See. Da ritten sie auf Maultieren hinauf, die Lords und die Ladies, und übernachteten in der kühlen, kühnen Höhe, um sich vom Untergang und Aufgang der Sonne über dem Finsteraarhorn, dem Eiger, der Jungfrau blenden zu lassen.

Auf der Wengernalp, dem vieltürmigen Eispalast der Jungfrau direkt zu Füßen, dort, wo Felix Mendelssohn-Bartholdy 1831 gejubelt hatte: „Alle Berge im Feierkleid . . . Ich glaube, so sehen die Gedanken des lieben Hergott aus" – da entstand ein Berghaus anno 1835. Drei Jahre später begann auch Zermatt sich auf Touristen einzustellen: Der erste Hotelbetrieb wurde eröffnet, mit drei Betten – wogegen ins Berner Oberland schon so viele Fremde kamen, „daß den Bewohnern daraus eine reiche Nahrungsquelle entspringt", wie ein Zeitgenosse berichtete.

Und die Bewohner verstanden diese Quelle zu nutzen. Wer an den Fremden Geld verdienen wollte, mußte freilich Erwerbssinn besitzen und Fleiß, Phantasie sowie eine gewisse Bereitschaft zum Dienen investieren. Mit Erwerbssinn und viel Fleiß hackt noch heute jeden Sommer ein Grindelwalder einen Gang in den Oberen Gletscher, sperrt den Zutritt und kassiert bei denen, die ein bißchen Eis von innen sehen wollen. Mit Erwerbssinn und viel Phantasie haben ein Viehzüchter und der Kurdirektor von Lenk im Simmental unter amerikanischen Farmern dafür geworben, sie sollten die Heimat ihrer Simmentaler Kühe besuchen; nun kommen jedes Jahr 5000 in klimatisierten Omnibussen, bewundern eine Alm, die zu diesem Zweck in eine „Schaukäserei" verwandelt worden ist, und tauschen Dollar gegen Käse und Kuhglöckchen.

Natürlich: Dienstbereitschaft gehört ebenfalls zum Gastgewerbe, und auch an ihr fehlt es nicht. Der Berner Professor Johann Rudolf Wyß schrieb 1816 über die Bauern im Berner Oberland: „Die Gemütsart ist im ganzen ungebildet, nicht ohne List und Rachgier, aber bedächtig und mit dem Anstrich von Höflichkeit, von Dienstfertigkeit oft tief hinein übertüncht." Ähnliches

Noch 1927 wurde das Grandhotel Bär in Grindelwald „von Engländern bevorzugt", wie der Baedeker damals schrieb; im Zweiten Weltkrieg war es von der Schweizer Armee beschlagnahmt und brannte ab. Andere Kästen sind an seine Stelle getreten. Aber auch hübsche „Chalets" sprenkeln das Tal – die nachgemachten der städtischen Eigentümer und die echten der Teilzeitbauern. Vollbauern sind auch hier zur Minderheit geworden

brachte, wiewohl mit bösen Worten, Heinrich Heine 1828 über die Tiroler zu Papier: Sie seien „schön, heiter, ehrlich, brav und von unergründlicher Geistesbeschränktheit . . . Der Tiroler hat eine Art von lächelndem humoristischen Servilismus, der fast eine ironische Färbung trägt, aber doch grundehrlich gemeint ist." Und derselbe Heimatschriftsteller, der die Tiroler Hirten 1909 mit hellenischen Götterbildern verglich, räumte ein: „Die Gemütsart des Tirolers ist im ganzen eine vortreffliche. Ehrlichkeit und Treuherzigkeit ist ein Grundzug derselben. Nur ist der Tiroler doch so schlau, daß er, wenn er den Fremden damit beeinflussen kann, sich noch treuherziger und ehrlicher stellt, als er wirklich ist."

Daß ohne einen gewissen schlitzohrigen Diensteifer im Gastgewerbe nichts zu machen sei, behauptet mit drastischen Worten der Jungbauer Markus Hafner aus Mals im Oberen Vinschgau: Er will den Gasthof seiner Eltern nicht übernehmen, denn um die Gäste müsse man kämpfen, und die seien nie zufrieden: „Manchen muß man den Arsch lecken, damit sie bleiben."

Was immer das Erfolgsrezept der Familie Theiner in Burgeis bei Mals sein mag: Seit 1665 führt sie den Gasthof zum Mohren, die ersten 300 Jahre lang nur mit neun Betten für durchreisende Bauern und Kaufleute; 1965 hat Sepp Theiner zwei Stockwerke draufgesetzt für seine Feriengäste. Aber immer sind die Theiners Bauern geblieben, heute mit 30 Stück Rindvieh und 30 Schweinen auf zwölf Hektar Land – in guten Zeiten wohlhabend und auch in schlechten immer satt. Der Gasthof Post in Wallgau nahe Mittenwald ist gar seit 1621 in Familienbesitz, Goethe und Heine haben in ihm geschlafen, auch Mario Lanza, Richard Burton und König Leopold von Belgien. Die Lüftl-Bemalung von 1707 war die erste in der Gegend und ist bis heute eine der schönsten in den bayerischen Alpen.

Man sieht hier alle Gründe versammelt, warum die Dörfer in den südwestlichen Alpen so arm, grau und verkommen sind: Keine Paßstraße führt hindurch wie durch Burgeis zum Reschenpaß oder durch Wallgau zum Brenner; kein englischer Lord wollte so weit reisen, da doch das Berner Oberland so leicht zugänglich war und so behäbige Bauernhäuser anzubieten hatte. Obendrein sind die Franzosen und die Italiener selber noch heute schlechte Feriengäste: Im Oktober, eigentlich der schönsten Jahreszeit, was deutschsprachige Touristen längst zu Hunderttausenden nutzen, fährt in Frankreich und Italien kaum ein Mensch in die Alpen, die Kurorte sind tot und verrammelt.

Irgendwie aber muß das Elend der südwestlichen Alpen auch mit unterschiedlichen Graden von Fleiß, Phantasie, Erwerbssinn und Dienstbereitschaft zusammenhängen. Edward Whymper erzählt von dem Gastwirt im Dauphiné, der von den vielen Touristen in der Schweiz gehört hatte: ob es wirklich so viele seien? „Ja, bis zu hundert in der Gaststube", antwortete der Erstbesteiger des Matterhorns. Da schlug der Wirt die Hände über dem Kopf zusammen und rief: „Und am Ende wollen die jeden Tag Fleisch essen? Da geht es uns besser ohne sie."

Hatten Europas reisende Müßiggänger sich zunächst auf solche Regionen der Alpen konzentriert, die von Norden mit der Kutsche leicht zu erreichen und überdies durch Dichter berühmt

Die „Post" in Wallgau nördlich von Mittenwald – ein Familienunternehmen seit Jahrhunderten, Quartier für durchreisende Schauspieler und Könige, eine gelungene Mischung aus bäuerlichem Stil und städtischem Komfort, wie man sie in Österreich, Südtirol und Oberbayern zu Tausenden findet. Wer solche Häuser mag, ist in der Schweiz oft enttäuscht und in Frankreich meist entsetzt

geworden waren (wie das Berner Oberland durch Haller, der Genfer See durch Rousseau, der Vierwaldstätter See durch Schiller), so drangen sie um die Mitte des 19. Jahrhunderts auch in andere Alpentäler vor, begünstigt durch die neuen roten Reiseführer und bald auch durch die Eisenbahn. 1842 brachte der Essener Buchhändler Karl Baedeker, der 1839 mit der „Rheinreise" debütiert hatte, einen Reiseführer über Österreich, 1844 über die Schweiz auf den Markt – rotgebunden und mit Sternchen für die Sehenswürdigkeiten nach dem Vorbild des englischen Verlagsbuchhändlers John Murray, der seit 1836 seine „Handbooks for Travellers" erscheinen ließ.

So lebhaft war nun das Interesse an den Alpen und zugleich noch so gering die Kenntnis von ihnen, daß die Brockhaus-Realenzyklopädie ihre Kunden, „die gebildeten Stände", 1843 mit Gründlichkeit und Überschwang folgendermaßen belehrte:

„Reich ist das Alpengebirge an besondern Naturerscheinungen, von denen der Flachländer keine Ahnung hat. Von der Region des Firns, jener körnigen, sich um das Gebirge lagernden ewigen Schneemasse, bis zu den Muhren, jenen kegelförmigen Erdhügeln, welche die Gewalt des Wassers heranspült und quer in die Thalmündungen baut, ändert die Alpennatur ihre Scenen im mannigfaltigsten Wechsel. Hier bedecken die erstarrten Massen eisiger Gletscher das nackte Gestein, Lavinen stürzen in unabsehbare Tiefen, Bergstürze oder Bergschlipfe verschütten den Anbau friedlicher Thäler oder im Osten peitscht die Bora mit ihrer Orkankraft die aufgewühlten Schneemassen vor sich her; dort spiegelt sich die Sonne in den zerstiebten Silberfäden eines tosenden Gießbaches, in den ruhigen Fluten eines krystallhellen Sees, oder ihr Schwinden wie ihr Kommen wird dem erwartungsvollen Fremdling durch das Glühen der beschneiten Gipfel verkündet.

Der Alpenbewohner, von allen Seiten mit Alpen umgarnt, muß sich ihrer Natur hingeben, ohne ausweichen zu können; ihre Gefahren fesseln ihn ebenso wie ihre Reize; mannichfaltigste Thätigkeit nimmt all seine Zeit, seine Gedanken in Anspruch; in dem Gebirge erkennt er seinen Despoten, den einzigen Herrscher, dem er sich willig beugt, der aber auch seine Seele ergreift und ihn zu lenken versteht. Im Kampfe mit den Elementen stählt der Alpener seine Kraft an Geist und Körper, er öffnet sein Herz dem poetischen und erhabenen Eindruck der Natur, er gibt im einfachen Gesange kindlichen Frohsinn kund, er vertheidigt aber auch mit aufopfernder Hingebung seine Bergveste gegen fremde Gewalt. In den großen Thalweitungen zieht mit dem Staube der belebten Heerstraße Sitte und Geist der benachbarten Ebene ein, da wird ein eigenes alpinisches Leben immer mehr verwischt; seine Einfachheit, das charakteristische Treiben der Alpenwirthschaften, findet man noch erhalten in den höhern Seitenthälern."

In der höchsten der „großen Thalweitungen", dem Engadin, begann der Tourismus 1856 mit dem kühnen Einfall eines gewissen Johannes Badrutt, ein Hotel hoch über den altbekannten Heilquellen von St. Moritz-Bad in den Wallfahrtsort St. Moritz-Dorf zu stellen, 1853 Meter über dem Meer, unweit des schiefen Turms der Kirche des heiligen Maurizius von 1573, aber für Badegäste gänzlich ungeeignet, also wirklich nur für die neuartige Spezies der Touristen vorgesehen. Badrutts Kulm-Hotel, durch Anbau um Anbau in allen Höhen und Stilen immer mehr verlängert, liegt wuchtig und turmreich auf dem Hügel wie der Panzerkreuzer Potemkin im Trockendock, ein Fossil aus der Pionierzeit des Fremdenverkehrs, gespreizter Luxus mit rührenden Zügen.

An charmanter Häßlichkeit wurde das Kulm-Hotel 1896 vom Palace-Hotel noch weit übertroffen – laut Gregor von Rezzori einem Sporthotel im Geiste schweizerischen Bürgerstolzes, in dem „gotisches Höhenstreben mit dem mächtigen Gewuchte der Renaissance zu einer Florentiner Schottenhochmoorschloß-Architektur mit nur zarten

Anklängen an maurische Üppigkeit" verschmolzen sind.

Der Schweizer Landeskundler Emil Egli fällte 1970 mit vorsichtigeren Worten ein ähnlich vernichtendes Urteil über die Hotel-Architektur seiner Heimat: „Mit Bedauern hat das Schweizervolk erkannt, daß jahrzehntelang Bauten, denen die Geldgier den Charakter gab, auf das verzichteten, was man Natureinpassung nennen könnte. Die Hotelorte der Schweiz sind frei von jeglichem Ruhm des Geschmacks." Sie wollten bis 1914 nichts anderes sein als prunkvolle Höhenresidenzen für die reisende Aristokratie, zumal die englische. Daß man aber ohne „Natureinpassung" durchaus stilvoll hätte bauen können, zeigen die Klöster in den Alpen, darunter solche in den Dimensionen eines Grandhotels wie die gewaltige Zisterzienser-Abtei von Stams am Inn.

St. Moritz war 2000 Jahre lang ein Thermalbad, ehe die ersten Sommerfrischler kamen; schon von den Römern genutzt wie Aix-les-Bains (zwischen Genf und Grenoble). Während aber Aix nur 257 Meter hoch am Rand der Alpen liegt, hatte die Reise nach St. Moritz den Charakter einer Expedition mitten hinein ins schreckliche Gebirge; die Reichen nahmen das auf sich, weil in einer Zeit ohne fließend heißes Wasser nur Thermalquellen einem Rheumakranken Wohlbefinden boten. Auch hat die Quelle von St. Moritz einen ungewöhnlich hohen Gehalt an Kohlensäure und Mineralien.

Die erste Beglaubigung, daß sie heilsam sei, geht auf Paracelsus zurück, den Schweizer Arzt und Naturforscher, der 1535 schrieb: „Ein acetosum fontale (Sauerbrunn), das ich für alle, so in Europa erfahren habe, preise, ist im Engadin zuo Sanct Mauritz. Der desselbigen Trancks trincket, wie einer Artzney gebührt, der kan von Gesundheit sagen." Zumal aus dem nahen Italien nahmen nun leidende Reiche die beschwerliche Reise hinauf ins Engadin auf sich, „Cavaliere, Markgrafen und auch Fürsten", darunter Herzog Victor Amadeus von Savoyen und die Herzogin von Parma mit hundertköpfigem Gefolge.

Anno 1703 hielt sich der Zürcher Stadtphysikus Johann Jakob Scheuchzer in St. Moritz auf und erforschte und beschrieb zum ersten Mal, daß das Klima dort oben in den Bergen eine angenehme und für viele Krankheiten heilsame Wirkung habe; ja er kam dabei ins Schwärmen: „Ich habe in diesen wilden und einsamen Gegenden mehr Vergnügen gefunden als zu den Füßen des großen Aristoteles. Die Alpen sind wie ein Museum der Wunder der Natur."

1811 gab es in St. Moritz-Bad immerhin drei Gasthäuser, sogar mit einigem Komfort, während über der Quelle nur eine armselige Hütte stand, in der sich die Kurgäste frierend drängten. Erst 1856 waren ein Badehaus und ein Kurhaus errichtet, die dem Ruf der Quelle entsprachen – und da hatte sich das Dorf über dem Bad schon angeschickt, statt der Kranken die Touristen anzulocken.

Das jahrhundertelang abenteuerlichste Heilbad Europas war Pfäfers in der schaurigen Felsschlucht der Tamina im

Nirgends nahmen heilungsuchende Badegäste größere Schrekken und Strapazen auf sich als in Pfäfers bei Bad Ragaz: An einem Seil wurden Gebrechliche zum Badehaus auf dem Grund der Schlucht hinabgelassen, in der die Thermalquelle floß, und sie blieben unten, bis die Kur beendet war, wiederum per Seil mit Nahrung versehen. Wer hätte da von „lieblichen Bergen" sprechen sollen?

Das waren noch Zeiten, als sie ständig rauschten, die schönen Wasserfälle der Ache mitten in Badgastein, der eine 63, der andere 85 Meter hoch. Heute schäumen sie, wie die meisten in den Alpen, nur dann, wenn das nahe Kraftwerk es zuläßt. Eng ist der berühmte Badeort in eine Schlucht geklemmt, Kaiser und Könige zählten zu den Kurgästen

Sechzig Jahre lang fuhr der gute Kaiser Franz jeden Sommer nach Bad Ischl, womit er Berühmtheiten wie Bismarck und Franz Lehár anzog und zu einem Schrittmacher des Tourismus wurde. Im Alter legte er seine Wege im Tragsessel zurück

Kanton St. Gallen. Schon 1242 wurde dort das erste Badehaus gebaut, nur auf beschwerlichem Pfad zu erreichen – für Gesunde; die Kranken, die in der Thermalquelle Heilung suchten, ließ man an einem Seil in die Schlucht hinab; nach Beendigung der Kur zog man sie herauf. Heute wird das Quellwasser nach Bad Ragaz abgeleitet.

Leukerbad überm Rhônetal mit seinen zwanzig heißen Mineralquellen ist seit 1315 bekannt, Badgastein seit 1350, schon im 16. Jahrhundert mit „einem zahlreichen und glänzenden Zuspruch von Kurgästen". Vor gut hundert Jahren wuchs Badgastein zu einem zweiten St. Moritz heran, was seinen Ruf anging wie auch die Klotzigkeit seiner Bauten, die hier obendrein bedrängend wirken, weil sie in eine enge Waldschlucht gepfercht sind – eine Hotelstadt den Heilquellen zuliebe; die Natur wurde dabei zugebaut, so gut es ging. Man wollte kuren, und wenn man etwas sehen wollte, dann nicht Berge, sondern prominente Kurgäste wie Bismarck, Kaiser Wilhelm I., Kaiser Franz Joseph, den Kaiser von Brasilien oder die Könige von Belgien, Rumänien und Griechenland.

Zur Sommerresidenz aber nahm Kaiser Franz Joseph 1854 für sechs Jahrzehnte Bad Ischl mit seinen Salz- und Schwefelquellen und machte damit das liebliche Tal zum Treffpunkt von Politik, Adel, Kunst und Hochfinanz: Brahms, Johann Strauß und wiederum Bismarck waren unter den Gästen, Franz Lehàr ließ sich in Ischl nieder. Und wie das Bad St. Moritz das Engadin für den Tourismus aufschloß, so Bad Ischl das verwunschene Salzkammergut, die jahrhundertelang für Fremde gesperrte kaiserliche Salzdomäne mit ihrer Fülle lieblicher Seen zwischen Wald und Fels.

Die steirische Seite des Salzkammerguts hatte inzwischen der volkstümliche Erzherzog Johann bereist und populär gemacht: Mit einem Troß von Naturforschern, Volkskundlern und Zeichnern durchzog er die Steiermark, um ihre Geschichte und die Lebensgewohnheiten der Bauern zu erkunden. Auf einer seiner Reisen, 1819, verliebte sich der 37jährige General der Kavallerie und Generaldirektor des k.u.k. Fortifikationswesens in Anna Plochl, die 15jährige Tochter des Postmeisters von Bad Aussee; am Ufer des Toplitzsees erinnert ein Gedenkstein an die Stätte der ersten Begegnung.

Daß der Erzherzog seine Anna von der Post 1827 wirklich heiratete, womit er sich das Recht des Aufenthalts am kaiserlichen Hof verscherzte – das war für das Ausseer Land eine Gottesgabe. Grillparzer, Stifter, Eichendorff machten dort Ferien und vergrößerten seinen Ruhm, noch 1934 lernte man an Berliner Gymnasien im Musikunterricht das Lied „I bin der Altausseer Postillon", und noch heute ist der „Erzherzog-Johann-Jodler" der Schlager der „Heimatabende" in Österreichs Alpen.

Weniger auffällig, aber ebenso wirksam förderte Prinz Luitpold von Bayern den Fremdenverkehr: 1851 machte er den Flecken Oberstdorf zu seinem Jagdsitz, und daß Luitpold 1886 an Stelle seines Neffen Ludwig II. die Regentschaft übernahm und daß er erst 1912 mit 91 Jahren starb – dagegen hatten die Oberstdorfer nichts.

Zermatt erlebte seine Sternstunde 1865 – denn, es läßt sich nicht leugnen: Berühmt wurde das Bergdorf im hintersten Winkel des Wallis durch den Bericht der Londoner „Times" über den vierfachen Tod bei der Erstbesteigung des Matterhorns, dem seit Jahren am heißesten begehrten Berg der Erde.

Das Dorf war ja alt, der Theodulpaß unterm Matterhorn schon eine Römerstraße für Maultiere und Lastenträger gewesen. Um 1700 wurden vor allem Ziegenbälge voll italienischen Weines über den Paß nach Norden geschafft, im Zermatter Tal lagen hundert verstreute Höfe. 1812 konnte der Ortspfarrer zwölf Gäste registrieren, 1855 bauten die Brüder Seiler – für Zermatt so wichtig wie die Badrutts für St. Moritz – den Drei-Betten-Gasthof im Dorf zu einem Hotel mit 35 Betten aus und nannten es „Monte Rosa", dem zweithöchsten Berg der Alpen zu Ehren, der im selben Jahr von fünf Engländern mit drei einheimischen Führern erstmals bestiegen worden war.

Neun Jahre nach der Sensation vom Matterhorn, 1874, war Zermatt schon „über und über mit Fremden vollgestopft", jedenfalls nach den Maßstäben jener Zeit, und das Matterhorn wurde in einem Sommer dreizehnmal erklommen. 1891 schnaufte die erste Dampflokomotive nach Zermatt hinauf, und schon 1898 nahm die Zahnradbahn auf den Gornergrat ihren Betrieb auf, den 3131 Meter hohen Aussichtsbalkon dem Monte Rosa gegenüber, die höchste Bergbahn Europas bis 1912.

Dies war der vorläufige Höhepunkt einer Entwicklung, die erst 1868 in Amerika begonnen hatte: in die Höhe mit Maschinenkraft! Auf den Mount Washington nördlich von Boston wurde die

Als Zermatt noch ein Dorf mit zwei Hotels war, zogen die Ziegen der Bauern durch die Straßen. Heute treibt die Gemeinde gemietete Ziegen täglich über den Flanierboulevard, allein um die Touristen zu entzükken. Dagegen haben die Pferdekutschen noch eine wirkliche Aufgabe

Ist dies noch jener Pilatus über dem Vierwaldstättersee, dessen Besteigung einst von der Kirche ausdrücklich verboten war? Seit 1889 führt eine Zahnradbahn bis fast auf den Gipfel, und das Hotel Pilatus Kulm (2070 m) gehört zu den klotzigsten auf Bergeshöhen

So hatte es angefangen: 1871 mit der Dampfbahn auf den Rigi, ebenfalls über dem Vierwaldstättersee. Die Wagen hatten damals kein Glas in den Fenstern, sondern nur Gardinen

erste Zahnradbahn gebaut. Während die herkömmliche Reibungsbahn eine Steigung von maximal vier Prozent bewältigen kann (auf hundert Meter Entfernung vier Meter Höhendifferenz), schafft die Zahnradbahn bis zu 48 Prozent – so die auf den Pilatus überm Vierwaldstätter See, 1889 eröffnet und bis heute die steilste der Erde.

In den Alpen machte 1871 die Bahn auf den Rigi den Anfang, den berühmten, 1797 Meter hohen Aussichtsberg über dem Vierwaldstätter See; Goethe hatte ihn bestiegen, ein Gasthaus stand seit 1816 auf seiner Spitze. Die einen wanderten hinauf, mit Strohhut und „Alpenstange" (dem mannshohen Bergstock), die anderen setzten sich auf Pferd oder Esel, die dritten ließen sich auf Tragsesseln schleppen. Von Kaiserin Sissi wissen wir, daß sie 1890 fünf Männer aus Altaussee brauchte, um den Gipfel des Loser (1838 m) zu erreichen: Zwei trugen sie, zwei ruhten sich aus, der fünfte führte die vier.

Nun also warfen sich die feinen Leute der wilden Bergnatur mit Dampfkraft an den Busen. Die Lokomotive der Rigibahn bestand aus einem senkrecht montierten Dampfkessel auf fünf Rädern: Das fünfte war ein Zahnrad, das in eine Zahnstange zwischen den Schienen griff. So schob sie den Wagen für die Passagiere vor sich her. 1937 wurde die Rigibahn elektrifiziert; heute schaufeln am Rigi zehn Bahnen und Lifte die Fremden bergauf.

1893 erreichten Zahnradbahnen die Kleine Scheidegg im Berner Oberland und den Schafberg überm Wolfgangsee nahe Bad Ischl, eine Standseilbahn mit sogar 62 Prozent Steigung das Stanserhorn überm Vierwaldstätter See. Standseil, das heißt: Die Wagen, die auf Schienen rollen, werden von einem umlaufenden Seil gezogen, wobei das Gewicht des bergabfahrenden Wagens den bergauffahrenden ziehen hilft.

1899 waren in der Schweiz schon 46 Zahnrad- und Standseilbahnen in Betrieb, die in einer Saison sechs Millionen Passagiere beförderten. Der Massentourismus zeichnete sich ab. Welches unglaubliche Vergnügen aber, in einer Zeit, die noch kein Auto kannte und später nur ein paar dieser Knatterkutschen in den Städten, ohne Mühe und Gefahr bergauf zu gleiten, manchmal zwar in Dampfwolken gehüllt, aber mit einer Orgie für die Augen belohnt, von der kein Flachländer hätte träumen können. Die Alpen – das große Naturerlebnis nun auch für Lahme und Faule!

Während immer mehr Aussichtspunkte durch Bergbahnen erschlossen wurden, fehlte einigen großen Touristenzentren noch der Anschluß an die schlichte Schiene. Alle frühen Alpenbahnen – ob über Semmering, Mont Cenis, Gotthard oder Brenner – waren ja Durchstiche wie die Römerstraßen, nicht *in* die Alpen zielend, sondern über sie hinweg. Dazu kamen problemlose Stichbahnen an den Alpenrand wie nach Bad Tölz (1874) oder ins Zillertal (1902). Doch in die heute größte Touristenballung der Alpen, die Hochtäler Graubündens, führte kein Gleis. Als 1896 in St. Moritz das bald weltberühmte Palace-Hotel eröffnet wurde, blieb die kürzeste Verbindung ins Oberengadin noch immer eine zweitägige Reise mit der Postkutsche oder dem Pferdeschlitten von Chur über den Julierpaß.

Es war zuerst der Kurdirektor von Davos, der mit Hilfe eines Bankenkonsortiums den Anschluß an die Bahn herstellte: 1890 stieg Lokomotivenqualm in die Höhenluft, die 1865 als heilkräftig für Lungenkranke entdeckt und rasch bekannt geworden war. Während bis dahin das Höhenklima gerade für Schwindsüchtige als nachteilig gegolten hatte, fand in jenem Jahr der Arzt Dr. Friedrich Unger Heilung in Davos, nachdem er von einem Sanatorium in Schlesien ungeheilt entlassen worden war. Die dort üblichen Liegekuren übertrug er mit Erfolg auf das trockene, sonnenreiche Höhenklima, seine ehemaligen Leidensgenossen aus Schlesien zog er nach. 1878 entstand in Davos das erste jener Sanatorien, die schließlich durch Thomas Manns Roman „Der Zauberberg" berühmt geworden sind. Heute ist das ehemalige Walserdorf eine elf Kilometer lange Häuserkette mit 12 000 Einwohnern und laut Verkehrsamt die höchste „Stadt" der Alpen, während die Gemeindeverwaltung versichert: „Eine Stadt sind wir nicht und wollen wir nicht sein."

Doch wie leicht war der Schienenstrang von Landquart über Klosters nach Davos zu legen gewesen, verglichen mit einer Eisenbahn ins Oberengadin: 1888 wurde die private „Rhätische Bahn" gegründet, 1904 dampfte der erste Zug in den Bahnhof von St. Moritz. Dazwischen lagen dramatische Entscheidungen: über die Spurbreite (nur einen Meter statt der üblichen 1,43), über die Trasse (unter dem Albula-Paß hindurch, nicht unter dem Julier) und über die Antriebsart: keine Zahnradbahn, sondern eine normale Reibungsbahn mit einer maximalen Steigung von 3,5 Prozent – also einer unglaublichen Fülle von Kurven und Spiralen über Rampen, Brücken, Viadukte, durch Tunnels und Galerien, um Abgründe zu meistern und die Steigung durch Streckung zu mildern. Derselbe Fluß erst rechts, dann links, dann wieder rechts in der Tiefe, Gleisschleifen irgendwo am Hang ohne erkennbaren Zusammenhang mit der Fahrtroute, Finsternis jäh mit Höhensonne wechselnd, Kehrtunnel, die Berge zu versetzen scheinen, dabei unverdrossen vorangerollt mit der Emsigkeit einer rasenden Nähmaschine, nach sieben Schluchten der Ruf „Filisur", obwohl man nicht geglaubt hätte, daß ein Dorf hier Platz hat – eine unvergleichliche Hochzeit von Natur und Technik, am besten im Speisewagen zu feiern. 1914 schließlich hing auch Arosa an den Schienen; die Erschließung der großen Alpentäler durch die Eisenbahn war damit abgeschlossen.

Nicht die der Berge. Warum nicht auf die Gipfel fahren, auf die höchsten, wenn technisch nun alles machbar war? Im Jahr 1900 plante eine italienische Gesellschaft eine Bahn aufs Matterhorn, das letzte Stück als Fahrstuhl innerhalb der Gipfelpyramide – Entrüstung und Proteste bei Naturfreunden

Einer der großen Rummelplätze des Tourismus, seit 1898 die Zahnradbahn eröffnet wurde: der Gornergrat (3131 m) mit dem gewaltigen Panorama vom Monte Rosa bis zum Matterhorn. In den Alpen ziehen heute fast 13 000 Schienenbahnen, Schwebebahnen und Schlepplifte ein Millionenheer bergauf, das seine Füße schonen will

Der Auftakt zum Ruhm und zum Rummel: Auf dem Gurgler Ferner ging Auguste Piccard 1931 mit seinem Stratosphärenballon nieder, eine Junkers F 13 machte ihn aus, und das bis dahin kaum bekannte Dorf Obergurgl im allerhintersten Ötztal kam in alle Zeitungen

und allen Bergsteigern von Zürich bis London. 1906 wollte ein Zürcher Ingenieur das Matterhorn mit einem steilen Tunnel anbohren und auf dem Gipfel einen Druckluft-Aussichtsturm errichten – realistischerweise, denn die Luft ist dünn da oben; auch dieses Projekt scheiterte an der öffentlichen Empörung. 1946 unternahm eine italienische Firma den ernstesten Versuch, bis zum Furggengrat (3488 m) gelangte ihre Schwebebahn, von dort aus sollte der letzte Höhenkilometer mit einem Seil ohne Stütze überwunden werden. Sechs Jahre dauerte es diesmal, bis die Planer niedergerungen waren, die italienischen Behörden erklärten ihre Seite des Matterhorns zum Naturschutzgebiet. 1933 hatte der Deutsche und Österreichische Alpenverein den Plan einer Seilbahn auf den Großglockner vereitelt.

Die höchsten Alpengipfel, die sich per Bahn erreichen lassen, sind seit 1948 die Aiguille du Midi (3842 m) über Chamonix und seit 1982 das Kleine Matterhorn (3883 m) über Zermatt, sieben Kilometer vom großen Matterhorn entfernt: Kabinen für 100 Personen, angetrieben von 2100 PS, 4000 Kubikmeter Fels abgesprengt und dafür 1700 Kubikmeter Beton verbaut.

Auch die Jungfraubahn, die technisch bemerkenswerteste und jahrzehntelang berühmteste der Alpen, sollte ursprünglich bis auf den 4158 Meter hohen Gipfel führen. Seit 1912, nach 22jähriger Bauzeit, endet sie auf dem Jungfraujoch in 3454 Metern Höhe: in einer unterirdischen Tourismus-Landschaft, die nur widerwillig den Weg in den ewigen Schnee freigibt – und dies an einem Punkt, der *nicht* zu den dankbaren Aussichtsplätzen der Alpen zählt. Die Jungfraubahn machte Furore als die erste elektrisch betriebene Bergbahn, deretwegen 1898 in Lauterbrunnen das erste Wasserkraftwerk der Alpen errichtet wurde; Vorläufer einer Fülle von künstlichen Seen, Staumauern und Turbinen, die das Gesicht des Gebirges verändert haben.

Wie es weiterging mit der Erschließung und Überfüllung der Alpen, das haben viele von uns noch miterlebt. 1931 ging der schweizerische Physiker Auguste Piccard, Professor in Brüssel, nach seinem Höhenweltrekord von 15 781 Metern mit seinem Stratosphärenballon auf dem Gurgler Ferner nieder; da drängten sich Journalisten aus einem Dutzend Ländern im Postraum des Hotels Edelweiß und telefonierten zugleich mit der Nachricht von Piccard die Nachricht, daß es Obergurgl gibt, in alle Welt hinaus – wie einst, 1865, Zermatt als der Ort der Matterhorn-Tragödie berühmt geworden war.

1933, als Hitler sogleich die Devisenbewirtschaftung einführte und damit den österreichischen und schweizerischen Hoteliers einen Schlag versetzte, begann das oberbayerische Dorf Ruhpolding aufzublühen: Der Berliner Reiseveranstalter Carl Degener leitete dorthin die ersten Pauschalreisen, eine Woche Alpenluft mit Vollpension und Schuhplattler-Abend ab Berlin für 69 Mark – in einem Ort allerdings, in dem der Aushang „Zimmer mit fließend kaltem Wasser" erst drei Jahre später auftauchte. Ruhpolding ist ein überraschend hübsches Dorf geblieben, Wellenbad, Kunsteisbahn, Schießanlage und Drachenflugzentrum haben es nicht verunstalten können – aber eben deshalb sind die Bürger sorgenvoll: Großhotels würden das Ortsbild entstellen, ohne Großhotels schrumpfen „beim heutigen Komfortdenken" die Übernachtungszahlen.

1935 wurde die Großglockner-Hochalpenstraße eröffnet. Sie leitete eine Wende ein, die sich dann in den fünfziger und sechziger Jahren vollzog: Zur Fahrt in die Alpen wie zur Fahrt innerhalb des Gebirges wurde mehr das Auto benutzt als die Eisenbahn. Dies wiederum hatte Folgen weit über den Straßenverkehr und den Straßenbau hinaus – es trug dramatisch zur Verwandlung der Alpendörfer bei.

Denn in der Tendenz war es ja so: Mit der Postkutsche war die Aristokratie zum Grandhotel gefahren. Mit der Eisenbahn fuhr das gehobene Bürgertum zum Hotel oder zur Familienpension. Mit dem Auto fahren die Massen zur

Ferienwohnung, während die gehobenen Bürger sich die ständige Zweitwohnung leisten. So führte ein direkter Weg von den Autobahnschleifen auf den Betonstelzen zu den Appartementhäusern mit vier, acht oder sechzehn Etagen, deren Fensterläden im Durchschnitt 47 Wochen im Jahr verrammelt sind, den sogenannten Alpenkasernen: Betonsilos, Wohntürmen oder Riesenchalets.

Während den städtischen Hochhäusern von Innsbruck, St. Moritz, Luzern, Sion oder Sestrières noch eine gewisse großstädtische Ehrlichkeit anhaftet, sind die Riesenchalets von Bad Mitterndorf oder Crans-Montana groteske Sinnbilder eines Dilemmas: Wie bringt man 150 Wohnungen in einem Haus unter, das vom Stil der Bergbauernhäuser wenigstens ein Element behalten soll – das Satteldach? Freilich steil und schmal, wie die vielen Wohnungen es fordern, nicht flach geneigt und langgestreckt, wie es die Bauern brauchten: lang, weil es beim Einhof Wohnung, Stall und Scheune überdeckte; flach, damit die Legschindeln nicht abrutschten, die nur von querlaufenden Stangen mit Steinen darauf festgehalten wurden.

Schindeln sind Brettchen von etwa siebzig Zentimetern Länge und zehn Zentimetern Breite, aus Lärchen-, Tannen- oder Fichtenstämmen geschnitten. Nun sterben die Schindeldächer zwar bei den Bauern aus, weil Dächer aus Ziegeln, Blech oder Eternit heute billiger und vielerorts feuerpolizeilich vorgeschrieben sind – aber die Silhouette des flachen Satteldachs, die einst aus der Schindeldeckung (und nur aus ihr) folgte, gilt den Stadtmenschen als so alpentypisch wie die Kuhglocken, und folglich muß sie bleiben.

Auf Häuser von nur zwei oder drei Etagen läßt sich das flache Satteldach wenigstens ungezwungen setzen. Übernimmt der Architekt von den Bauernhäusern auch noch die Mischung aus Holz und Stein und den obligatorischen Balkon, so steht es da, wie wir es alle kennen: das alpine Einheitshaus im nachgemachten Heimatstil. In der Schweiz heißt es freundlich *Chalet*, in Österreich und Bayern wird oft spöttisch von „Jodlerhäusern" im „Sepplhosenstil" gesprochen oder gar vom „geranientriefenden Kaschperl-Barock". Doch einiges daran ist schief.

Die Geranien sind nämlich noch das Echteste am Seppl-Look: Überall im deutschsprachigen Alpenraum waren Blumen der Stolz der Bäuerin, lange ehe die Touristen kamen. Im Engadin oder im Vinschgau, wo die Häuser meist keinen Balkon besitzen, sind dafür die Fenstersimse mit Geranientöpfen vollgestopft, und wenn im Frühling Nachtfrost droht, räumt die Bäuerin Abend für Abend alle Töpfe ins Zimmer.

Der Balkon – bei den Bauern „Laube" – war natürlich weder zum Schmuck da noch zum Sonnenbaden, sondern zum Trocknen der Wäsche und zum Dörren von Kräutern und Früchten. Auch sollte er die empfindliche Fuge zwischen Steinfundament und hölzernem Aufbau vor Regen schützen. Doch daran sieht man schon, daß es einen alpinen Einheitsstil nicht gibt: Im Engadin, im Tessin, in den südwestlichen Alpen sind die Bauernhäuser nur aus Stein; in Oberbayern waren sie früher ganz aus Holz; und kombinieren lassen sich die beiden Werkstoffe auf sehr verschiedene Weise: In Vorarlberg ist oft nur die Küche aus Stein, im Emmental nur das Fundament, die alten Walliser Häuser haben Stein zum Hang und Holz zum Tal.

Auch was eigentlich ein „Chalet" ist, läßt sich nicht klar definieren. Ursprünlich war es ein schweizerisches Wort für die Sennhütte. Dann wurde es sprichwörtlich für das „Schweizerhäuschen" – sowohl für die Häuser der Bergbauern als auch für die Landhäuser im Bauernstil, die reiche Leute aus der Stadt sich in die Alpen stellten. Nun ist es überwiegend das Wort für die typischen Häuser der Alpenfremden geworden: unten Stein, oben Holz, Satteldach darauf, Balkon davor – manchmal fünfzig Sepplhäuser in einer Reihe, einander fast zum Verwechseln ähnlich wie in Bad Wiessee oder Reit im Winkl.

Die meisten Läden sind geschlossen: Ferienhäuser in Grimentz überm Val d'Anniviers südlich von Sierre im Wallis. Im Durchschnitt stehen solche Häuser in 47 von 52 Wochen leer, nützen keinem, freuen keinen – Außenposten der Großstadt im nachgemachten Bauernstil mit Balkon und Satteldach

Doch der Stil, den die Erfordernisse des Lebens in der Höhe und der Geschmack der Bergbauern geschaffen haben, läßt auch wohlgeratene Nachahmungen zu. Vielen Chalets haftet etwas Gemütvolles und ungemein Appetitliches an, ja sogar etlichen Hotelneubauten der letzten zwanzig Jahre: in Mayrhofen im Zillertal, in Neustift im Stubai, in Plangeroß im Pitztal, in Ischgl im Paznaun.

Wer aber diesen holz-, balkon- und erkerseligen „Heimatstil" kitschig fände oder lebkuchenhaft, der müßte eine Antwort auf die Frage wissen: Wie sonst soll man in den Alpen bauen? Sind die verschnörkelten Hotelpaläste des 19. Jahrhunderts passender oder die Betonkasernen der französischen Skistationen oder auch nur die phantasielosen Einheitsfassaden von Zermatt, wiewohl mit Balkon und Satteldach? Im „Schweizerischen Tourismuskonzept" von 1979 wird zwar vor dem „Imitations-Heimatstil" gewarnt, vor einem „Allerwelts-Stadtstil" aber auch, und empfohlen wird eine eigenständige, meist ländliche Bauweise ohne Beton und Blech, „die den Gästen aus verstädterten Gebieten das gewünschte Kontrasterlebnis ermöglicht".

Das städtische Bedürfnis nach Alpenromantik läßt sich bei den Häusern also durch geschickte Neubauten weiterhin befriedigen. Den Bedarf an Brauchtum decken die Älpler sogar spielend: Sie haben Bräuche hinzuerfunden, damit die Touristen auf ihre Kosten kommen – den Watschentanz in Bayern und Tirol, das Alphornblasen in Oberbayern, wohin es erst in jüngster Zeit aus der Schweiz importiert worden ist, im Tessin ein ganzes Geflecht aus Blumenkorso, Karneval und Holzschuhtanz, das die Einheimischen früher nie kannten.

Was aber die Fremden in den Alpen von jeher am meisten schätzten, ist am stärksten gefährdet und mancherorts kaum noch zu retten: die Alm. Die Kuh, die Glocke, die Sennerin, die blühende Wiese, der freie Blick hinab ins Tal – nichts hat die Wegbereiter des Tourismus mehr entzückt als dieses

In den französischen und italienischen Alpen wird irgendeine Anpassung an den Baustil der Einheimischen meist gar nicht erst versucht – so wenig wie einst in St. Moritz und Badgastein, nur eben heute höher und vorzugsweise in Beton wie hier in Chamonix, dem Montblanc zu Füßen

Produkt des Niederbrennens der Bergwälder, und nichts bereitet den Fremdenverkehrsdirektoren so viel Alpdrücken wie die beginnende Rückverwandlung vieler Almen in Wald. „Die Kuh muß bleiben!" heißt ein Aufsatz des Tourismusforschers Jost Krippendorf aus Bern. „Erst gehen die Kühe, dann gehen die Gäste!" lautet eine alpine Spruchweisheit, oder auf bayerisch: „Wo koa Rindviech mehr frißt, fahrt koa Preiß mehr hi."

Wie mag das zusammenhängen? Es gibt da einen uralten Hang des Stadtmenschen zu den Hirten und ihren Tieren, eine eigene literarische Gattung hat er sich geschaffen: die „Schäferpoesie", erfunden im 3. Jahrhundert v.Chr. von Theokrit von Syrakus; er amüsierte die gebildeten Stände mit bukolischen Liedern von tändelnden Schäfern und Schäferinnen, zumal dann, wenn die Stadtmenschen einen Schäfer nie aus der Nähe gesehen hatten. Vergil schrieb für die Römer einen Zyklus von Hirtengedichten („Der Abendstern blinkt, ihr seid satt, geht heim, meine Ziegen!"). Im Barock erlebten Hirtenromanzen eine neue Blüte; das letzte berühmt gewordene Schäferspiel schrieb 1768 der 18jährige Goethe: „Die Laune des Verliebten".

Zuvor aber, 1732, hatte Albrecht Haller die sonst meist freischwebende Hirtenromantik an einem konkreten Ort festgemacht, den Alpen eben:

Die Hirtin grüßt den Mann,
der sie mit Lust erblicket,
Der Kinder muntrer Schwarm
frohlockt und spielt um ihn,
Und ist der süße Schaum
der Euter ausgedrücket,
So sitzt das frohe Paar
zu schlichten Speisen hin.
Begierd' und Hunger würzt,
was Einfalt zubereitet,
Bis Schlaf und Liebe
sie umarmt ins Bett begleitet.

Da fand also Ludwig Ganghofer aus Kaufbeuren eine noble Tradition vor, als er von 1880 bis 1914 in Dutzenden von Romanen, Erzählungen und Volksstücken mit riesigen Auflagen die

Welt der Alpen und der Gipfel verklärte, und bei Ganghofer wiederum fand die Ufa ihren Stoff für jene populären Filme, in denen sie die Lüge von der schmucken und meist liebestollen Sennerin vollends in Millionen Hirne pflanzte – mit so rechthaberischem Nachdruck, daß ich an Tirol verzweifelte (nicht an der Ufa), als ich 1941 auf der Gindelalm bei Söll zum erstenmal eine Sennerin erblickte: eine von Arbeit gekrümmte Muhme mit Barthaaren auf dem Kropf.

Almrausch ist eben nicht nur eine Pflanze, nämlich die Alpenrose, sondern zugleich ein treffendes Wort für das trunkene Schwärmen, in das viele Stadtmenschen verfallen, wenn sie im Buch, im Kino, vielleicht sogar beim Wandern an dieses wundersame Bauernwerk zwischen Wald und Fels geraten, in ein Museum mittelalterlichen Fleißes und härtesten Kampfes gegen die Natur, wo selbst die Kühe glücklich sind, wie Schokoladen- und Kondensmilch-Industrie mit Erfolg behaupten.

Und warum ist dieses Idyll bedroht? Weil die Bergbauern es so idyllisch niemals gefunden haben. Wenn sie ihre Höfe verlassen, verfallen auch die Almen. Wo sie noch Almwirtschaft betreiben, versuchen sie, sich wenigstens von einer ihrer Plagen zu entlasten: Sie käsen nicht mehr, sondern lassen die Milch durch eine Pipeline zur Molkerei ins Tal laufen; das ist im Allgäu häufig – nur acht Prozent des „Bergkäses" werden dort noch auf dem Berg gemacht. Oder sie wollen auch nicht mehr melken und treiben deshalb nur Jungvieh auf die Alm, „Galtalm" heißt sie dann; so wurden 1983 auf den 658 Almen Oberbayerns nur 2000 Kühe, aber 20 000 Stück Jungvieh „gesömmert". Auf allen Almen der Alpen zusammen weiden schätzungsweise 180 000 Kühe, eine Million andere Rinder und 1,3 Millionen Schafe – die vor allem in Frankreich und Italien.

Oder niemand wohnt mehr auf der Alm, sondern Bauer oder Bäuerin besuchen sie täglich mit Hilfe eines „Wirtschaftsweges": einer der unzähligen Asphaltstraßen, die der Staat den Bergbauern nachgeworfen hat, um sie bei Laune zu halten, zum Ärger vieler Wanderer und zum Entsetzen der Naturschützer. Wo die Alm noch bewohnt ist für die sprichwörtlichen hundert Tage von Juni bis September, da wird oft der Großvater hinaufgeschickt, so bei den Pfaffingers auf der Mitterleiten über Sachrang; oder die Bauern werben Studenten als Saisonarbeiter an (in Tirol), sogar „Aussteiger", die überwiegend gelobt, aber selten geliebt werden: „pélas" nennt man sie in der französischen Schweiz, ein Kunstwort aus „Fell" (pelage), „Haarausfall" (pelade) und „abgewetzt" (pelé).

Viele Wanderer zumal mögen die Abgewetzten nicht, sie verstoßen gegen das Erwartungsbild noch gröber als eine runzlige Bäuerin. Zusammen mit den Naturschützern sind die Touristen auch verärgert über das Sterben der bunten Bergwiesen: Immer mehr Weiden werden mit Mineraldünger bestreut, was die Wiesen einförmig gelb von Löwenzahn oder weiß von Kerbel macht, wo früher Arnika, Knabenkraut und Männertreu blühten, Rotklee, Butterblumen, Enzian, Wiesensalbei und Vergißmeinnicht.

Wollte man aber die Bauern daran hindern, ihre Erträge auf so simple Weise zu vervielfachen, so würde man erleben, daß noch mehr Almen aufgegeben werden und verwildern. Sie überziehen sich dann zunächst mit einem Gras- und Krautfilz, der Schneerutsche begünstigt, und ist der Schnee festgefroren, so kann er die Humusdecke mitreißen. Es sind dieses Risiko und der unordentliche Anblick der ersten Jahre, über die in jüngster Zeit viele Artikel geschrieben werden. Doch das meiste, was dann folgt, ist nützlich – nur daß es eben den Touristen ihre Almen raubt.

Alpenrosen, Erika, Bergwacholder, Heidelbeeren sprießen, zwischen ihnen halbvergessene Blumen; Käfer und Schmetterlinge lieben das Brachland, und in ein bis drei Jahrzehnten hat der Wald sich sein Reich zurückgeholt. Es könnte ein wunderschöner Mischwald aus Lärchen, Arven, Tannen und Fichten sein, wenn nicht unsere Jäger zu viele Hirsche und Rehe, Gemsen und Steinböcke am Leben ließen, die sich von jungen Bäumen nähren. Nur Fichten verschmähen sie, und so wachsen überwiegend Fichtenwälder nach, die anfällig für Sturmschäden und sauren Regen sind.

Immerhin: Auch Fichtenwald speichert Grundwasser und hält bei einem Wolkenbruch 95 Prozent des Wassers zurück – ein Wiesenhang nur 40 Prozent; er verhindert Erosion und kann vor Lawinen schützen: In den bayerischen Alpen gehen drei Viertel aller Lawinen von Almen nieder. Kurz, die Verwaldung von Almen beseitigt manches Unheil, das die Bauern einst mit der Entwaldung angerichtet hatten.

So wird in den französischen Alpen schon seit 1860 planmäßig aufgeforstet, freilich nach besonders radikaler Rodung. In Italien haben Gemeinden und Regionen das Recht, Brachland aufzukaufen und notfalls zu enteignen, um es aufzuforsten; an den Kosten privater Aufforstungen beteiligt sich der Staat mit 75 Prozent, und die Erträge daraus sind steuerfrei.

Teils, weil die Bauern nicht mehr wollen, teils, weil die Forstbehörde es so will, breiten sich die Wälder in den Alpen also wieder aus. Kärnten ist heute zu 57 Prozent mit Wald bedeckt, die Steiermark zu 49 Prozent. Viele Touristen mögen das – ich auch. Ich mag die grüne Pracht im Trafoier Tal unter den weißen Flanken des Ortlers, die mächtigen Wälder der Brenta, die von Laubwald überwucherten und gerundeten Felsen der Brescianer Alpen westlich des Gardasees; ich liebe die Waldschlucht der Glandon am Osthang der Belledonne-Kette, wo das Laubdach kilometerweit nirgends einen Blick auf den Grund gestattet.

Würden die Alpen nicht auch ein bißchen schöner, wenn wieder Wald die Wiesenhänge unter der Kleinen Scheidegg oder über St. Moritz be-

Das ist es, was die Alpen einst berühmt gemacht hat: der Dreiklang von weißen Bergen, grünen Wiesen und zufriedenen Kühen, wie unter der Jungfrau im Berner Oberland, dem nächst dem Matterhorn am meisten fotografierten Berg der Erde. „So sehen die Gedanken des lieben Herrgott aus", schwärmte hier 1831 der Komponist Felix Mendellssohn-Bartholdy

Sommerskilauf auf dem Rettenbachferner über Sölden im Ötztal – Parkplatz am Gletscherrand, Sonnenbad unter der Stoßstange. Kein Sport, der in den Alpen nicht betrieben würde – Segelregatta auf dem Chiemsee. Zell am See bietet an: Skilaufen und Windsurfen am selben Tag

deckte, die von Wegen, Abschneidern und Pisten hundertfältig zersäbelt sind? Und wenn das die Skifahrer behindern und einige Touristen fernhalten würde – wäre das nicht unter manchen Aspekten ein Gewinn?

Doch natürlich: Arm in Arm mit der Mehrzahl ihrer Gäste wünschen die Einheimischen das nicht, soweit sie am Tourismus verdienen, und das tun die meisten. Das Problem heißt also: Wie können die Fremden und die Nutznießer des Fremdenverkehrs die geliebten Almen retten – da doch die Bergbauern, die allein sie retten könnten, am wenigsten von den Touristen profitieren?

„Für Millionen von Besuchern der Berggebiete haben Sie in harter Arbeit die Almen und Alpen gepflegt", sagte der bayerische Landwirtschaftsminister 1983, als er einigen altgedienten Sennerinnen die Staatsmedaille überreichte, darunter der 90jährigen „Fetzen-Resi", die auf 70 Almsommer zurückblicken konnte. Ein erstaunlicher Satz: Den „Besuchern" also hätte all die Plage gegolten? Und was haben die Besucher dafür bezahlt? Nützt der Tourismus einfach die „bergbäuerliche Beharrlichkeit" aus, ohne direkte Leistungen an die Bergbauern zu erbringen? So fragte die „Neue Zürcher Zeitung" 1982, und ihre Antwort hieß: Ja.

Das Jahrbuch 1984 des Deutschen Alpenvereins rechnet vor: „Der Großteil des im Fremdenverkehr erzielten Bruttoregionalprodukts ist durch die vom Bauern geschaffene Landschaft bedingt. Einen auch nur annähernd gerechten Lohn hierfür erhält er nicht. Anderswo nennt man das Ausbeutung." Und Regierungsrat Tobias Kuoni aus Graubünden sagt es messerscharf: „Der Bergbauer müht sich auf seiner kargen Scholle nicht ab, um dem Besucher des Alpenraums eine Landschaft anzubieten, die diesen erbaut."

Entweder also muß ein Einfall her, wie jene, die die Almen genießen, diejenigen bezahlen, die die Almen unterhalten (vielleicht durch eine „Almtaxe" zusätzlich zur Kurtaxe) – oder die Almen werden sterben.

Die ohnehin schwindende Minderheit jener Bergbauern, die am Tourismus

nicht verdienen, entwickelt unterdessen Abneigung gegen die Fremden, ja zunehmend Aggression und Haß. Hier prallen zwei Welten aufeinander wie einst bei Spaniern und Indianern: die plappernden Damen in Shorts mit dem Kofferradio in der Hand, die einen Überschuß an Zeit und Geld provokant zur Schau tragen, und die Greisin in schlappenden Röcken, gebeugt unter der Last einer riesigen Kiepe voll Heu und ohne einen Ferientag in ihrem Leben. Wenn sie sich begegnen, bleibt ihnen nur die Wahl zwischen Mitleid, Neid und Verachtung – und in jedem Fall die Peinlichkeit. Der Tourist hat den Bergbauern in seinem Stolz verletzt und seine Leidensbereitschaft, die Bedingung jedes Älplerlebens, lächerlich gemacht.

Früher haben die Bauern diese Sorte Mensch, soweit sie nicht ins Geschäft mit ihr kamen, als ein weiteres Leid auf der langen Liste ihrer Nöte hingenommen. Inzwischen hat der Touristenstrom sie in ihrer eigenen Heimat dermaßen an den Rand gespült, daß sie schon mal einen Fremden anbrüllen, der über ihre Wiese latscht. Vor allem versuchen sie, das ihnen besonders verhaßte fahrende Volk zu verscheuchen, das seit einigen Jahren, mit Motorrad und Schlafsack ausgerüstet, vielerorts so tut, als gehörte ihm die Alpen. Tourismus-Experten sprechen vom „Aufstand der Bereisten".

Doch wahrscheinlich nicht mehr lange – die reinen Bauern sterben ja aus; und wenn sich ein Einheimischer erst einmal an der Ausbeutung der Fremden beteiligt, die zur Ausbeutung der Natur in sein Land gekommen sind, dann mindern sich die Gegensätze. Ein derart geschäftsmäßiges Verhältnis wird freilich Romantikern wenig Spielraum für ihre Träume lassen.

Die Alpen haben eben das Pech, von einigen der wohlhabendsten und freizeitreichsten Nationen der Erde umringt zu sein; so sind sie eines der drei Weltzentren des Fremdenverkehrs geworden, neben der Karibik und dem Mittelmeer, und unter diesen dreien die einsame Hochburg des Sports. Es gibt keinen, der sich da nicht ausüben ließe: Schwimmen und Segeln, Windsurfen und Wasserskilaufen, sogar Wellenbaden (in Ruhpolding schon seit 1970); Eisstockschießen und Schlittschuhlaufen, Tennis und Golf sowieso. Auch Sportfischen, Jagen und Drachenfliegen, Wildwasserfahren, Bobfahren, Rodeln, Skilaufen, Bergwandern und schließlich Klettern. Und wem das nicht genügt, dem werden Heimatabende, Spielbanken, Wanderabzeichen, Tennisturniere, Diskotheken, Bauerntheater, Mißwahlen, Grillpartys, Laternenwanderungen und Busausflüge nach Venedig angeboten. In Zermatt leben 3000 Einheimische von 18 000 Fremdenbetten, und noch in Hintertux, wo einst die Füchse sich Gutenacht sagten, bietet jedes bessere Hotel Sauna, Solarium, Hot Whirl Pool, Kegelbahnen, Kamindiele und Mitternachtsbar.

Der Almrausch schlägt in Rummel um. Selbst nach der Wildnis – der Region hoch über den Almen – hat der Rummel gegriffen; aber die Wildnis ist noch da, und sie ist überwältigend.

Der Gipfel lockt, auch wenn es Angst und Mühsal kostet

Am Hörnli-Grat des Matterhorns, der Route, über die 1865 vier Engländern mit drei einheimischen Führern die erste Besteigung gelang und die heute an schönen Sommertagen einer Karawanenstraße gleicht, mit dem hohen Risiko, daß die unten Kletternden die Steine auf den Kopf bekommen, die die höher Kletternden von der überall bröckelnden Felspyramide losgetreten haben. Dies, die für viele ungewohnte Höhe (4477 m) und die Gefahr rabiater Wetterstürze machen das Matterhorn gefährlich; übermäßig schwierig ist die Normalroute nicht

Dolomitenfels, von Wasser und Frost zersägt, aber dabei so hart, daß er die kühnsten Formen bildet, ehe auch er zusammenstürzen wird in ein paar hunderttausend Jahren. Bis dahin: für Alpinisten ein aufregendes Vergnügen, und nicht einmal schwierig, wenn es sich um einen mit Drahtseilen gesicherten Steig handelt wie den zum Santnerpaß in der Rosengartengruppe

Erschöpfung. Bergsteiger verbrauchen bis zu 600 Kilokalorien pro Stunde, das Dreifache eines Schwerarbeiters, und die beiden sind seit vierzehn Stunden unterwegs: von der Tracuit-Hütte über den Nordgrat aufs Weißhorn und über den Ostgrat hinab, hier am Lochmatter-Turm, benannt nach dem Bergführer, der 1933 an dieser Stelle mit seinem Touristen in die Tiefe stürzte, woran die Tafel links erinnert

Weißhorn-Nordgrat, der Königsweg auf die gewaltige Pyramide, die viele Bergsteiger den schönsten Berg der Alpen nennen. Auf dem höchsten Felspunkt unterhalb des Gipfels steht seit 1978 ein Kreuz. In der Schweiz ist das eher die Ausnahme, ganz anders als in den Ostalpen, während italienische Gipfel meist eine Madonnen-Statue tragen

Geschafft!
Der glückliche Matterhorn-Besteiger wirft die Arme in die Luft, damit der Fotograf im Hubschrauber ihn auch ja nicht mißverstehen kann. Der Gipfel des Matterhorns ist nur ein Punkt im Grat, der Rastplatz liegt rechts etwas tiefer. Im Hintergrund (von links) Allalinhorn (4027 m), Rimpfischhorn (4199 m), Strahlhorn (4190 m) und der nördlichste Ausläufer des Monte-Rosa-Stocks, die Cima di Jazzi (3804 m)

Erst fehlte jeder Antrieb, und dann kam die Angst. Warum in aller Welt sollte man auf die Felszacken und Eisspitzen über den Almen klettern? Und wenn man es wollte – hätte man gedurft? Und wenn man zu dürfen glaubte – würde man es wirklich wagen? Und wenn man das Wagnis auf sich nahm – konnte es gelingen?

Das war ein Berg von Fragen, der sich da auftürmte vor den ersten Alpinisten, und noch heute hat mancher von der Gilde der „Normalbergsteiger", die wie ich zwar alle Gipfel der Alpen anstreben, aber nie die Nordwände, in denen sich die „Extremen" tummeln – auch mancher von uns also hat immer wieder mit der Angst zu kämpfen: der vor der Tiefe und der vor dem Ungeheuren, das man da auf sich nimmt.

Denn in dieser fremden, wilden Welt herrscht Weltraumkälte und Wüstenhitze am selben Tag. Da schleudert die Sonne eine schmerzende Überfülle von Licht auf die Firne, und wenn sich dem winzigen Kletterer eine Gewitterwand entgegenschiebt, dann ist ihm, als schmiedeten Titanen ein Mordkomplott. Panik, wenn die Haare sich knisternd heben, Galopp hinab um jeden Preis. Panik in der Nordwestflanke der Cima di Rosso im Bergell, weil wir den suppigen Schnee Kubikmeter um Kubikmeter unter die Füße treten, ohne Höhe zu gewinnen. Panik beim Abstieg von der Aiguille des Grands Charmoz, denn es ist spät im Herbst, und aus der Abenddämmerung wird Nacht, als wir in die violette Wolke tauchen, die auf dem Spaltengewirr des Nantillons-Gletschers lagert.

Ein bißchen Angst jedoch und ihre Überwindung, der niedergekämpfte Schwindel, das Bewußtsein der Gefahr, die „Angstlust", wie Sigmund Freud sie beschrieben hat: Dies gehört zu den Reizen des Bergsteigens. Die Alpinisten haben das Rezept gefunden, nach welchem Stendhal, der große französische Romancier und Menschenkenner, suchte: „Der vollkommenste Grad der Kultur bestünde darin", schrieb er 1822, „daß sämtliche verfeinerten Genüsse des 19. Jahrhunderts mit der häufigeren Gegenwart der Gefahr verquickt würden. Die Genüsse des Privatlebens müßten dadurch ins Unermeßliche gesteigert werden können. Ich bewundere die Lebenshaltung zur Zeit Ludwigs XIV.: Man wechselte unaufhörlich und innerhalb von drei Tagen zwischen den Salons und den Schlachtfeldern. Die Gattinnen, Mütter, Geliebten lebten ständig in Todesängsten . . . Wer zittert, langweilt sich nicht. Leben heißt das Leben *fühlen*, heißt starke Empfindungen haben. Da ihr Grad bei jedem Individuum verschieden ist, so ist das, was der eine zu stark und daher peinvoll findet, für einen anderen gerade das, was er braucht, damit sein Interesse rege wird."

Das bleibt wahr, auch wenn es von Alpinisten wie dem Wiener Gymnasialprofessor und Bergschriftsteller Eugen Guido Lammer (1863–1945) mit fürchterlichem Pathos überzogen worden ist: „Rotglühend lohte in meinem Busen die Sehnsucht nach alpiner Tat, unlöschbar der Durst nach Abenteuer und Todesgefahr", schrieb er, und „Der süßeste von allen süßen Genüssen: vom Becher des Todes zu nippen", und nachdem er sich mit gebrochenem Bein aus einer Lawine befreit und ins Tal gerettet hatte: „Ich kann euch künden, Brüder: Es ist ein schöner Tod." Das war der Stil, den der bayerische Baron Hermann von Barth (1845–1876) geprägt hatte: „Wer mit mir geht, der sei bereit zu sterben!" rief er seinem abgestürzten – Bergstock nach, und: „Rase der Sturm mit zehnfacher Gewalt, ich schleudere ihm frevelmütig meine gellenden Jauchzer entgegen!"

Ich mache es kleiner und empfand bei meiner ersten großen Tour die Angstlust so: Wir sind über den Ostgrat auf die Südlenzspitze (4294 m) gestiegen, und nun folgt ein Firngrat, der in gewaltigen Schwüngen zum Nadeljoch hinabzieht: hinab – das heißt, daß ich vorangehe, denn der Gesicherte muß unter dem Sichernden sein; und wir sind die erste Partie in diesem Sommer, was bedeutet, daß ich die Spur selber legen muß, einen fingerbreiten Schneekamm auf Steigeisenbreite niedertreten, steil hinab, Abgründe also auf *drei* Seiten: Nun bin ich angekommen, dies ist die Welt meiner Wahl, das Herz schlägt in den Schläfen, Angst saugt an den Eingeweiden, Stolz lauert hinter der Stirn. Fuß um Fuß, nicht stolpern und nicht winseln – steig ab über die Rutschbahn ins Nichts und halt' die Schnauze! Einen Weg gehen, für den man *nicht* geschaffen ist, der Mensch im allgemeinen nicht und ich zweimal nicht – über den Tälern, über den Wolken, ein bißchen über den eigenen Möglichkeiten.

Nein, von den Bergbauern konnte man solchen Unsinn nicht erwarten: Da oben hausten die Drachen und Dämonen, die die Steine poltern und die Lawinen donnern ließen, und noch über ihnen, im Himmel, wohnten die Engel, die Heiligen und Gott, das sah man schließlich auf den Deckengemälden der katholischen Kirchen. Und was gebot der Herr den Kindern Israel, als er Moses auf dem Sinai die Gesetze gegeben hatte? Daß sie nicht hinaufsteigen auf den Berg, damit er sie nicht zerschmettere (2. Mose 19, 24).

Für etwas derart Nutzloses, Gefährliches und Verbotenes wie die Spitzen der Alpen konnten sich nur Stadtmenschen interessieren. Aus Avignon, Genf, London reisten sie an – die ersten, die es wollten und es wagten.

Natürlich, als 1336 der Lyriker Francesco Petrarca aus Avignon den Mont Ventoux (1909 m) in den Drôme-Alpen bestieg, da war er auf diesem Schuttberg vermutlich nicht der erste, sondern Hirten oder Jäger werden ihm zuvorgekommen sein. Aber nicht nur hinterließ Petrarca das erste literarische Dokument einer Bergbesteigung – auch sein Motiv war entscheidend anders als das der Jäger: Er stieg hinauf, „damit der Leib ein klein weniges dem Himmel näherkomme". Gipfelzierde heute: Wallfahrtskapelle, Observatorium, Fernsehturm, Radarstation, Parkplatz und Hotel.

Schon 1492 fand die erste Bergtour mit künstlichen Hilfsmitteln statt: Aus Gründen, die nicht überliefert sind – vielleicht, damit es in seinem Reich nichts gebe, was sich seiner Macht entzöge –, beauftragte König Karl VIII. von Frankreich seinen Söldnerführer Antoine de Ville, den Mont Aiguille (2097 m) im Vercors südwestlich von Grenoble zu besteigen, einen Felsturm mit 400 Meter hohen Wänden, den der König auf der Reise nach Italien staunend betrachtet hatte. De Ville, ein königlicher Kammerherr und sieben Söldner bezwangen den Mont Aiguille mit Hilfe von Leitern, Stangen, Seilen und Eisenstiften, errichteten auf dem Gipfel eine Hütte und drei Kreuze, verweilten mehrere Nächte lang, lasen eine Messe und setzten Protokolle über die vollbrachte Leistung auf. Die Route der Erstbesteiger ist heute mit Drahtseilen gesichert und doch noch eine schwierige Tour.

1555 bestieg der Naturforscher Conrad Gesner aus der Stadt Zürich einen Gipfel des wild zerklüfteten Pilatus über dem Vierwaldstätter See – mit ausdrücklicher Genehmigung der Kirchenbehörden von Luzern, die ein weniger berühmter Mann freilich nicht bekommen haben würde: Denn die Kirche teilte den Aberglauben, in einem See auf der Bründlen-Alp im Pilatusmassiv liege die Leiche des Pontius Pilatus, und wer seine letzte Ruhe störe, würde Unheil über sich und die Stadt Luzern heraufbeschwören. Wie der Prokurator von Judäa dorthin gelangt sein sollte, fragte niemand, und daß der Berg seinen Namen von dem lateinischen Wort „pileatus" (der von Wolken bedeckte) hatte, war offenbar in Vergessenheit geraten. „Ich bin der Meinung, daß Pilatus niemals an diesem Ort war", berichtete Gesner, „und wenn er dahin gekommen, daß ihm niemals die Macht gewährt worden wäre, den Menschen nach seinem Tode Gutes oder Böses anzutun." Ja, Gesner geriet ins Schwärmen: „Welches andere Vergnügen kann wohl in dieser Welt so hoch, so wertvoll, so vollkommen sein wie das Bergsteigen?"

So schien also das Hochgebirge von allem Aberglauben gereinigt. Und trotzdem setzte die Welle der Erstbesteigun-

Conrad Gesner (1516–1565) war einer der berühmtesten Naturforscher seiner Zeit, dazu Arzt und Professor der griechischen Sprache. Deshalb durfte er etwas unternehmen, was anderen Christenmenschen damals strikt verboten war: den Pilatus bei Luzern besteigen. So kompliziert hat das begonnen, was heute Alpinismus heißt und Zehntausende auf die Berge lockt

gen erst ein, als von Frankreich aus der Unglauben in Europa um sich griff. Das ist eine merkwürdige Verkettung der Ereignisse: Die Stationen des Atheismus, des Alpinismus und der Begründung der Luftfahrt sind so eng verzahnt, daß es kaum erlaubt scheint, darin lauter Zufälle zu sehen.

Von 1751 bis 1780 erschienen die 35 Bände der „Enzyklopädie", der großen Bibel der Aufklärung und Wegbereiterin der Französischen Revolution, von ihrem Herausgeber Denis Diderot unter anderem dazu gedacht, „die Theologie niederzusäbeln". 1760 setzte ein Stadtmensch aus Genf und Student aus reichem Hause, der 20jährige Horace Bénédict de Saussure, „eine hohe Belohnung" aus für den, der als erster auf dem Gipfel des Montblanc stehen würde – so sehr war Saussure überwältigt vom Anblick dieses Berges, in dem er den höchsten Europas vermutete, und so dringend fand er es, daß es mit der Unberührtheit dieses weißen Throns ein Ende habe.

1775: Erster Versuch einer Montblanc-Besteigung. 1783: Ein riesiger Warmluftballon von achtzehn Metern Durchmesser mit zwei Menschen an Bord erhebt sich aus dem Bois de Boulogne vor den Toren von Paris. Über alles Material, aus dem er bestand, verfügten bereits die alten Ägypter, und die Gesetze des Auftriebs formulierte schon Archimedes von Syrakus im 3. Jahrhundert v.Chr. Kann es also ein Zufall sein, daß die erste Luftfahrt im atheistischen Frankreich stattfand, drei Jahre vor der ersten Großtat des Alpinismus, der anderen Art, sich den Himmel zu erobern?

Am 7. August 1786 steigen der Dorfarzt von Chamonix und ein Bauernbursche, Dr. Michel Paccard und Jacques Balmat, auf zum Montblanc. Sie schleppen Decken für ihr Biwak mit, Brot und Fleisch, Tinte, Feder und Papier. Sie haben eiserne Sporen an den Schuhen, aber kein Seil. Wenn sie im Schnee einbrechen, vielleicht eine Gletscherspalte unter sich, werfen sie

Das war der Durchbruch: Horace Bénédict de Saussure, Naturforscher aus Genf, regte die erste Besteigung des Montblanc 1786 an und nahm die zweite 1787 selber vor, von 19 Einheimischen begleitet. Lange Stangen sollten den Sturz in Gletscherspalten verhüten, Leitern die Steilstufen im Eis überwinden helfen

sich mit ihrem waagerecht gehaltenen, mehr als zwei Meter langen Alpenstock nach vorn und stemmen sich heraus.

Am Nachmittag des 8. August will Balmat aufgeben. Dr. Paccard zerrt ihn weiter, gegen den eisigen Wind über die unendlichen Schneehänge hinauf. Erst um 18.23 Uhr stehen die beiden Zweibeiner winzig auf Europas Dach. Sie wollen von dem Braten essen, doch der ist gefroren. Sie wollen in einer windgeschützten Nische biwakieren, doch sie finden keine. So steigen sie im Abendrot und dann bei Mondlicht ab. Am nächsten Morgen um acht erreichen sie Chamonix – Paccard schneeblind und mit Erfrierungen an der rechten Hand.

Hat irgendeine Erfindung, ein technischer Fortschritt sie begünstigt? Mußten sie Fähigkeiten erwerben, die vor ihnen kein Mensch besaß? Nichts dergleichen. Sie brauchten Alpenstangen und Eisenzacken, wie sie den Jägern und Bergbauern seit zwei Jahrtausenden bekannt waren. Die großen Sprünge in der Bergausrüstung wurden überhaupt erst nach 1945 gemacht: Kernmantelseile aus Nylon oder Perlon, Profilgummisohlen, Eisschrauben, Daunenkleidung, wasserdichtes und trotzdem luftdurchlässiges Gewebe. Paccard und Balmat brauchten die Fähigkeit und die Bereitschaft, eine große Strapaze zu ertragen; und vor allem brauchten sie die Kühnheit, guten Gewissens in die schreckliche, heilige Höhe emporzusteigen. Das Bergsteigen war wie das Fliegen allein eine Revolution der Seelen.

Saussure, inzwischen 47 Jahre alt und als Naturforscher weltberühmt, wagte 1787 die zweite Besteigung, von Balmat und weiteren achtzehn Einheimischen begleitet. „Ich glaubte meinen Augen nicht", berichtete er. „Es schien mir wie ein Traum, als ich zu meinen Füßen all die majestätischen Berge sah, deren unterste Teile schon so schwer und so gefahrvoll zu betreten gewesen waren." Vier Stunden lang experimentierte Saussure auf dem Gipfel mit Barometer, Thermometer, Hygrometer und Kompaß, von Durst geplagt, mit dem Erbrechen kämpfend, das Gesicht gegen die Sonne mit einem schwarzen Schleier bedeckt; er maß seinen Begleitern den Puls, feuerte eine Pistole ab, um die Eigenschaften des Schalls in großer Höhe zu studieren, ermittelte die Temperatur, bei der in der Höhe Wasser siedet – schon bei 85 Grad – und verglich die Farbe des Himmels mit den sechzehn verschiedenen Blautönen des Farbpapiers, das er aus dem Tal mitgenommen hatte.

Saussure fiel nicht vor Gott in die Knie wie Moses und Petrarca – er ergriff von der Bergwelt für die Wissenschaft Besitz. Er zerstörte die Legenden, die sich um die Gipfel rankten, und eröffnete das Zeitalter des Alpinismus. Die Götterburgen wurden zu Zielen wissenschaftlicher Neugier.

Der erste, der Saussure nacheiferte, war der Generalvikar des Bistums Gurk in Kärnten, Sigismund von Hohenwart. Unter dem Eindruck von Saussures Expeditionsbericht „Voyages dans les Alpes", der 1796 in Genf erschienen war, gewann Hohenwart seinen Fürstbischof, den Altgrafen Franz Xaver von Salm-Reifferscheidt, auch er ein Mann der Naturwissenschaften, für den Gedanken, eine Expedition auf den Großglockner auszurüsten.

Der Bischof selbst zog 1799 mit einem Gefolge von dreißig Bauern und Dienern zu Pferde bis ins Leitertal hinauf, Generalvikar Hohenwart kam bis auf den Gipfel des Kleinglockners (3770 m), der Großglockner wurde nicht erreicht. Schon im Jahr darauf wälzte sich die bischöfliche Kavalkade wieder dem Glockner entgegen, diesmal 62 Mann, wohlversehen mit „Ananas und Pfirsichen, Feigen und Melonen, Champagner und Tokayer" für die geistlichen Herren, wie ein Zeitgenosse festhielt; und diesmal erreichte Pfarrer Horrasch mit vier Einheimischen den höchsten Punkt. Dort wurde tags darauf ein Kreuz errichtet.

Merkwürdig: Der Kleinglockner ist nur 27 Meter niedriger als der Große, und war nicht erst 21 Jahre zuvor Goethe mit dem Wort „Gipfel" ziem-

Die ersten Bergsteiger waren die Gemsenjäger – nur daß sie sich naheliegenderweise kaum für die Gipfel und gar nicht für die Region des Eises interessierten. Die Darstellung von 1825 zeigt ihre klassische Ausrüstung: Eisenzacken an den Stiefeln und die „Alpenstange" mit der Eisenspitze

lich gleichgültig umgegangen, indem er es auf den Gotthard-Paß anwandte? Warum also trieben die hohen Herren einen solchen Aufwand, um nach dem Klein- auch den Großglockner zu erobern? Daß wir diesen Kult des allerhöchsten Punktes heute selbstverständlich finden, zeigt das Problem nur noch einmal: Rational betrachtet, ist es ziemlich gleichgültig, ob man den Montblanc bis auf 4807 Meter oder nur bis auf 4780 Meter bestiegen hat, und doch wird im zweiten Fall der Alpinist wütend behaupten, er habe „den Montblanc nicht geschafft".

Doch ein rationales Verhältnis zur Dritten Dimension ist uns nicht gegeben. Das Hohe ist immer das Besondere, ob in unserer Alltagssprache oder in den tiefsten Schichten unserer Seele. Wir sprechen von Hochstimmung und Hochherzigkeit, aber von Niedergeschlagenheit und Niedertracht; der eine ist überlegen oder obenauf, der andere heruntergekommen; der eine gehört zur Oberschicht, der andere zur Unterwelt; der Sieger wird auf ein Podest gestellt, der erste noch etwas höher als der zweite: „Hoch soll er leben!" Und im Bürohochhaus sitzt der Boß immer in der obersten Etage.

Oben, das heißt eben „stark": Am Boden liegt der besiegte Boxer, der unterworfene Feind, und wenn das Volk sich erhebt, will es den Tyrannen niederzwingen. „Aufstand", wieviel Macht und Dynamik steckt in diesem Wort, das eigentlich nur besagt, daß ein Liegender, Knieender oder Sitzender aufsteht und sich zu seiner vollen Höhe reckt! Sind *deshalb* höhere („höhere"!) Beamte in Deutschland körperlich größer als mittlere, Oberkommissare größer als Kommissare und Handwerksmeister größer als Gesellen? Falls aber die Gründe ganz woanders liegen sollten, so wären hochgewachsene Vorgesetzte trotzdem ein Grund mehr, das Hohe anzustreben.

Oben ist das Licht: Sonne, Mond und Sterne haben wir im Flachland immer über uns, und darum gehört es auch zu den Sensationen des Bergsteigens, beim nächtlichen Aufbruch von der Hütte den Sternenhimmel zu einem Gutteil unter sich zu sehen und vom Grat hinabzublicken auf die erste Morgensonne, wenn sie ihre Schatten nach oben wirft. So soll der römische Kaiser Hadrian um 130 n.Chr. den Ätna bestiegen haben, um früher und herrlicher als die anderen Menschen die Sonne aufgehen zu sehen.

Oben ist die Aussicht, die Fernsicht, die Weite: Das weiß jedes Kind, das sich in der überfüllten U-Bahn den Kopf an den Hintern der Erwachsenen reibt, und ebenso wissen Jäger und Soldaten, daß man Höhe gewinnen muß, um Übersicht zu haben: König Philipp V. von Mazedonien bestieg 181 v.Chr. einen Gipfel des Balkangebirges, um das Mittelmeer und das Schwarze Meer zugleich zu überblicken.

Jeder Kapitän schickte einst einen Mann in den Mastkorb hinauf, weil das Deck ein Punkt mit wenig Weitsicht ist: Auf dem Meer krümmt sich die Erde schon nach viereinhalb Kilometern unter unseren Augen weg; in einem Mastkorb fünfzig Meter über dem Wasser ist die Sicht auf 25 Kilometer gestiegen (nach der Formel: Wurzel aus der Höhe in Metern mal 3,57 gleich Sichtweite in Kilometern).

Das bedeutet: Vom Rigi aus konnte Goethe 150 Kilometer weit in die Runde blicken („Rings die Herrlichkeit der Welt"), vom Gipfel des Montblanc entzieht sich die Erdkruste erst nach 250 Kilometern unserem Blick, und es gibt Herbst- und Wintertage, an denen die Chance besteht, diese sphärische Obergrenze wirklich mit den Augen auszumessen; schließlich enthält die Luft in 4000 Metern Höhe nur ein Viertel des Wasserdampfes wie im Flachland und ein Fünfzigstel der Staubpartikel.

Nimmt man zu all dem die Schwerkraft, die uns an das verhaßte Unten bindet, die Unfähigkeit, zu fliegen und länger als für einen Sprung den Boden zu verlassen – dann wird klar: Sich die Höhe zu erobern, ist ein Rausch. Jedenfalls für den, der nicht im Panzer eines Flugzeugs in die Höhe stößt, sondern sich der Leere aussetzt, die dann um ihn ist: der Drachenflieger, der Bergsteiger auf ragendem Gipfel oder schmalem Grat. Da oben ist die Angst, die Macht und die Herrlichkeit, und in manchem klopfenden Herzen hallt noch heute nach, daß man das einst Verbotene gewagt und den Thron der Götter gestürmt hat.

Die meisten Gipfel allerdings sind nicht der einsame Punkt, an den sich die Vorstellungen der Flachländer und die Träume vieler Alpinisten heften. Sie sind Kämme wie beim Matterhorn, dessen achtzig Meter langer Gipfelgrat nur um wenige Meter in der Höhe variiert; sie sind Kuppen wie der Piz Palü oder der Montblanc, auf dem bequem eine Kompanie Gebirgsjäger aufmarschieren könnte; Schutt-Terrassen wie der Eiger; Gletschertische wie der Alphubel im Wallis; Felsklötze mit flacher Oberfläche wie die Cima Tosa in der Brenta-Gruppe; Hochplateaus wie der Schlern in den Dolomiten oder der Hochschwab in der Steiermark: nur ein Höcker über dem 26 Kilometer langen Kalkstock der Schwabenhochfläche.

Und was haben die Leute inzwischen auf die Gipfel gestellt! Kreuze (das auf dem Brunnstein bei Bad Ischl ist 14 Meter hoch), Madonnen, geodätische Signale, Betonlandschaften wie auf der Zugspitze und dem Wendelstein, eine Aussichtsterrasse aufs Kleine Matterhorn; dazu die Scherzartikel: auf der Gipfelstürmernadel im Karwendel ein Bett, auf dem Triglav in den Julischen Alpen ein Küchenherd.

Nichts großartiger daher als jene wenigen Gipfel, die spitz und unverschandelt sind. Die Jungfrau ist von dieser Art, das Agassizhorn im Berner Oberland, der Mont Dolent im Wallis – und über allen die gewaltige Pyramide des Weißhorns bei Zermatt. Da münden drei Grate in einen bloßen Punkt, den man, wenn Neuschnee liegt, zu einem Sitzplatz erst niedertrampeln muß: der Bug eines riesigen Schiffes, das durch die Wolken pflügt und die Klippen umschifft, die Matterhorn, Obergabelhorn, Zinalrothorn heißen.

Der Augenrausch: Wir stehen auf dem Großen Schreckhorn im Berner Oberland und erblicken hier den Schwarzwald und dort den Montblanc. Unheimlich genug ist die Tiefe, das grüne Tal, die winzigen Dächer irgendwo da unten; doch die Wollust des Schauens strömt uns aus der Weite, der Freiheit zu, und ungleich eindrucksvoller als die Täler sind die Brüder, die Riesen, die anderen Berge – wie uns auf einem Wolkenkratzer in Manhattan meist nicht die wanzengroßen Taxis in der Tiefe faszinieren, sondern die Welt der Türme, das Miteinander der Titanen.

Ja, das sind die Minuten der jähen Überwältigung. Mancher stilisiert sie wie Reinhold Messner: „Ich wollte hoch hinauf steigen, um tief in mich hineinsehen zu können", schrieb er, und: „Der Gipfel als naive intuitive Antwort auf die Seinsfrage." Mancher will umgekehrt kein Pathos aufkommen lassen und spricht wie Toni Kinshofer 1962 auf dem Nanga Parbat: „Den Zapfn hama jetzt aa" oder wie das Wiener Original Hans Schwanda: „Hauptsach, daß der Schmäh grennt is", oder er erzählt zotige Witze wie das Scheusal aus Berlin, mit dem ich den Gipfel des Matterhorns teilen mußte.

Da hatte der Theologiestudent Valentin Stanig, der zur fürstbischöflichen Expedition von 1800 auf den Großglockner gehörte, einen passenderen Einfall: Schon einen Tag nach der Erstbesteigung ließ er einen der gekerbten Baumstämme, die die Bauern zur Überwindung von Steilstufen mitführten, auf dem Gipfel einrammen und erkletterte ihn, „um höher als der Glockner und höher als jeder andere seiner Besteiger gewesen zu sein". Peter Habeler, Bergführer aus dem Zillertal, stieg 1982 dem Großglockner aufs Gipfelkreuz. So macht man aus dem Drang zum höchsten Punkt eine Karikatur.

1804 standen drei Tiroler auf dem Ortler. 1811 wurde die Jungfrau im Volksmund in „Madame Meyer" umgetauft, weil die Brüder Meyer aus Aarau mit zwei Einheimischen ihren höchsten Punkt erreichten. 1820 wurde die Zugspitze bestiegen, 1832 der Dachstein. 1841 fanden sich vierzig „Freunde der

Natur" mit Hilfe eines Inserats in der „Salzburger Zeitung" zusammen, um den Großvenediger (3674 m) zu bezwingen; zwei Dutzend erreichten den Gipfel. Der Initiator, Ignaz von Kürsinger, „Pfleger" (eine Art Landrat) von Mittersill, berichtete, wie die Männer sich in drei Gruppen auflösten, von denen die letzte vor Erschöpfung aufgab: „Kurzatmigkeit, Übelkeit, Erbrechen, Schneeblindheit, Beängstigung in der Brust, gefrorene Zehen, gänzliche Erschöpfung aller Kräfte, unbezwingbarer Durst streckte allmählich diese Nachhut, unter der sich leider auch die Träger mit den Lebensmitteln und unser Trompeter (als Zeichengeber bei Unglück und Begleiter des Toasts auf der Höhe) befanden, in den Schnee, und von der Höhe herab hatte es den Anschein eines winterlichen Schlachtfelds, auf dem dort und da ein Kampfgenosse sein Erliegen fand." Kurz unter der „eisigen Geisterburg" des Gipfels kehrten weitere Erschöpfte um, „die mit ihren Leichengesichtern, deren grausen Anblick die Schwärze des Pulveranstrichs noch erhöhte, langsam und nach oftmaligem Schlummer im Schnee zu ihren unten harrenden Mitbrüdern wie Betrunkene wankten." Schießpulver schützte gegen Gletscherbrand.

1855 standen fünf Engländer mit drei Einheimischen auf dem Monte Rosa. Sie leiteten jenen erstaunlichen „Ausbruch britischer Energie" ein, „der zur Unterjochung aller hohen Gipfel rings um Zermatt führte" und noch einiger mehr. Edward Whymper hat das geschrieben, der 1865 das Matterhorn eroberte. Unterjochung, „subjugation": Wieviel Hochmut steckt darin, wieviel Zweikampfgesinnung! Nichts mehr von Angst, nichts mehr von Frömmigkeit, auch nichts mehr von Wissenschaft wie bei Saussure – sondern der schiere Übermut einer Handvoll ziemlich reicher, ziemlich arroganter junger Engländer, die die Alpen als ideales Tummelfeld für ihre Lust am Sport entdeckten und dabei nicht ungern auch die entlegensten Punkte und widrigsten Runzeln Europas unter königlich-britische Füße nahmen.

So entstand in London 1857 der *Alpine Club*, die erste Bergsteigervereinigung überhaupt, „deren Mitglieder sich mit Vorliebe dort aufhalten, wo es nur dem Adler zukommt", schrieb die „Times". Aufnahmebedingung: Jeder Kandidat mußte eine Höhe von 13 000 Fuß erreicht haben, das sind 3962 Meter – womit die gesamten Ostalpen zunächst vom britischen Interesse ausgeschlossen blieben.

Hart und durchtrainiert waren sie ja, die jungen Herren: Zur Erstbesteigung des Doms (4545 m) brach Reverend J. Llewellyn Davies mit drei Einheimischen am 11. September 1858 um zwei Uhr früh in Randa auf. Um elf standen sie auf dem Gipfel, halb fünf waren sie wieder im Dorf, und Davies, von zweimal 3140 Höhenmetern noch nicht zu Boden geworfen, wanderte die neun Kilometer nach Zermatt, kleidete sich um und nahm pünktlich an der Table d'hôte des Hotels Monte Rosa teil. Der Dom als Tagestour! Mitsamt der heute üblichen Hüttenübernachtung in 2928 Metern Höhe geht dieser Berg aufwärts mächtig in die Lungen und abwärts ge-

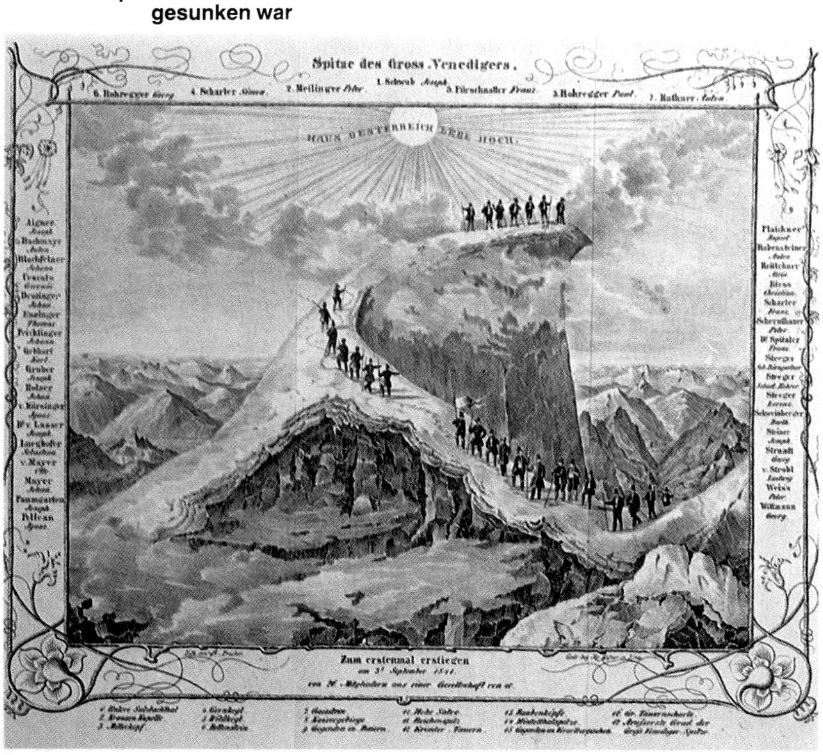

Die „eisige Geisterburg" des Großvenedigers in den Hohen Tauern, gestochen 1841 nach seiner Erstbesteigung – von einem, der offensichtlich nicht dabei war, denn so sieht der Großvenediger nicht aus und vermutlich auch kein anderer Berg auf Erden. Die Siegesfanfare auf dem Gipfel mußte unterbleiben, weil der Trompeter unterwegs erschöpft in den Schnee gesunken war

Die Bergführer von Grindelwald, die berühmtesten nächst denen von Zermatt, um 1880 zu einem Gruppenfoto vereint, das atmosphärisch ein paar Ähnlichkeiten mit gleichzeitigen Aufnahmen aus dem Wilden Westen Amerikas hat. Heute sind Hüte bei Bergsteigern nicht mehr üblich, die Seile sind aus Nylon oder Perlon statt aus Hanf, die Pickel meist kürzer und auch ihr Schaft aus Metall

waltig in die Knie. Doch in England war Wandern ja ein Sport mit Wetten und Wettkämpfen; nach Edward Whymper mußte „ein leidlich guter Fußgänger" am Tag 50 Kilometer, ein „guter" aber 65 Kilometer schaffen.

1861 standen Engländer als erste Menschen auf fünf weiteren Viertausendern, darunter dem Weißhorn und dem Großen Schreckhorn – und im selben Jahr unternahm Edward Whymper den ersten seiner vielen Versuche, das Matterhorn zu besteigen: „Aber alle Führer zeigten eine starke Abneigung, wenn sie sich nicht rundheraus weigerten, oder sie verlangten einen prohibitiven Preis", schrieb Whymper. „Dies, das muß ein für allemal gesagt werden, war der Grund, warum es so viele vergebliche Besteigungsversuche gab. Einen Führer nach dem andern schleppte man zum Berg, schlug ihm auf die Schulter – und er kehrte um. Sie waren nicht mit dem Herzen dabei. Sie waren überzeugt, daß der Gipfel völlig unbesteigbar sei." Die Stadtmenschen mußten die Bergmenschen auf die Berge prügeln.

So waren es auch Whymper selbst und der Vikar Charles Hudson, ein erfahrener Alpinist und Montblanc-Besteiger, die am 13. Juni 1865 den einheimischen Führern und Trägern vorausgingen und Stufen ins Eis schlugen: „Wir wollten sie schonen und ihnen zeigen, daß wir es ernst meinten." Sie errichteten ihr Zelt in 3350 Metern Höhe, etwas oberhalb der heutigen Hütte, labten sich am reichlich mitgeführten Wein, „und die Felsen warfen das Echo unseres Lachens und der Lieder unserer Führer zurück".

Der Aufstieg am 14. Juli, nirgends schwieriger als der III. Grad, verlief – abgerechnet etwas Unsicherheit und Angst bei dem 19jährigen, gänzlich unerfahrenen Mr. Hadow – so glatt, daß man sich nachträglich wundern muß, warum das Matterhorn nicht längst bestiegen war. Um 13.40 „lag die Welt zu unseren Füßen, und das Matterhorn war erobert".

Der Abstieg, nach einer großen Gipfelstunde, ließ sich böse an. Hadow, der Unerfahrene, zeigte eine solche Mischung aus Angst und Ungeschick, daß der Bergführer Michel Croz, unter ihm kletternd, ihm mit seinen Händen die Füße einen nach dem anderen in die richtigen Tritte stellte. Als Croz sich umdrehte, um selbst zwei Stufen zu nehmen, rutschte Hadow ab, rammte Croz die Beine in den Rücken und ließ ihn kopfüber in die Tiefe kippen. Dabei riß Croz außer Hadow auch Charles Hudson, den Montblanc-Besteiger, und Lord Francis Douglas mit, der mit seinen zwanzig Jahren gerade das noch schwierigere Obergabelhorn bestiegen hatte. Tausend Meter tief, immer wieder in der Nordwand aufschlagend, stürzten die vier auf den Matterhorngletscher hinab.

Die drei Überlebenden – Whymper und Peter Taugwalder mit seinem Sohn – blieben eine halbe Stunde wie festgewurzelt. Die Taugwalders zitterten, riefen „Wir sind verloren!" und weinten wie Kinder; freilich ist es Whymper, von dem diese Darstellung stammt. Sein Fazit, gezogen in der Sprache der Unterjochung: „Das Matterhorn hatte sich als zäher Feind erwiesen; es hatte lange Widerstand geleistet und harte Schläge ausgeteilt; besiegt wurde es schließlich mit einer Leichtigkeit, die niemand vorausgesehen hatte, aber, wie ein erbarmungsloser Gegner – besiegt, doch nicht zermalmt – nahm es schrecklich Rache."

Ein hochmütiger junger Engländer namens Edward Whymper – gelernter Holzschnitzer und glänzender Schriftsteller – stand als erster Mensch auf vier der großartigsten Berge der Alpen: Aiguille Verte, Barre des Ecrins, Grandes Jorasses – und am 14. Juli 1865 auf dem Matterhorn. Sein bergsteigerisch völlig unerfahrener Landsmann Hadow verlor beim Abstieg den Halt und riß zwei weitere Engländer sowie den berühmten Bergführer Michel Croz mit in die Tiefe – von Gustave Doré, der nicht dabei war, vergleichsweise realistisch gezeichnet

Erst diese Rache machte das Matterhorn weltberühmt und mit ihm Zermatt. Seltsamerweise war es bei allen vorherigen Pioniertaten des Alpinismus nicht zu tödlichen Unfällen gekommen, nicht zu Wächtenbrüchen und Spaltenstürzen, und mit Steinschlag und Lawinen lebten die Bergbauern sowieso. Wenn schon nicht Drachen zu begegnen, so in der Höhe zu erfrieren, war die einzige Angst der Erstbesteiger gewesen. Nun erst hatten die Berge bewiesen, daß sie kein harmloser Spielplatz für übermütige Stadtmenschen sind.

Einerseits fehlte es nicht an Mahnungen, mit der ganzen Bergsteigerei einfach Schluß zu machen, und es dauerte drei Jahre, bis ein anderer Engländer Whympers Weg aufs Matterhorn zu wiederholen wagte. „Welchen Zweck hat es, diese steilen Felsen zu erklettern?" fragte die „Times". „Man begreift das Klettern bei Seeleuten, Schornsteinfegern und Wetterfahnenreinigern. Was aber hat ein Alpinist dort oben zu suchen? Wer hat ihm das Recht gegeben, sein Leben wegzuwerfen, um mit Affen, Katzen und Eichhörnchen zu konkurrieren?"

Andrerseits lockte gerade der Beweis, daß das Bergsteigen gefährlich ist, bald Tausende von abenteuerlustigen Stadtmenschen in die Alpen und zu den Gipfeln hinauf. Die psychologische Wahrheit ist auf Seiten jener Engländer, die Jaroslaw Hašek, der Erfinder des braven Soldaten Schweijk, in seiner Satire „Expedition auf die Moasernspitze" sagen läßt: „Dieser Berg ist nichts für uns! Sein Erstbesteiger ist gar nicht umgekommen." Und erbost reisen die Engländer ab.

Was in den Jahrzehnten nach Whympers Triumph geschah, war vor allem dreierlei: Das Bergsteigen wurde zum Massensport. Ehrgeizige Kletterer suchten, um sich von den Massen abzusetzen und noch Neuland zu betreten, statt der leichtesten nun die schwierigsten Routen auf die Alpengipfel. Und unter den letzten noch unbestiegenen Bergen fand ein rasches Aufräumen statt.

1868 wurden die Grandes Jorasses bezwungen, 1877 der Grand Pic de la Meije im Dauphiné, 1881 das Totenkirchl, 1882 der schwierigste Viertausender, der Dent du Géant. 1899 stand der erste Mensch auf der berüchtigten Guglia di Brenta, 1910 auf dem Torre Trieste in den Dolomiten, und 1916 schließlich wurde, als letzter leidlich prominenter Alpengipfel, das Baltschiederhorn (3509 m) im Berner Oberland bestiegen – so spät, weil es so entlegen ist, daß der einfachste Anstieg vom Tal aus vierzehn Stunden dauert.

Erkletterten die Menschen nun die Berge, „weil die Berge da sind" oder „weil sie's halt freut"? So lauten zwei häufige Antworten auf die immer wieder gestellte Frage nach den Gründen und dem Sinn. Aber diese Antworten müssen falsch sein: Denn Menschen gibt es in den Alpen seit hunderttausend Jahren, doch auf die Berge sind sie nicht gestiegen, wenn nicht irgendeine Not sie dazu trieb, und gefreut hat sie in solcher Not schon gar nichts. Und auch keinen von uns würde es freuen, auf die Berge zu gehen, wenn wir nicht die Erben einer historischen Kehrtwendung wären. Einige kühne Männer streiften die uralte Furcht vor den Göttern und Dämonen ab; einige forsche Geister nahmen die ästhetische Umwertung vor, die Berge nicht mehr schauderhaft zu finden, sondern schön; und ein paar junge Engländer erfanden das Bergsteigen an sich – ohne rationales Motiv und irgendeinen Nutzeffekt, der über die persönliche Befriedigung des Bergsteigers hinausging.

Doch stutze ich bei dem Wort „Befriedigung". Was habe ich geschwitzt, was habe ich gefroren, welchen Durst habe ich gelitten – und was habe ich gekeucht! Die Lungen habe ich mir aus der Brust geröchelt, hinaufgepeitscht oft nur noch von der Angst, mich vor dem Gefährten oder vor mir selber zu blamieren, seine Wut auf mich zu ziehen oder meine Wut später dann im Tal.

Wer nun fragte: „Sollte ein derart Keuchender nicht bescheidenere Gipfel wählen?" – der hätte recht. Natürlich, man kann beschließen, nur solche Berge zu besteigen, bei denen man nach mäßiger Plage frisch auf den Gipfel kommt; die höchsten, bei denen mir dies gelungen ist, waren Matterhorn und Jungfrau. Nur hat solche Beschränkung zwei Nachteile: den Verzicht auf großartige Touren, die man eben auch noch schaffen könnte, wenn man bereit wäre, den Preis zu zahlen; und den Verzicht darauf, sich an die äußersten Grenzen dessen vorzutasten, was ein Körper leisten kann.

Das ist nicht so abwegig, wie es klingen mag. Wir wären gar nicht am Leben, wenn unsere jagenden Ahnen sich geweigert hätten, das Wild so lange zu hetzen, bis der Mensch dem hechelnden Zusammenbruch fast so nah war wie das Tier. Was einst zum Überleben der Gattung unerläßlich war, kann nicht völlig aus unseren Genen und Instinkten getilgt sein; Langstreckenläufer, Radrennfahrer, Alpinisten machen dies auf ihre Weise deutlich. Sie wären nicht zufrieden mit einem leichten Erfolg; zur vollen Genugtuung ist die Erschöpfung nötig.

Ich könnte frisch auf den meisten Dreitausendern stehen und ziehe es vor, den Viertausendern stöhnend aufs Haupt zu steigen. Wer aber die mit wenig Mühe schafft, der neigt dazu, sie von der schwierigsten Seite anzugehen, über die Nordwand beispielsweise. Und wem die Alpen nicht genügend Plage bieten, der fährt in den Himalaja oder in die Kordilleren; und wem selbst der Mount Everest nicht hoch genug ist, der läßt die Sauerstoff-Flasche weg und kriecht dem Gipfel lallend entgegen wie Reinhold Messner. Der typische Bergsteiger sucht seinen privaten „Achttausender", die Grenze *seiner* Kraft, und das hilft ihm vorzüglich ge-

Verführung der Bergbahnen: Die auf die Aiguille du Midi, dem Montblanc gegenüber, eröffnet eines der wildesten Panoramen der Erde, und gleichzeitig ermöglicht sie es, zwei klassische Routen als Tagestouren zu begehen – entweder hinab zum Col du Midi wie hier und hinauf zum Montblanc du Tacul, oder hinüber zur Aiguille du Plan mit Abstieg übers Mer de Glace

gen Rheumatismus, Bandscheibenschäden, Appetitlosigkeit, Weltschmerz und Nierensteine.

Die Bergsteiger witzeln über ihr „Heldentum in selbst zugefügter Qual", oder sie sagen: „Der Bergsteiger bricht morgens auf und abends zusammen", oder sie laben sich an dem alten Wort: „Von allen Formen des Wahnsinns ist der Alpinismus für die von ihm Befallenen am schmerzlichsten". Martin Walser spottet so: „Jemand, der im Gebirge nicht mehr herausholen will als das letztemal, sollte vielleicht gleich im Kino sitzen bleiben." Das ist eine ironische Formel für einen Sachverhalt, der mit Wörtern wie Ehrgeiz und Selbstbestätigung so wenig ausgeschöpft wird wie mit den Begriffen Masochismus oder Flagellantentum.

Denn die klare Unterscheidung zwischen Lust und Schmerz paßt gut in Wörterbücher und Schulaufsätze und ist den meisten Alltagssituationen angemessen. Doch wer könnte Glück und Pein dividieren beim Marathonläufer, der mit letzter Kraft als Sieger durchs Ziel stolpert? Wäre es vernünftig,

eine Mutter zwei Minuten nach der Geburt zu fragen: „War's schön?" Unsere Urväter wären nach der Tötung des Mammuts wohl auch kaum imstande gewesen, ihre Mischung aus Erschöpfung, Genugtuung und blutenden Waden mit einem hausbackenen Wort aus dem Lexikon treffend zu benennen.

Nun soll das nicht heißen, daß Plackerei und Atemnot die einzigen Leiden des Alpinisten wären – und nicht auch Hitze, Kälte, Angst und Durst. Da kletterten wir also fröhlich auf die Parseier Spitze (3036 m) in den Lechtaler Alpen, genossen den Blick auf die doppelte Pyramide der Wildspitze, auf Ortler und Bernina, die in der Ferne glitzerten, und ins grüne Tal hinab, und wie wohlig warm es war an diesem stahlblauen Septembertag! Beim Abstieg durch die Südwand hieß das freilich: böse Hitze, rinnender Schweiß, juckende Augen, klebendes Hemd. Aufatmen unten auf dem Grinner Ferner. Die Rucksäcke mit dem Tee stehen allerdings auf der Patrolscharte, dort oben, hundert Höhenmeter Gegensteigung über einen Geröllhang hinauf. Schon nach wenigen Schritten wirft die Hitze mich fast um. In Schweiß gedünstet, bleibe ich mit hämmerndem Herzen stehen. Steigen, mit diesem Pulsgehüpfe steigen? Stehenbleiben, in diesem Backofen stehenbleiben? Rasten, neunzig Meter unter dem rettenden Rucksack ohne Schatten rasten? Die Mundhöhle ist ausgedörrt wie ein Kohlenmeiler, aus den Speicheldrüsen kommt nur noch ein Pfeifen. Die Sonne glotzt, die Zeit steht still.

Auch war da dieser Tagesausflug auf den Montblanc du Tacul, die Verlokkung ist ja groß: Man schläft im weißen Bett in Chamonix, besteigt um sieben – vier Stunden zu spät, das ist das Problem – die erste Seilbahn auf die Aiguille du Midi und stürmt halb acht aus 3800 Metern Höhe zum Col du Midi hinab, der gewaltigen Festung der Grandes Jorasses gegenüber. Und dann durch himmelhohe Eiskorridore eine steile Wand hinauf und dann eine Stunde über mäßig geneigten Firn zu den Gipfelfelsen. Das klingt harmlos, doch gerade die Ereignislosigkeit dieser vierten Stunde in 4100 Metern Höhe, mit der dicken Luft von Chamonix zwischen den Rippen und einer feuernden Sonne über dem Kopf, dörrt mich aus und macht mich mürbe. Die letzte Feuchtigkeit hat sich zu ein paar Schleimfäden verdichtet, die mir an den Lippen kleben.

Auf dem Gipfel bin ich rasch erholt: Tee, Tomate und Banane, dann hingelegt und ein Tuch übers Gesicht, das beste Rezept. Nur ist es eben ein Uhr mittags, als wir den Abstieg antreten, schrecklich spät. In der Eisflanke formt der aufgeweichte Schnee die Steigeisen zu fußballgroßen Klumpen. Immerhin: Nach zwei Stunden stehen wir wieder auf dem Col du Midi, dem tiefsten Punkt der Route. Nun müssen wir noch 260 Höhenmeter hinauf, und es wird die schlimmste all dieser grauenvollen Gegensteigungen: an einem Junitag nachmittags von vier bis fünf, in einem Firnkessel, subjektiv 60 Grad im Schatten, nur daß der Schatten fehlt.

Mit quälender Langsamkeit stapfen wir bergan. Ich greife in den Schnee, um mir die Arme einzureiben, schiebe mir kleine Brocken in den Mund, um ihn zu befeuchten, forme aus Schnee einen Pfannkuchen, den ich mir auf den Kopf lege. Es ist die längste Stunde meines Lebens: das Bleiben unmöglich und das Steigen unerträglich, unerreichbar hoch steht die Aiguille du Midi über uns und rückt nicht näher, und dabei ist sie doppelt begehrenswert, denn eine Wolke hängt an ihrer Spitze und verspricht Schatten, das Paradies. Ich höre die Sonne stöhnen. In dem Sulzschnee, der uns um die Knie schwappt, sacken wir oft bis über die Hüften ein, und mich aus dem Brei herauszuarbeiten, ist fast mehr, als Herz und Geist noch leisten möchten. Irgendwann, nach anderthalb Ewigkeiten, macht der Seilbahnstollen von einem Schritt auf den andern aus dem Brutofen ein Kellerverlies. Wir lachen, wir frieren.

Frieren? Das Große Fiescherhorn. Es ist 4048 Meter hoch, ein Zuckerhut über der gewaltigen Fiescherwand, die zu den Schaustücken von Grindelwald gehört. Beim ersten Versuch versackten wir so tief im Schnee, daß wir die Tour abbrachen; beim zweiten Mal gröhlte uns über das Obere Mönchsjoch ein Sturm entgegen, der das Unwetter brachte, wir kehrten um.

Dritter Anlauf. Auf dem Jungfraujoch setzt abends Schneegestöber ein. Beim Wecken um drei schneit es immer noch. Halb fünf aber fegt ein harter Nordwest den Himmel leer, wir brechen auf. Als wir das Stollenloch der Jungfraubahn verlassen haben, springt der Sturm uns an, zieht uns den Atem aus der Lunge und peitscht uns den Neuschnee mit tausend Kristallen ins Gesicht. Die Kapuze sitzt nicht fest genug, ein Tuch müßte man sich vor Mund und Nase binden, aber solche Einsicht kommt hundert Meter hinter dem Stollen, die Augen tränen, so stelle ich mir die Antarktis vor.

Schließlich bleiben wir doch stehen, um unsere Gesichter besser zu schützen, und, schief gegen den Orkan gestemmt, versuche ich mich an den Schnüren der Kapuze, mit Fausthandschuhen ist das hoffnungslos, also klemme ich sie zwischen die Knie, aber bis ich mit zwei steifen Händen das Seidentuch aus dem Anorak gefingert, seine knatternden Zipfel zu einem Doppelknoten geschlungen und die Kapuze festgezogen habe, die wie ein geblähtes Segel wegstrebt – da wimmere ich vor Schmerz in den Eiszapfen, die meine Finger waren. Ein Sturm von 70 Stundenkilometern bei einer Temperatur von 0 Grad kühlt die Haut so aus, als wenn bei Windstille 19 Grad Kälte herrschen; das Thermometer am Stollenausgang zeigt aber minus 8 Grad, und der Sturm bläst mit viel mehr als 70 Kilometern, so daß wir den Gegenwert von 40 Grad Kälte haben dürften an diesem sonnigen Septembertag.

Windstille im Ewigschneefeld, aber in der Eisflanke unterm Fieschersattel fällt der brüllende Nordwest uns wieder an. Der Sattel ist ein weitläufiges Schneeplateau, der Gipfelaufbau links kostet nur noch eine halbe Stunde, mit kreischenden Eisen über leergefegten Fels. Auf dem Gipfelchen bleiben wir keine zehn Minuten, denn zum Hinsetzen hat keiner Lust im Prasseln der Eiskristalle. „Ziagn tuat's da herom zum Verrecka", Karl Valentins drastische Klage aus der „Lorelei" fällt mir ein.

Und dennoch tragen diese sieben oder acht Minuten auf dem Großen Fiescherhorn den ganzen Lohn der verrückten Tour in sich und auch noch für Dutzende von anderen Stunden der alpinen Qual. Grindelwald liegt unter Wolken – aber welche wilde, verwegene Jagd hier oben! Wie die Nebel quer über den Himmel sausen, die

Wenn ein Gewitter sich zusammenbraut wie über dem Allalinhorn im Wallis beim Abstieg vom Alphubel (4206 m), dann hetzen Vernunft und Angst den Alpinisten in die Tiefe. Die Sonne ist schwer, das diffuse Licht wird zur Qual, und der Bergsteiger, der seine Tour im Frost begann, ist in Schweiß gedünstet und träumt von kühlen Grotten

Schreckhörner freigeben, das Finsteraarhorn verhüllen, nun umgekehrt, Riesen im Schleiertanz, am Großen Grünhorn flattert eine weiße Fahne, Landschaft als Drama, Sturm als Musik!

Beim Abstieg nach der anderen Seite über den Fiescherfirn zur Finsteraarhornhütte ist der Wind rasch wieder still, ein leichter Schneeregen statt dessen, diffuse Sonne mit Firnreflex, Augenschmerzen, Hitzestau – ein Königreich für eine kühle Grotte! So hätte die Durchschnittstemperatur der Tour wieder mal gestimmt.

Angst, das war am Eiger. Im verregneten Juli 1966 meinte am ersten wolkenlosen Tag ein Führer, mit dem ich bis dahin gute Erfahrungen gemacht hatte, man könne den Eiger wagen; allerdings müßten wir in der Mittellegi-Hütte mit einem Schneehaufen rechnen, denn die beiden letzten Besucher hätten die Tür oder das Fenster offengelassen bei einer dramatischen Flucht. Früh sollten wir zum Eismeer fahren, um noch die Matratzen in die Sonne zu stellen, falls sie naß seien.

Die Mittellegi-Hütte gehört dem Grindelwalder Bergführerverein, ein

Geschenk des Japaners Yuko Maki, dem mit drei Grindelwalder Führern die Erstbegehung des Grates gelungen war. Wenn Schnee in die Hütte weht, muß einer rauf und Ordnung schaffen. Das ist lästig, es kostet Zeit und bringt kein Geld. Wie nun, wenn man einen Gast fände, der für eine abgebrochene Tour zahlt? Ich sage ja nur: Mein Nutzen für den Führerverein war groß – und die Verhältnisse am Eiger waren so, daß wir beide, der Führer und ich, um unser Leben rennen mußten.

Schon als wir aus dem Stollenloch aussteigen, ist die Sonne verschwunden, aus dem Nebel graupelt es. Ein guter Grund zur Umkehr: Wie sollen wir morgen von der Hütte auf den Gipfel kommen? Und hat nicht der Führer mir das Wissen voraus, daß schon die Hütte bei solchem Wetter eine Falle ist? Die Schneemassen sind chaotisch, sogleich sacken wir bis zu den Hüften ein, einmal verschwindet der Führer bis zum Kinn.

Fünf Minuten oberhalb der Hütte betreten wir den Grat; er ist mit Schnee einen Meter dick bepackt, die winzige Hütte auf drei Seiten zugeschneit bis zum Dach. Die Tür ist zu, aber das Fenster nur angelehnt. Vier Strümpfe hängen auf der Leine, zwei Eispickel lehnen an zwei Rucksäcken. In zwei Tassen steht brauner Tee mit schillernder Oberfläche. Unter dem Fenster wächst ein Schneekegel aus dem Hüttenboden.

Wir schaufeln den Schnee aus der Hütte und drücken das verquollene Fenster zu. Das Hüttenbuch enthält als letzten Eintrag, daß vor drei Wochen, vor dem großen Wettersturz, zwei Bergsteiger aus Winterthur von der Station Eismeer zur Hütte aufgestiegen sind und die Eiger-Überschreitung vom Mittellegi-Grat zur Kleinen Scheidegg machen wollten, wie wir.

Wir schnallen das Bündelholz von unseren Rucksäcken; 1966 mußte man es noch kaufen beim Stationsmeister der Jungfraubahn und selber schleppen; inzwischen wird es per Hubschrauber angeliefert. Der Herd qualmt blau, wir husten und machen die Hüttentür einen

Sie ist nur für Bergsteiger erreichbar, und sie ist die schönste der Alpen: die Mittellegi-Hütte, 3355 Meter hoch, auf schmalem Grat 1000 Meter über dem Fiescherfirn rechts und 2400 Meter über dem Tal von Grindelwald links, hinten das Wetterhorn und die Schreckhorn-Kette, vorn der Mittellegi-Grat, der First über der Nordwand, der lohnendste Aufstieg auf den Eiger

Spaltbreit auf. Der Führer erzählt: Dreißig Zentimeter Neuschnee hatten die beiden Winterthurer in der ersten Nacht. Sie versuchten, zur Jungfraubahn zurückzukehren, verfehlten jedoch im Schneetreiben zunächst die Route und fanden dann den Weg zur Station Eismeer durch Lawinenstürze versperrt. Nach neun Stunden hatten sie erschöpft die Hütte wieder erreicht. Da die Schneefälle anhielten, unternahmen sie am nächsten Tag keinen weiteren Abstiegsversuch. Sie saßen in der Falle. Ihre Eltern alarmierten unterdessen einen Rettungshubschrauber, dem es trotz des Schneesturms gelang, die Hütte zu finden und sich neben ihr einen Meter über dem Grat in der Luft zu halten. Ein schrecklicher – ein herrlicher Lärm! Sie wickeln sich aus den Decken, stürzen in Strümpfen vor die Tür, eine Leiter hängt herab. Einer hat noch die Kraft, die Hüttentür hinter sich zuzuschmettern, dann wühlen sie sich durch den brusttiefen Schnee.

Über den Grat jagen die Nebelschwaden, und als wir beim Rotwein sind, trommeln Graupel aufs Hüttendach. Der Wein, unten zimmerwarm in die Thermosflasche gefüllt, dampft hier oben. Um neun blasen wir die Kerze aus und wickeln uns jeder in sieben klamme Decken.

Natürlich kommen wir morgen nicht auf den Eiger. Aber ich bin zufrieden. So weit oben an meinem Berg war ich nie und so weit weg von der Welt nur selten. Kalt wird diese Nacht. Ich ziehe noch eine Decke und noch eine über mich und klappere doch.

Vier Uhr. Wir treten in die Hüttentür: Schneegestöber. Auf der Zunge schmelzen die Flocken. Der Eigergipfel liegt unerreichbar fern. Ins Eismeer rumpeln die Lawinen. Ob ein Hubschrauber käme? Das Feuer hustend gelöscht, die Tassen abgewaschen. Gamaschen und Steigeisen, Mütze und Kapuze, Schal und Handschuhe. Noch vor dem Ofen angeseilt, Fenster und Tür sorgsam verriegelt. Sicht dreißig Meter. In der Nebelsuppe Zischen, Krachen, Donnern fern und nah.

Nach hundert Metern des Balancierens über den weißvermummten Grat geht es links hinab, steil in den Eismeerkessel, einen grauen Topf ohne Wand und Boden. Der eine sichert, bis der rieselnde Schnee die Konturen des andern verwischt. Nach unseren Rufen ist die Stille wie ein Dröhnen. Dann bricht das nächste Schneegewitter los, und die Wände des Kessels brüllen ihr Echo.

Nach drei Stunden wissen wir es: Wir haben die Route zur Jungfraubahn verfehlt. Ächzend klettern wir hundert Meter hinauf, dreißig hinab, siebzig hinauf, vierzig hinab. Wir rodeln mit schreienden Eisen durch knietiefen Schnee, wir wühlen im Schnee bis an die Ellbogen, wir sinken in Lawinenbahnen ein bis an die Brust.

Nach vier Stunden erkennen wir die Felskanzel wieder, über die wir uns gestern abgeseilt haben. Zwischen uns und ihr liegt eine Eisrinne, durch die pausenlos Schneeblöcke fegen. Wir queren sie, der Schnee schlägt auf uns ein, zwei Meter rutsche ich mit – dann greift der Pickel. Doch auch die Kanzel rettet uns nicht: Sie bringt uns an den nächsten Lawinentrichter, einen Abgrund von milchigem Grau, in dem es donnert und kracht wie von losgerissenen D-Zug-Wagen. Es sterben immer nur die andern, heißt ein alter Trost. Aber die anderen sagten das auch.

Unsere Augenbrauen sind weiß, die Strümpfe dampfen, Schmelzwasser rinnt aus den Pelzhandschuhen. Wir müssen zurück. Oder den anderen Abstieg versuchen, weit, weit nach Grindelwald hinab – über den Kallifirn, auf den die Lawinen aus der Südflanke des Eigers stürzen. Am Schienbein sickert Blut. Schnee weht uns zu. Das große Grauen in den Bergen.

Auf kreischenden Eisen rutschen, stolpern, taumeln wir zum Kallifirn hinunter. Sicht zwanzig Meter. Über das Firnband hetzen wir mit stoßendem Atem, fast blind von Schnee und Schweiß, wir kämpfen mit den meterhohen Wällen der Lawinenbahnen. Ich keuche mit Schleiern vor den Augen und einem Rauschen in den Ohren. Leben, leben! Irgendwann rettet uns der Felssporn über dem Unteren Eismeer, der jenseits der Lawinenzone liegt.

Nach fünf Stunden die erste Rast: Schokolade, ein Becher Tee. Das Schneetreiben geht in Nieseln über. Beim Gletscherabstieg endlich kommen wir normal voran. Die Wolken steigen, ein wärmender Strahl sogar, und da: die Fiescherwand! Riesig, eine weiße Mauer, die ins Jenseits ragt. Zwei Minuten später fällt der Regenvorhang. Über einen Steilhang mit Latschen und Alpenrosen, das Kalli, steigen wir ab zum Unteren Grindelwaldgletscher, einen Irrgarten von Spalten und Schutt. Zehn Stunden nach dem Schließen der Hüttentür sind wir in Grindelwald, und dampfend blicken wir hinauf zu jener Hälfte des Himmels, die der Eiger füllt, unnahbar und weiß bepudert.

Acht Jahre später, ein klassischer September. Kein Schnee auf der Hütte und auf der Felskanzel dahinter, auf der mehrere Menschen bequem stehen können. Unter uns, hoch über dem dunkelgrünen Tal von Grindelwald, schwimmt ein Wolkenturm im Himmel, die Zwiebelhaube von den letzten Sonnenstrahlen gerötet. Gegenüber, jenseits des Eismeers, stehen rosa und kalt die Viertausender des Berner Oberlands. Gut sieht das Wetter aus, und in der Hütte sind wir wieder die einzigen. Zwei Besucher reichen auch: ein zweistöckiges Matratzenlager mit fünfzehn zu engen und zu kurzen Liegeplätzen, der Herd, ein Schrank, ein Tisch, eine Eckbank, zwei Schemel und etwa zwei Quadratmeter Bewegungsfläche. Schon zu sechst kann es kein Vergnügen sein, und mir graut bei der Vorstellung, wie sich hier an manchen Wochenenden dreißig Menschen drängen.

Die Hütte meiner Kinderträume, auf dem Messerrücken des Eigers. In den Schindeln säuselt der Wind. Kalt wird es werden. Hat je ein Lyriker der Romantik die Sterne so glitzern sehen? Sie leuchten über uns und unter uns zugleich: Die Milchstraße senkt sich zum Tal auf die Lichter von Grindelwald hinab. Im Nordosten fern ein Schimmer: die Lichter von Bern. Und über uns das schwarze Beil, über dessen Schneide wir morgen balancieren wollen.

Die Kälte schüttelt uns, wir fliehen in den Dunstkreis des Qualms zurück. Wir können es uns leisten, uns quer über die Matratzen zu legen und Dekken auf uns zu türmen, noch eine und noch eine im Lauf der Nacht.

Ein Lärm reißt mich aus Träumen. Der Wind rüttelt am Fenster und jault im Ofenrohr. Dann erzittert die Hütte unter einem Schlag. Dann quietscht es, und dann kracht es wieder. Die äußere Hüttentür! Wir haben sie nicht arretiert. Ich fingere nach der Taschenlampe, suche meine Stiefel, es schmettert wieder, auf Strümpfen torkle ich auf den fußbreiten Sims hinaus. Da faucht es mich an, bläst mir die Schlafwärme aus dem Pullover, nadelt mich mit Steinstaub und Schneekristallen, saugt mir den Atem aus dem Mund und haut mir die Tür ins Kreuz.

Die Tür, ja. Aber ein Haken, ein Riegel, eine Halterung? Die Finger sind steif, die Augen blind, die Gedanken dumpf, das Eismeer ist tausend Meter unter mir, man müßte heulen mit dem Sturm. Heim, heim! Wenigstens in die Hütte zurück. Ich verriegle die Innentür, stolpere zur Matratze und tauche in die Decken. Das nächste Reißen und Krachen höre ich mit milder Seele: So ist es eben, machen kann man nichts.

Halb fünf ist vom mitternächtlichen Aufruhr nur ein beißendes Windlein geblieben, Außentemperatur minus sieben Grad, innen um null, Eis auf dem Teewasser. Wir husten gegen den Herd an. Gähnen, sich mit Stiefeln und Gamaschen abrackern, ein Frühstück runterwürgen, die Thermosflasche füllen, den Rucksack schnüren, die Hütte aufräumen, das Seil anlegen, die Mütze aufsetzen, die Lampe löschen, die Handschuhe anziehen, das Fenster und die Tür verriegeln.

Auf den Eisbergen liegt das kalte Grau, das dem Sonnenaufgang vorhergeht. Der Fels ist trocken, der Firn hart, der Wind eisig, aber mäßig, das

Das Finsteraarhorn (4274 m), höchster Gipfel des Berner Oberlands; nur auf sehr mühsamen Wegen zu erreichen. Die Normalroute führt von rechts über die Firnhänge zum Hugi-Sattel, dem Absatz links unter der Gipfelpyramide aus glattem, rötlichem Gneis. Sie wird über den Nordwestgrat „mäßig schwierig bei Nichtvereisung" erklettert. Links das Agassizhorn (3953 m)

Klettern zunächst nicht schwer. In der Scharte nach dem ersten Gratturm sehen wir uns um: Während Grindelwald noch im Dunkel liegt und die Gletscher in trübem Grau verharren, ist uns die Sonne aufgegangen. Das Finsteraarhorn, das Große Fiescherhorn, den Mönch läßt sie erdbeerfarben leuchten, über den Himmel schüttet sie Lila und Orange. Im Kino würde sich das Wort „Kitsch" einstellen. Hier hat das Schauspiel etwas vom ersten Schöpfungstag, von Prometheus, von kaltem, erstaunlichem Glück.

Der Grat wird schmaler, auch steiler, Eis überzieht die Felsen. An solchen Stellen haben die Bergführer von Grindelwald ihre dicken Nylonseile verankert. Sie mindern zwar die Strapaze nicht, denn wer sich in voller Montur aufs Tauklettern verlegte, würde bald erlahmen; man muß weiter nach Tritten suchen. Aber wenigstens ein Griff ist zuverlässig da.

Zwei Stunden über der Hütte stehen wir auf einem gebrechlichen Felsturm über einer tiefen Scharte – und erblikken ihn nun, den Grataufschwung, an dem bis 1921 alle Versuche scheiterten, den Eiger auf seinem First zu überklettern: einen riesigen Diskus aus vereistem Fels, 200 Meter im Durchmesser, wie von einem Zyklopen schräg in den Himmel gehalten. Zum Eismeer hin hängt er gelbbraun über, nach Grindelwald stürzt er weiß in die Nordwand ab. Über den scharfen Rand dieser Scheibe müssen wir hinauf. Schlimm sieht es aus, aber nichts ist hier schwieriger als am Matterhorn, nur die Nerven müssen besser sein.

Es kommt der Punkt, da die Steilheit sich legt und der Felsgrat in eine Firnschneide übergeht. Wir schnallen die Steigeisen an. Dort drüben, am anderen Ende des Himmels, das muß der Gipfel sein. Der Firngrat ist so breit, wie das Eisen ihn tritt. Wenn wir die Füße im Halbkreis vorschwingen, sieht man einen Kilometer unter dem linken Fuß den weißen Fieschergletscher und drei Kilometer unter dem rechten Fuß die Chalets, die Wälder, die Weiden von Grindelwald – Abgrund links und Abgrund rechts, Angst im Bauch und Jubel in den Augen.

Selbst wenn die Wildnis hoch über den Almen keine Freuden im flachländischen Sinn zu bieten hätte, sondern im besseren Fall die heißen Mischgefühle aus Glück und Schmerz, aus Angst und Lust und im schlechteren Fall die röchelnde Strapaze – selbst dann sollte man den Preis für die Begegnung mit dem Ungeheuren zahlen.

Doch so ist es nicht, daß da keine reinen Freuden wären – so klare, starke sind darunter, wie mancher Flachländer sie gar nicht kennt. Am leichtesten beschreiben läßt sich die Lust danach: dieses Runterzerren und In-die-Ecke-Feuern der klebrigen Klamotten, das heiße Bad und die Orgie des Schmatzens und stürzenden Trinkens, bis der zusammengeschnurrte Körper seine drei, vier, fünf Liter verlorene Flüssigkeit zurückbekommen hat; und natürlich ist die Lust dann am größten, wenn man sich das äußerste an Plage zugemutet hatte.

Wer aber dagegen den beliebten Einwand erhöbe, das komme ihm vor wie die Geschichte von dem Mann, der den ganzen Tag zu enge Schuhe trug, damit er abends den Genuß empfinden konnte, sie endlich auszuziehen – der hätte eine schlichte Wahrheit unfreundlich ausgedrückt. Die Wahrheit ist, daß zu allem Glück auf Erden der Kontrast gehört, daß jede Lust schal wird, wenn sie zu lange dauert. Die Wahrheit ist auch, daß die Not unsere Vorfahren zwang und viele Sitten ihnen nahelegten, sich nicht etwa täglich mäßig satt zu essen an allem, was schmeckt, wie wir, sondern daß sie wüste Völlerei betrieben an der Jagdbeute, die sie nicht konservieren konnten, und dann hungerten, bis das nächste Tier erlegt war, oder daß sie sich auf einer dreitägigen Bauernhochzeit mästeten, bevor sie fasteten. Der Alpinist zerstört für sich das widernatürliche Gleichmaß unserer Überzivilisation, er kehrt zu den Quellen zurück, und ich kann versichern: Spaß macht es auch!

Nach meiner ersten Klettertour, der Parseier Spitze, zwölf Stunden Plage und acht Stunden Hitze in den Knochen, stehe ich in der Tür der Memminger Hütte und frage mit fiebrigen Augen die Wirtin: ob auch bestimmt genug Bier im Haus sei? Sie bejaht es, ich bestelle sofort acht Flaschen, zwei für jeden von uns Vieren, für mich außerdem Suppe und einen Liter Tee. Rasch das Hemd gewechselt, dann fängt die Orgie an.

Freilich hat die Großmutter-Mahnung, ein Erhitzter dürfe nichts Kaltes in sich gießen, Verheerungen in mir angerichtet; zumal da sie ihren wahren Kern nicht mit der passenden Schale versah: Also kippe man vor dem kalten Bier einen kalten Schnaps! Auf den Schnaps kam ich erst später. Hier mache ich mich brav über die Suppe her – aber sie ist ja salzig, und viel zu wenig flüssig ist sie auch! Also über den Tee – doch der ist fad und viel zu heiß! Also doch übers Bier? Aber ich schütte ein bißchen Tee dazu, damit es nicht gar so kalt ist, und zehn Stück Zucker werfe ich hinein, bis es überschäumt, denn ein Erschöpfter braucht Kalorien. Dann wieder Suppe, doch mit etwas Tee darin, damit sie flüssiger, und warum nicht mit Bier, damit sie kühler wird.

Nach den ersten zwei Litern Flüssigkeit sinke ich für eine Stunde auf mein Bett. Vier Flaschen Bier trinke ich zum Abendessen und nochmal zwei danach. Wohligkeit kriecht durch den Körper, Hitze strömt durch das Gesicht – ja, das war ein Tag! Leicht umnebelt trete ich vor die Hüttentür und sehe in schwarzer Nacht den Sternen beim Funkeln zu.

Kein sichereres Vergnügen als die Lust „danach". Und die Lust „dabei"? Wetten kann man auf sie nicht – zu viele Touren scheitern, zu häufig ist der Ärger, zu groß die Schinderei.

Doch immer wieder sind da die festlichen Minuten von den ersten violetten Tupfern auf den Firnen bis zum brausenden Durchbruch des Lichts; und die kleinen Szenen, an die die Erinnerung sich heftet: Als wir beim Aufstieg zum Grand Combin in einer unglaublich grellen Vollmondnacht das Steileis des Mont-Durand-Gletschers überqueren, haucht die kleine blonde Toulouserin in meiner Spur „J'ai peur", ich habe Angst, und weiter schlägt sie den Pickel ein. Oder das Gefühl, auf eine Kirchturmspitze irgendwo im Weltraum zu steigen, in sausendem Wind über knallhartes Eis: Piz Roseg! Und die letzten Schritte zum Gipfel – der Triumph, die Erschöpfung, die Augenlust! Manchmal ein paar Tränen in den Augen oder ein Krampf in der Kehle, weil die Strapaze so groß war und die Welt so herrlich ist.

Der Dom im Wallis ist 4545 Meter hoch und, ich sage es mal so, die herrlichste Aussichtskanzel der Erde. Lilo war mit oben. Das sind dann auch 3140 Höhenmeter nach Randa hinab, und dann mit dem Zug nach Zermatt, und in die Badewanne, und in die frische Wäsche, und ins Restaurant, von der Sonne durchgeglüht, von Genugtuung geschwellt, von Bier und Wein gerötet, lallend vor Begeisterung – so gingen wir tanzen. Die Intensität dieses Kontrastes, der eisige Morgen, die keuchende Plage, der Jubel auf dem Dach der Welt, die flirrende Hitze, die schmerzenden Knie an einem Tag zusammengedrängt mit allen Wonnen der Täler – das macht den Alpen keiner nach.

Vom Wurmsitzkogel bis Gummifuzzy

Wie die Berge zu ihren Namen kamen

Das Gebirge, das wir „die Alpen" nennen, all die Gipfel und Grate, Schluchten und Wände – es hat nie einen Namen bekommen. Benannt haben wir die Bergweiden, die in den Ostalpen *Almen*, in der Schweiz, im Allgäu und in Vorarlberg aber *Alpen* heißen wie eh und je. *Ötz* bedeutet „Weide", woraus folgt, daß die Ötztaler Alpen wörtlich die Weidentaler Hochweiden sind.

Wir benennen eben nur das, was uns interessiert. So bekamen, nach den Almen, zunächst die berüchtigten Engstellen unterhalb der Pässe ihre Namen: Via mala; dann die Pässe selbst: Mons Jovis, Großer Bernhards-Berg. Auch die Spitzen zu benennen, das offensichtlich Nutzloseste an dieser bergigen Milchwirtschaftsregion, kam erst in der Neuzeit auf und erst vor zwei Jahrhunderten in Mode: Seit 1786 der Montblanc bestiegen worden war und das Horn über dem Matterberg, einem Paß, den Namen *Matterhorn* erworben hatte, da wollten Alpinisten, Touristen, Kartographen überall rasch Klarheit haben.

Das ließ sich machen – wenn auch meist nicht überliefert ist, wie und von wem. Aus der „Wetterwand" südlich vom Königssee wurde im 19. Jahrhundert der *Hochkönig*; der Buttermodel, Sulzbacher oder Stützenkopf in den Hohen Tauern bekam den erhabenen Namen *Großvenediger* – mit der Legende, Hirten hätten den eisigen Berg rot leuchten sehen wie eine Stadt der Träume. Dagegen wissen wir genau, daß die Gemeinde Ellmau in Tirol 1967 den *Hartkaser* (1555 m) sprachlich vom Käse befreite, weil nun eine Bergbahn auf ihn führte, und ihn in *Hartkaiser* umbenannte, um ihn zum Verwandten des Wilden Kaisers jenseits ihres Tals zu machen.

Aus anderen Bergnamen schmeckt man den Almkäse nicht so leicht heraus: Der *Hochfeiler* ist der Berg über der Feileralm, der *Möseler*, ebenfalls in den Zillertalern, die Spitze über dem Mösele, der kleinen Sumpfwiese. Da „Palü" vom lateinischen palus (Sumpf) kommt, würde der *Piz Palü* auf Deutsch weniger klangvoll „Sumpfkogel" heißen.

Eiger könnte zwar vom althochdeutschen „hej ger" (hohe Spitze) stammen, rührt aber wahrscheinlicher von dem Bauern Aiger her, der unter der Nordwand seine Ziegen weidete, weshalb der Eiger ganz unheroisch als „Aigers Geißberg" in alten Dokumenten steht. Durch die vielen Nordwandtragödien wiederum fühlten sich englische und französische Journalisten animiert, aus „Eiger" das Wort „ogre" herauszulesen, den Menschenfresser – historisch ein Unsinn.

Glücklicherweise gibt es auch Namen, die auf Anhieb einleuchten: *Montblanc,* weil der Berg weiß ist; die *Bischofsmütze* im Dachstein-Massiv, weil die Felsform dies wirklich nahelegt; das *Gspaltenhorn* im Berner Oberland, weil es wie von einem Säbel gespalten ist – und der steht sogar im Namen der „Säbelhiebspitze" im Dauphiné: *Pic du coup de Sabre.*

Zahlreich sind die Wetterhörner, Mittagshörner, Mittagsspitzen, berühmt ist die „Sextener Sonnenuhr": die Gipfel, die den Bewohnern von Sexten in den Dolomiten durch den Sonnenstand die Uhrzeit zeigen, vom *Neunerkofel* über den *Zwölferkofel* bis zum *Einerkofel.* Auch der *Wurmsitzkogel* in den Ötztaler Alpen zählt zu den klaren Fällen, weil, natürlich, ein Lindwurm auf ihm hauste.

Der *Monte Rosa* dagegen ist nicht nach seiner Färbung im Morgenrot benannt, sondern nach einem althochdeutschen Wort für „Eis", das im *Piz Roseg* (Bernina-Gruppe) wiederkehrt. Der *Krottenkopf* im Allgäu hat weder mit Grotten noch mit Kröten zu tun, sondern mit Schutt (romanisch „grota"). Die *Talleitspitze* über Vent heißt nicht so, weil sie den Wanderer leitete, sondern weil die Bauern Kienholz von ihr bezogen, lateinisch „taedula". Und der *Turnerkamp* in den Zillertalern hat nichts mit Turnkunst zu tun, sondern mit „durnen", dem Wort der Einheimischen fürs Donnern – noch ein „Wetterhorn" also.

Im letzten Jahrzehnt ist eine kuriose Gruppe neuer und gänzlich neuartiger Namen aufgetaucht: nicht für Berge, sondern für Stücke von ihnen – Wände, Kamine, Überhänge, an denen die jungen „Extremen" die Kletterkunst aufs raffinierteste verfeinert haben. In einer Zeit, in der sogar Wirbelstürme („Hilda") und manche Autos („Bimbo") Eigennamen tragen, nehmen sich die lässigen Fels-Artisten die Freiheit, einer Felspartie – und nur ihr – Namen wie *Direktes Kraftmosaik* zu geben oder *Großer Wahnsinn* oder *Razamanaz* oder *Never trust a smiling cat.*

Viele Einheimische und Alpenvereinsfunktionäre sind empört über die Keßheit der jungen Leute und über das Geschick, mit dem sie ihre krausen Einfälle in die Fachzeitschriften mogeln: *Motörhead*, *Schmelzbrötli*, *Noli me tangere*, *Neue Dimension des Herzens* oder gar (im Montblanc-Gebiet) *Eine schmutzige Affäre von Sex und Crime.*

„Kennst du den Berg und seinen Wolkensteg?" fragte Goethe 1784, und die Antwort lautet 200 Jahre später: „Ja, der Berg heißt zum Beispiel *Geiselstein* und steht in den Ammergauer Alpen; unseren neuen Wolkensteg auf ihn aber haben wir *Gummifuzzy* getauft."

Nach dem Aufstieg zur Berghütte in der heißen Nachmittagssonne endlich den Rucksack abzuwerfen, das verschwitzte Hemd zu wechseln und das erste Dosenbier zu stürzen – das macht Spaß, wie hier auf der Täschhütte im Wallis (2701 m). Wenn sich dann auf 60 Schlafplätzen, ohnehin schmal genug bemessen, 90 Alpinisten drängen und das nächtliche Frühstück zum Kampf um das Teewasser wird, dann ist alle Hüttenromantik verflogen. Nicht nur in den Tälern, längst auch auf den Bergen sind die Alpen überfüllt

Volksauflauf in Hütten und in Wänden

Der gewaltige Klotz des Breithorns über Zermatt läßt sich in gut anderthalb Stunden besteigen, seit auf das nahe Kleine Matterhorn eine Seilbahn führt. Entsprechend lang sind die Karawanen der Bergsteiger an schönen Sommertagen. Immerhin, die Gipfelhöhe von 4165 Metern gibt vielen zu schnaufen, die Spalten im Firn zwingen zum Anseilen, und Windstärke 8 bei 0 Grad im August sind auch nicht jedermanns Geschmack

Auf 80 Plätzen 160 Alpinisten – so sah es in der Goûter-Hütte, auf der Normalroute zum Montblanc gelegen und höher als der Gipfel des Großglockners, im August 1983 aus. 270 Hüttengäste hat es auch schon gegeben. Der Ansturm auf Sitzplätze, Schlafplätze, Latrinenplätze geht vielen auf die Nerven, und der Mief der überfüllten Schlafräume in der dünnen Höhenluft macht manchem Kopfschmerzen und Atemnot

Auf den Gewitterfelsen (Rochers Foudroyés), 4362 Meter über dem Meer, steht seit 1938 eine Notunterkunft aus silbern glitzerndem Leichtmetall, die Vallot-Hütte, Zuflucht für Montblanc-Besteiger bei Erschöpfung oder Wettersturz – und ein Anblick zum Jubeln, wenn die Nacht noch in den Tälern hängt, während die Hütte in den ersten Strahlen der Morgensonne golden leuchtet. Rechts der Mont Maudit (4465 m)

Und das ist es von innen, das herrliche Réfuge Vallot. Es wäre ein Rattenloch oder ein Kakerlaken-Paradies, wenn es den Tieren nicht zu kalt da oben wäre. Zu der Versuchung für den Bergsteiger, sich seiner Abfälle zu entledigen, und der Schwierigkeit, sie abzutransportieren, kommt bei einigen Alpinisten die schiere Lust an der Zerstörung. Kurz nach einer Generalreinigung mußte der Französische Alpenclub 1983 aufs neue registrieren: „Matratzen zerschnitten, Isolierplatten aus den Wänden gerissen, alle Ecken in Misthaufen verwandelt"

Das ist Stefan Glowacz, Jahrgang 1965, aus Tittmoning in Oberbayern, einer der besten Extremkletterer, in der Route „Sommernachtstraum" am Oberreinalturm im Wetterstein bei Garmisch-Partenkirchen, bewertet mit dem Schwierigkeitsgrad VII+. Die Kletterartisten von heute meistern Schwierigkeiten, die noch vor zwanzig Jahren als unüberwindlich galten

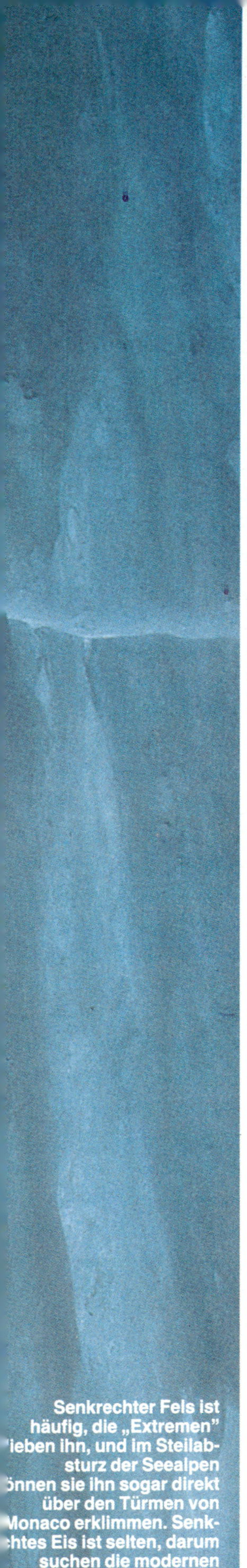

Senkrechter Fels ist häufig, die „Extremen" lieben ihn, und im Steilabsturz der Seealpen können sie ihn sogar direkt über den Türmen von Monaco erklimmen. Senkrechtes Eis ist selten, darum suchen die modernen Kletterartisten mit Vorliebe gefrorene Wasserfälle wie hier über Kandersteg im Berner Oberland. Steigeisen mit 14 Zacken (davon vier nach vorn gerichtet) und zwei Eisbeile machen es möglich

Am Bristen (3072 m) im Kanton Uri ist ein zwanzigjähriger Schwede abgestürzt, den die Schweizerische Rettungsflugwacht nur noch tot bergen kann. Die Hubschrauber, an steilem Fels oft artistisch gehandhabt, haben schon viele Verunglückte lebend geborgen, die sonst vielleicht verblutet oder erfroren wären; etliche Kletterer aber werden durch die Hoffnung, schlimmstenfalls könnten sie ja immer noch aus der Luft gerettet werden, zum Leichtsinn verführt

HB-XFF

Der Goûter-Hütte, 3817 Meter hoch an der Normalroute auf den Montblanc gelegen, drohen ständig zwei Gefahren: von der Eiskappe der Aiguille du Goûter über die Felskante geschoben zu werden und durchs Grand Couloir in die Tiefe zu stürzen – oder zu bersten, wenn sich auf ihren 80 Plätzen bis zu 270 Bergsteiger zusammenpferchen. 1976 war ich einer unter nur 50, aber mir waren es 40 zuviel.

Teewasser? Das gibt es erst um drei, sagt der Wirt am Abend. Die meisten finden das ziemlich spät für den Montblanc und maulen. So sind schon halb drei an die vierzig verschlafene und verstunkene Gestalten im Gastraum versammelt, und weil weder der Wirt noch seine beiden Helfer sich blicken lassen, machen einige von uns sich am Herd zu schaffen. Da kommt plötzlich ein Mensch vom Personal, ein magerer älterer Mann mit wüstem Haar, und scheucht die Unbefugten weg. Sie lassen es sich zunächst gefallen, in der Meinung, nun würde eben er das tun, was sie wollten, nämlich Wasser erhitzen. Doch er will etwas anderes: Auf die Uhr will er zeigen, die Hüttenordnung will er aufrechterhalten, also dafür sorgen, daß wir vor drei Uhr nichts bekommen.

Da erschallt ein vielstimmiger Protest auf Französisch, Italienisch, Deutsch und Englisch, ein Bayer tut sich besonders hervor, der Wüsthaarige überschüttet uns seinerseits mit Flüchen und gestikuliert gegen uns an. Eine Menschentraube bedrängt ihn, einige stolpern und haben einen Grund mehr zum Fluchen, denn zu vierzig Bergsteigern gehören vierzig Rucksäcke und zwanzig Seile – und hätte dieser Waldschrat nicht mit einem Viertel der Kraft, die er zur Abwehr unseres elementaren Verlangens braucht, längst Wasser kochen können? Der Bayer kämpft sich an die Spitze, seine Steigeisen trägt er in der Faust, die Zacken nach vorn, und den tanzenden Derwisch brüllt er an: „Du kochst jetzt Wasser, du Saukopf, oder ich mach' an Pfannakuacha aus dir!" Da verstummt der Haarige und füllt die Kessel, obwohl er gewiß nicht Bayerisch kann.

1983 waren wir 160 auf der Hütte; geweckt wurde früh genug, alle bekamen einen Liegeplatz, aber auch im Gastraum, unter den Tischen, auf den Korridoren und neben dem Müll; 80 hatten keine Decken, jeder Zentimeter wurde verteidigt, und nach dem Frühstück kletterten einzelne mit Stiefeln über die Tische, um das Freie zu gewinnen.

Auf halbem Weg zum Gipfel: das Réfuge Vallot, 4362 Meter hoch. Wie herrlich glitzert seine Aluminiumhaut über die weißen Flanken des Montblanc – ein klassisches Fotomotiv und ein Ort, davon zu träumen. Innen freilich Müll, bodenbedeckend, zertrümmertes Geschirr, zerschnittene Matratzen. Die Solvay-Hütte am Matterhorn sieht nicht besser aus. Es drängen eben zu viele Menschen in die Alpen, und wo sie in Massen auftreten, tragen sie alle Nachteile der Masse in die Bergregion hinauf.

Ja doch, Hütten müssen sein. Einst waren sie ein rechter Segen für jene weniger begüterten Alpinisten, die sich keine Träger für Zelt und Verpflegung leisten konnten wie die reichen jungen Herren aus London. Von jeher boten sie Zuflucht beim Wettersturz und machten lange Touren leichter; denn die wenigsten schaffen es, an einem Tag vom Tal auf einen der höchsten Gipfel zu rennen wie Reverend Davies anno 1858 auf den Dom. Da standen zwar seit 1799 die Salmhütte unterm Großglockner und später die Berggasthäuser auf dem Rigi und dem Faulhorn, doch normal war das, was dem Leutnant Naus 1820 auf der Alm widerfuhr, als er zur ersten Besteigung der Zugspitze aufbrach: „Übernachtet in der Hirtenhütte, von einer Menge Flöhe dergestalt gemartert, daß ich wachend am Feuer die halbe Nacht mit der Tötung derselben zubringen mußte."

Und so begannen die Alpenvereine Deutschlands, Österreichs und Italiens sogleich nach ihrer Gründung damit, die Alpen mit jenem Netz von Hütten und Wegen zu überziehen, das sie auch oberhalb von 2000 Metern aus ihrem Naturzustand riß, wie die Bauern dies *darunter* längst vollzogen hatten. Während der britische Alpine Club von 1857 keinerlei Ehrgeiz entwickelte, die Alpen zu verändern (nur unterjocht werden sollten sie ja), war in den Statuten des Österreichischen Alpenvereins, gegründet 1862, und des Deutschen, gegründet 1869, als eines der Ziele ausdrücklich festgelegt, die „Bereisung" der Alpen zu erleichtern.

Im Bau von Hütten und Wegen fanden die Alpenvereinssektionen, die sich das Gebirge zur Betreuung aufteilten, ihr Selbstgefühl und ihren Lebenssinn. Berghütten zogen Zufahrtsstraßen und Gasthöfe nach sich und damit Wanderer und Kletterer, die nach noch mehr Hütten riefen. Die Wege kreuzen und verzweigen sich auf manchen Hängen wie Gleise auf Rangierbahnhöfen, oft mit so kunstvoll angelegten Serpentinen, daß eilige Bergabsteiger sich ihre „Abschneider" dazwischen legten, so daß dieselbe Route den Hang nun doppelt zerschneidet. 40 000 Kilometer Wege werden in Österreich und Bayern von den Alpenvereinen unterhalten. Dazu Wegweiser zu Zehntausenden – allein im Jahr 1908 wurden in den Ostalpen 2500 davon aufgestellt – und Farbkleckse zu Millionen, nicht selten an meterbreiten Wegen, die selbst der Dümmste ohne Farbmarkierung unmöglich verlieren könnte, und natürlich zu einer Hütte führend, die von derselben Sektion errichtet wurde, denn was wäre ein Weg ohne Hütte oder eine Hütte ohne Weg oder die Sektion Hildesheim des Alpenvereins ohne eine Hildesheimer Hütte?

Bis auf die Gipfel drängten die Baracken: Hütten auf dem Hochkönig, auf dem Becher im Stubai (3173 m), auf der Signalkuppe des Monte Rosa (4556 m), Restaurants auf der Marmolada und auf der Pordoispitze in den Dolomiten, und selbst auf den Montblanc wurde 1893 ein hölzernes Schutzhaus gestellt; siebzehn Jahre später war es erfreulicherweise im Eis versunken, worin es heute noch ruht. Mit fast 2000 Hütten ist der Alpenraum gesprenkelt: 680 in Österreich und Bayern, 620 in Italien, nur 200 in der Schweiz.

Freilich, was ist eine „Hütte"! In Bayern, Österreich, Südtirol handelt es sich großenteils um Berggasthäuser mit Betten, Bierdunst und Essen à la carte, „und einige kommen nur rauf, um anderen zu zeigen, was es heißt, eine alpine Wildsau zu sein", sagt der Wirt der Tutzinger Hütte am Fuß der Benediktenwand. Neonröhren im Taschach-Haus in den Ötztaler Alpen, Hallenbad und Sauna in der Rudolfshütte in den Hohen Tauern und dazu eine zwölf Meter hohe Kletterwand im Innern, für Regentage. Riesige Parkplätze vor der Auronzo-Hütte auf der Südseite der Drei Zinnen, von der eine müllgesäumte Heerstraße zur Drei-Zinnen-Hütte auf der Nordseite führt. Dort hörte ich dreißig Oberbayern einen Zwiegesang gegen die berühmten Nordwände schmettern:

> Vorsänger: „Wos sama?"
> Alle (laut): „Xund sama!"
> Vorsänger (lauter): „Wos sama?"
> Alle (brüllend): „Xund sama!
> Harr-gott-san-mir-xund!"

Es ist eben eine eigene Sache mit der „Hüttenromantik". Von den Berghotels sollte man sie gar nicht erst erwarten. Vielleicht das scheußlichste ist das Rifugio Torino auf der italienischen Seite des Montblanc, mit der Seilbahn zu erreichen, 3370 Meter hoch in phantastischer Lage dem Peuterey-Grat gegenüber: Kellner in weißlichen Jacken servieren schlechtes Essen im ungeheizten Speiseraum, während die frostgeschädigten Toiletten eine Brühe in den Korridor entsenden; so erlebte ich es 1973 und 1976 wieder.

Was auch in leeren Hütten die Romantik schmälert, ist die hoffnungslose Schmuddligkeit der Decken auf den Matratzenlagern. Kopf- und Fußende zu unterscheiden, ist nicht üblich, auch nicht, sich im eisigen Quell- oder Schmelzwasser die Füße zu waschen, und auf vielen Hütten, den wirklich in wilder Gegend gelegenen, ist an Waschen gar nicht erst zu denken, weil es kein Wasser gibt und für Tee und Suppe mühsam Schnee geschmolzen werden muß. So kriecht man dann in sie, die Decken, nach dem vielstündigen Schwitzbad des Aufstiegs. Reinigung? Nach einer lebenswahren Satire in der Zeitschrift „Bergwelt" findet sie in der Weise statt, daß die Decken alle zwei Jahre für eine Stunde in die Sonne gelegt und „nach mittelkräftigem Ausschütteln" in die Lager zurückgetragen werden; freilich nicht in allen Hütten, sondern nur in einer einzigen, ausgewählt vom Dachverband der hüttenbesitzenden Bergsteigervereine.

Den Schmutz übersieht man ja noch – wenn die Hütte großartig gelegen ist wie so viele, und wenn sie schwach besucht ist wie leider nur noch wenige. Im Schali-Biwak unterm Weißhorn übernachteten 1982 insgesamt 18 Alpinisten, und andere, zuweilen überfüllte Hütten hat man außerhalb der Saison mit etwas Glück für sich allein und genießt sie als unglaublichen Adlerhorst wie die Mittellegi-Hütte auf dem Eigergrat oder das Biwak auf dem Col de la Fourche unterm Mont Maudit.

Das ist eine jener *Biwakschachteln*, von denen der französische Alpenclub nur wenige aufgestellt hat, „um die Ernsthaftigkeit großer Routen nicht zu verwischen" – während in Italien nicht weniger als 140 bivacchi fissi (feste Biwaks) stehen: hochgelegene Kleinsthütten aus Holz, Blech oder Plastik mit drei bis zwölf Schlafplätzen, manchmal achteckige Mondfahrzeuge mit Bullaugen wie auf dem Wassertalkogel (3247 m) in den Ötztaler Alpen – aber natürlich ohne Küche und ohne Latrine und folglich ein Freiluftsammelplatz von Fäkalien und Müll, jedenfalls an vielbegangenen Routen wie der Watzmann-Ostwand (500 Seilschaften in guten Sommern), in der seit 1951 eine Biwakschachtel hängt.

Und wirklich niemals Hüttenromantik, da doch die anderen Benutzer mit uns die Liebe zu den Bergen teilen? O ja, wenn die Menschen danach sind. Auf der Valsorey-Hütte (3030 m) unterm Grand Combin residierte 1975 noch jener mächtige alte Mann, den am Wochenende seine Schwiegertochter aus Genf besuchte, um ihm zu helfen, sa belle-fille – sa belle belle-fille, wie wir sie nannten, weil sie ziemlich hübsch und überaus charmant war; das schwerverständliche Röhren des welschen Rübezahl übersetzte sie uns in ihr quecksilbriges Französisch.

Das Abendessen arrangierten die beiden als table d'hôte, jedoch in der ungewöhnlichen Form, daß la belle belle-fille die mitgeschleppten Lebensmittel der Gäste mit fröhlicher Bestimmtheit einsammelte und daraus ein gemeinsames Mahl bereitete, das sie anschließend *ungleich* verteilte: Denn am meisten, entschied ihr Schwiegervater, bekämen die beiden Bergführer, nämlich meiner und er selbst, der Hüttenwart. Etwas weniger, aber noch genug sollten die drei bekommen, die morgen den Grand Combin besteigen wollten, nämlich die zierliche Toulouserin mit ihrem Freund und ich. Und die vier anderen, die nur auf die Hütte gekommen waren, um hier den Sonnenaufgang zu erleben, die müßten sich nicht auch noch satt essen. Mit so zwingenden Gesten dirigierte der gewaltige Greis die Verteilung und so fröhlich setzte la belle belle-fille seine Weisungen um, daß die anfängliche Verdutztheit in Gelächter überging.

Dann wären also wenigstens die Hüttenwirte in all ihrer Plage nette, souveräne Menschen? Ja, solche gibt es, und

„Biwakschachteln" heißen diese Mondfahrzeuge wie das Gruberbiwak in der Glocknergruppe. Sie sind leichter und billiger zu errichten als Berghütten, haben manchem Bergsteiger im Schneesturm das Leben gerettet – und schaffen neue Probleme: Kochstelle, Latrine, Müllbeseitigung sind nicht vorgesehen, Gedränge herrscht oft auch hier

Wenn in der Goûter-Hütte am Montblanc 160 Menschen auf 80 Plätzen schlafen wollen, dann wird jeder Quadratdezimeter Boden ausgenutzt, auch in den Gängen und unter den Tischen. Ist es noch voller, dann verbringen die übrigen die Nacht sitzend auf den Treppenstufen. Sollte man immer mehr oder noch größere Hütten bauen? Oder würde das nur das Gedränge auf den Anstiegsrouten und den Gipfeln weiter verschlimmern?

sie sind eine Freude und verdienen Respekt. Aber es gab auch den berühmten Morff, langjährigen Wirt der Tschierva-Hütte unterm Piz Bernina, einen Haustyrannen am Rande des Verfolgungswahns, auf den sich die Wut aller alpinen Zeitschriften entlud; uns lachte er schadenfroh ins Gesicht, als er beim Wecken verkündete: „Regen! Nichts mit dem Bianco-Grat!" Als wir beim Abstieg von der Aiguille du Plan in der Réquin-Hütte rasteten, ohrfeigte der Wirt gerade seinen schwachsinnigen Bruder, weil der beim Holzholen getrödelt hatte.

Wenn das Gedränge den Wirt überlastet und unter den zu vielen Hüttengästen jeder jeden als Konkurrenten betrachtet: Dann spürt man die Aggression vibrieren. Abends der Kampf um die Plätze auf dem Matratzenlager, morgens um das Teewasser, weil es über die Reihenfolge des Aufbruchs entscheidet: Wer später losgeht, muß an Engpässen Schlange stehen, bis zu einer Stunde am Tschirfeck, einer drahtseilversicherten Wand auf der Normalroute zum Ortler; oder er kriegt, am Matterhorn zum Beispiel, diesem elenden Schutthaufen von der herrlichen Gestalt, die Steine derer auf den Kopf, die den Tee vor ihm hatten.

Oft bildet sich schon fünf Minuten oberhalb der Hörnli-Hütte die erste Warteschlange: „Der Mann vor mir ist kaum über Boden, ich will noch kurz zuwarten, bis sein Fuß einen schönen Griff freigibt, aber schon drängt sich eine hintere Seilschaft wortlos dazwischen. So klettert man halt einen Meter und weniger hinter dem Vordermann, um nicht dauernd überholt zu werden. Ein Fixseil hilft bereits hier, Stürze zu vermeiden, denn alle Tritte sind von der tausendfachen Benützung glattpoliert." (Tagesanzeiger, 9.10.1982)

Unterm Bianco-Grat am Piz Bernina: „Als wir den Eishang angehen, sehen wir uns hoffnungslos eingekeilt in die große, von der Tschierva-Hütte her anrückende Prozession. Sofort spüren wir die nervöse, explosive Stimmung. Alle hetzen ungeduldig und verbissen voran. Kleine Stockungen führen alsbald zu wüsten Schimpfkanonaden. Man muß da einfach mithalten, sonst würde man wohl über den Haufen gerannt. In den Felsen über der Scharte bricht dann der totale Kampf aus. Ein Dutzend Seilschaften liefern sich erbitterte Duelle um die Spitzenplätze. An den unmöglichsten Stellen versucht man uns zu überholen; ausgeschlossen, unter solchen Umständen noch anständig zu sichern. Jeder kämpft rücksichtslos um seinen Vorteil, und das in einem Gelände, das vollste Vorsicht verlangt." (Zeitschrift des Schweizer Alpenclubs, IV/1982)

In der Dachstein-Südwand: „Hier tauchte plötzlich ein Bergführer mit zwei Kunden auf und kletterte brutal in unsere Seilschaft hinein. Nicht weniger als sechs Seilstränge wurstelten sich auf dem engen Band entlang. Alle Sicherheitsvorkehrungen waren über Bord geworfen." (Der Bergsteiger, 12/1983).

Nicht alle Bergführer sind immer gute oder faire Alpinisten, und rund um sie blüht allerlei schlechte Laune: Führerlose nennen die Führer rücksichtslos wie hier am Dachstein, und auf die Geführten blicken sie hinab; Führer wiederum beschimpfen Führerlose, und oft zu Recht: Zumal auf den Modetouren zeigen sich viele Führerlose der selbstgestellten Aufgabe nicht gewachsen, sie zögern, rutschen oder produzieren Seilsalat; und dann gibt es die Nassauer, die sich von einer Führerpartie die Route weisen lassen, zufällig immer mit zehn Metern Abstand und an denselben Stellen innehaltend.

Bergführer: Das ist ein seltsamer Beruf. Die Saison hat höchstens 100 Tage, schlechtes Wetter kann sie noch halbieren, bleiben 25 Touren zu zwei Tagen, mal 450 Schweizerfranken beispielsweise für den Monte Rosa, ergibt 11 250 Franken im Jahr. Oft hat es der Führer mit Querulanten, mit wehleidigen Leuten oder mit blutigen Anfängern zu tun; die müßte er zwar nicht nehmen, aber die meisten hüten sich zu fragen und zerren sie lieber in der „Mehlsacktechnik" gipfelwärts.

So wie einst die Jäger sich als erste Menschen in die Alpen gewagt hatten, so waren es auch Jäger, die sich als erste bei den Stadtmenschen als „Bergführer" verdingten. Wilderer freilich seien noch besser, schrieb 1787 der Naturforscher Belsazar Hacquet, der aus der Bretagne stammte, in Kärnten lebte und große Teile der Ostalpen bereiste: „Denn sie sind abgehärtet, können eine große Last tragen, wissen alle Schlupfwinkel ihres Gebirges, und man ist sicher, daß man mit ihnen nicht verhungert." Zu ihrem Erstaunen konnten die Wilderer Geld damit verdienen, daß sie

reiche Herren in Regionen führten, in denen es nichts mehr zu jagen gab – ja diese Herren „entfachten in geweckten Köpfen der Bergbauern das Flämmchen der Lust und Liebe für die einzigartige Herrlichkeit des Hochgebirges" (Hans Michel, „Grindelwald", Bern 1964).

Als Pfadfinder waren die Jäger und Wilderer unvergleichlich – und wie schwer es ist, sich im Hochgebirge zu orientieren, davon machen sich Flachländer selten eine Vorstellung. Aus den Tälern sieht man die Gipfelregion in perspektivischer Verkleinerung; dort oben ist alles riesig jenseits unserer Maße. Da glaubt man dreimal den Montblanc-Gipfel über sich zu sehen und steht doch nur auf einer Kuppe, und der Gipfel liegt irgendwo am Horizont in einer anderen Welt. Bricht ein Schneesturm los, der die Spur verwischt, dann droht die Gefahr, sich in den unendlichen Wogen des Firns zu verirren; Dutzende sind auf diese Weise am Montblanc erfroren.

In Kolonnen zum Gipfel des Montblanc unterwegs. Die fünf oder sechs Stunden einförmigen Steigens über kaum endende Hänge von Firn sind für alle Alpinisten eine Mühe, für viele eine Qual und für manche um keinen Preis zu schaffen. Der Kletterführer erinnert mahnend an „die vielen, oft sehr guten Bergsteiger, die mangels des nötigen Höhentrainings den Erschöpfungstod erlitten". Der Lohn? Es geschafft zu haben, oben gewesen zu sein – und eine Aussicht zu genießen, die (nach dem Baedeker von 1927) „höchst großartig, wenn auch im gewöhnlichen Sinne nicht lohnend" ist

Der Hörnli-Grat des Matterhorns? Die Messerschneide löst sich in der Nähe in eine Landschaft von Scharten, Buckeln, Klötzen auf wie ein Messer unterm Elektronenmikroskop, und außerdem empfiehlt der Kletterführer, das, was vom Grat noch sichtbar bleibt, sieben- oder achtmal in Richtung Ostwand zu verlassen, die ihrerseits keine Wand, sondern eine zerklüftete Geröllhalde ist. Fällt beim Abstieg Nebel ein, so hallen die Rufe der Verirrten durch den Fels.

Im 19. Jahrhundert leisteten die Bergführer überdies meist die Schwerarbeit: Der Markgraf Alfred Pallavicini durchstieg 1876 das 600 Meter hohe Eiscouloir zwischen Groß- und Kleinglockner in der Weise, daß sein Führer Josef Tribusser in sieben Stunden 2500 Stufen für ihn hackte; zum Lohn heißt es seither „Pallavicini-Rinne". Weniger gut verstanden es die Führer, ihren Gast gegen Absturz zu sichern, die drei toten Engländer am Matterhorn bewiesen es. Noch heute ist es ja mit dem Sichern nicht so weit her, wie Verkehrsbüros und Bergführervereine uns glauben machen wollen; denn sichern kostet Zeit.

Wenn zum Beispiel zwei eine Eisflanke queren oder durch steiles Eis aufsteigen wie durchs Whymper-Couloir auf die Aiguille Verte – und einer stürzt: So kann der andere ihn unmöglich halten, falls er sich nicht durch eine Eisschraube gesichert hat; also sausen beide in die Tiefe. Nach aller Vernunft gibt es nur zwei Möglichkeiten: entweder Eisschrauben eindrehen und wieder ausdrehen – mühsam und sehr zeitaufwendig, wenn man es zehnmal machen muß; oder die Seilverbindung *lösen*, damit, falls der eine stürzt, wenigstens der andere überleben kann. Auch solches Hantieren mit dem Seil aber würde Zeit kosten, und überdies wäre es unzumutbar für die Nerven des Gefährten, ausgerechnet in steilem Eis sich selbst überlassen zu bleiben. Folglich entscheiden die meisten Führer: Eisschrauben setzen wir nur ausnahmsweise, wir bleiben aber angeseilt – und beten.

Als mein damals 14jähriger Sohn, der mich heute führt, seine erste Hochtour machte, mit Führer und mir aufs Wetterhorn, rutschte er am Steilrand des Krinnengletschers aus, der Führer hielt den Sturz, traf dabei jedoch den Jungen mit dem Pickel auf die Nasenwurzel, einen Zentimeter neben dem Auge; vom Wirt der Gleckstein-Hütte hörten wir später, wie fröhlich er und unser Führer am Abend zuvor gebechert hätten.

Als wir nach siebenstündigem Aufstieg zur Aiguille Verte in 3900 Metern Höhe die erste Rast einlegten, eröffnete mir mein Führer aus Chamonix, er habe nichts zu essen eingepackt; mit den Keksen, die ich ihm anbot, sei ihm nicht geholfen, er wolle Schinken; und überhaupt sollten wir umkehren, weil im Couloir unter dem Moine-Grat die Gefahr des Steinschlags mit der steigenden Sonne zunehme. So kehrten wir um. Von dem Tarif von 840 Francs wurden drei Viertel fällig, und die Hauptsache hatte der Goldjunge mir verschwiegen: Am Abend nimmt die Steinschlaggefahr wieder ab; also kann man sich besonders viel Zeit lassen, dann gegen Sonnenuntergang durchs Couloir absteigen und noch einmal auf der Couvercle-Hütte übernachten – statt am selben Abend zurück in Chamonix zu sein, was offensichtlich meines Führers einziges Bestreben gewesen war.

Da in den alpinen Zeitschriften eine Bergführer-Kritik selten oder nie zu lesen ist, sollte ich wohl klarstellen, daß ich eine ziemlich breite Erfahrung besitze: Ich habe in der Schweiz, in Frankreich und Österreich 56 Hochtouren mit 19 Führern unternommen, und 15 von ihnen waren entweder unangenehme Menschen, oder schlechte Sicherer, oder beides; und wenn ich dies nach dreißigjähriger Erfahrung niederschreibe, so weiß ich, was ich tue. Zwar klettere ich langsam, aber ich bin noch überall hinaufgekommen und klage nie. „Huremistdreckszüg" dagegen hörte ich manchen Führer schimpfen.

Am anderen Ende der Skala steht Josef Biner aus Zermatt. Unvergeßlich, wie er 1962 Lilo überlistete, am Zinalrothorn nicht zu kapitulieren: Es gibt da in etwa 4000 Metern Höhe den Punkt, wo man auf der Ostflanke durch ein Felstor, das sogenannte Fenster, in die Westwand quert; und während es auf unserer Seite windstill – und damit gänzlich still – gewesen war, jaulte und tobte hinter dem „Fenster" ein Sturm wie ein Rudel ausgehungerter Wölfe. Es weinte in den Felsen, Steinsplitter sirrten durch die Luft.

„Alles anziehen, was Sie haben", sagte Biner und warf den Rucksack ab. Da gehe ich nicht hinüber, sagte Lilo. „Jaja, ziehen Sie nur alles an." Ich gehe aber nicht, sagte Lilo. „Sie würden es bereuen", sagte Biner und löste das Seil, um ihr das Überziehen des Pullovers zu ermöglichen. Nie bringen Sie mich da hinaus, sagte Lilo und hielt sich die Ohren zu gegen den Aufruhr, der drei Meter von uns wütete. „Schon gut", sagte Biner und half ihr beim Anziehen. Ich ziehe mich nur warm an, weil ich hier auf Sie warten will, sagte Lilo, gehen Sie halt zu zweit weiter. „Handschuhe, Kapuze", sagte Biner und knotete sein Seil wieder fest.

Dann gingen wir, zu dritt, während Lilo ihr Protestgemurmel fortsetzte, bis es ihr ein paar Sekunden später von den Lippen gerissen wurde.

Ja, den Gast ermuntern, motivieren, antreiben, überlisten, wenn er vor Angst oder vor Erschöpfung aufgeben möchte, ihm überlegen sein nicht nur an Können, sondern auch an Zielstrebigkeit und Energie – da setzen die Tugenden des guten Führers an. Viele der jungen Herren aus London hätten ohne solche Führer nie ihr Ziel erreicht. Christian Almer aus Grindelwald war von dieser Art, ein Gemsjäger, der 1856 das erste schweizerische Bergführerpatent erwarb und mit englischen Herren als erster auf dem Eiger, der Aiguille Verte und der Meije stand, oder Johann Grill, genannt Kederbacher, Deutschlands erster autorisierter Bergführer, dem 1881 die Durchsteigung der gewaltigen Ostwand des Watzmanns gelang und der schon mit der Nordwand des Eigers liebäugelte.

In Zermatt konnte man sich noch 1962 den Mann aussuchen, zu dem man Vertrauen faßte: Da standen und saßen die Führer an jedem schönen Vormittag an der Dorfstraße herum, junge und alte, glatte und verwitterte, unscheinbare und imposante Gestalten. Und der, den man ansprach, taxierte den Touristen seinerseits und stellte Fragen nach Ausrüstung, Erfahrung, Trainingsstand. Heute gibt es ein Bergführerbüro, das einen Fremden mit einem Fremden kombiniert; es kommt vor, daß Führer und Gast dieselbe Gondel der Schwarzseebahn benutzen und dicht hintereinander zur Hörnlihütte aufsteigen, und erst dort oben gibt sich der Führer zu erkennen – nur keinen menschlichen Kontakt! Er könnte am nächsten Morgen das Hetzen erschweren.

Seit den siebziger Jahren geht es den Führern besser, als es ihnen ein halbes Jahrhundert gegangen war, und das ist ihnen zu gönnen. Zwar sind die Bergsteiger, die sich einen Führer nehmen, von der Regel zur Ausnahme geworden; doch die Führer haben neue Aufgaben gefunden. Sie arbeiten auch als Skilehrer und Skiführer und verdoppeln damit ihre Saison; viele sind in der wachsenden Zahl der Bergsteigerschulen angestellt, die alpine Grundkenntnisse vermitteln. Allein in Österreich gibt es 43 davon, gegen nur sieben 1975. Die Verkehrsbüros organisieren geführte Gruppentouren, und der Drang zu den Bergen hat sich im letzten Jahrzehnt dramatisch erhöht – mehr Freizeit, mehr Wohlstand, schneller herbei auf immer besseren Straßen, rascher in die Höhe mit immer mehr Bahnen und Liften! Die Alpen liegen vor der Tür. Den Münchnern, Wienern, Zürchern, Genfern, Mailändern bieten sie an einem einzigen Wochenende die meisten Reize einer Polarexpedition ohne den Aufwand einer solchen.

Schon 1872 geschah es an einem schönen Sonntag im August, daß sich auf dem Gipfel des Großglockners 29 Menschen trafen; 1982 waren es einmal 123 zu gleicher Zeit. Hundertschaften auf den Modebergen, ausgestreut auf weiten Gipfelflächen wie auf der Alpspitze oder dem Montblanc, unterm Gipfel anstehend wie am Matterhorn.

Man tut ja alles für sie. Hunderte von Kletterrouten sind durch Haken, Stifte, Leitern und Seile „entschärft". Sie können eine Hilfe beim Sichern oder beim Abseilen sein: Standhaken, Abseilhaken oder Eisenstangen wie an den Normalrouten auf Matterhorn und Jungfrau; sie können darüber hinaus eine Aufstiegshilfe für die Hände bieten, nämlich Nylonseile wie am Dent du Géant, am Mittellegi-Grat und ebenfalls am Matterhorn; sie können auch eine Aufstiegshilfe für die Füße sein wie an den berühmten Klettersteigen.

Da hatten die Bergführer von Kals auf der Südseite des Großglockners 1869 die Idee, den Weg von der Stüdlhütte auf den Gipfel auch weniger Geübten zugänglich zu machen: Sie schlugen Eisenstifte und sprengten Stufen für die Füße und zogen Drahtseile für die Hände. Nach diesem Muster, vermehrt um Eisenleitern, wurde 1899 der „Heilbronner Weg" über den Hauptkamm der Allgäuer Alpen gelegt. Die italienischen und österreichischen Gebirgsjäger des Ersten Weltkriegs bauten solche Klettersteige zu Dutzenden.

Die wurden später für den Tourismus entdeckt, verfeinert und vervielfältigt: an die achtzig *Vie ferrate*, „Eisenwege", in den Dolomiten. Für Schwindelfreie eine aufregende Gelegenheit, sich durch senkrechte Wände zu mogeln, ohne ein Artist zu sein; an schönen Sonntagen im September glaubt man halb München auf den Eisenwegen unterwegs, mit dem Risiko, daß den Unteren die Steine auf den Kopf fallen, die die Oberen losgetreten haben; Steinschlaghelme gelten daher als unerläßlich.

So viel Gedränge und abenteuerzerstörende Sicherheit mußte eine Gegenbewegung ins Leben rufen. Ihre Wurzeln reichen sogar weit ins 19. Jahrhundert zurück. Während die einen sich das Bergsteigen durch Markierungen und Sicherungen immer mehr erleichterten, fingen die anderen damit an, sich das Bergsteigen zu erschweren: Sie verschmähten die Bergführer und die einfachen Anstiege, durchkletterten die abweisendsten Wände oder suchten sich statt der besten die ungünstigste Jahreszeit aus. „Extreme" werden sie genannt, die „Sportkletterer" sind neuerdings hinzugekommen, und inzwischen gibt es von beiden so viele, daß sie sich auf ihren Moderouten gegenseitig auf die Füße treten wie die „Normalbergsteiger", von denen sie sich doch abheben wollen.

Es begann damit, daß einzelne Alpinisten die Normalroute im Winter begingen – zuerst am Montblanc 1855; eine schwierigere Route wählten – zuerst an der Jungfrau 1865; sich die allerschwierigste Flanke aussuchten – am Matterhorn die Nordwand 1931, und die auch noch im Winter durchstiegen, oder in der „Gipfelfallinie", oder im Winter, allein, bei Nacht, wie Hermann Buhl 1953 die Watzmann-Ostwand, um für den Nanga Parbat zu trainieren.

Was wie Wahnsinn klingt, hat nicht nur Methode, sondern sogar ein wenig Vernunft, mindestens bei den ersten dieser Schritte. Ohne Bergführer zu gehen – lag das nicht nahe, wenn doch sie es waren, an denen die Bezwingung des Matterhorns jahrelang scheiterte, falls Whymper recht hat, und wenn sie, falls ich recht habe, so häufig eine Quelle des Ärgers sind? Und warum sollte man sich den Triumph versagen, sich in der wilden Welt der Gipfel auch ohne Ortskundigen zurechtzufinden?

So bestiegen vier Engländer 1855 ohne Führer den Montblanc und der Londoner Physiker John Tyndall 1858 den Monte Rosa. Im Alpine Club trug ihnen das freilich keine Ehre ein: Da sprach man von „Armeleute-Bergsteigen", es schien so anrüchig, wie es daheim der Verzicht auf den Butler gewesen wäre. Tyndall ging noch dazu allein – eine leichtfertige oder mutwillige Erhöhung des Risikos, die auch heute gegen die Zunftregel ist und den Versicherungsschutz gefährdet: Wer befreit den Alleingeher, der in eine Spalte stürzt? An den tödlichen Bergunfällen in der Schweiz sind die Alleingeher mit 30 Prozent beteiligt, das heißt weit überrepräsentiert.

Ein Quantum Vernunft war wiederum dabei, als 1865, in eben dem Jahr, in dem der Sturm auf die Viertausender endlich das Matterhorn erreichte, zwei große Berge zum ersten Mal nicht auf der leichtesten Route erstiegen wurden: der Montblanc nicht von Norden, sondern von Osten, durch die gewaltige Eismauer der Brenva-Flanke, und die Jungfrau nicht von „hinten" über den Rottalsattel, sondern über ihre Schauseite, mit der sie über Interlaken thront, die Guggi-Route; und in beiden Fällen waren es wiederum Engländer mit Schweizer Führern, die die neue Ära einläuteten.

Ist beim Eiger der leichteste Anstieg, der über die brüchigen Felsen der Westflanke, nicht „mühsam und ziemlich monoton", wie der Kletterführer zu Recht feststellt? Würde es nicht möglich sein, sich dem Eigergipfel statt dessen über den himmelzersägenden Mittellegi-Grat zu nähern oder gar über die ungeheure Mauer, mit der er nach Norden abbricht? Und dem Piz Bernina über den herrlichen Bianco-Grat wie 1878 Paul Güßfeldt aus Berlin – „ein Stück Weges, das nicht für Menschen bestimmt schien"? Und dem Matterhorn über den Zmuttgrat wie ein Jahr später der Engländer Albert Frederick Mummery?

Denn solche Grate sind eben nicht nur schwieriger, sondern unvergleichlich viel großartiger fürs Auge, sie sind die Königswege auf diese Gipfel. „Keinen schöneren Aufstieg aufs Matterhorn wüßte ich zu nennen als den Zmuttgrat mit seinen wilden Mauern und phantastischen Zinnen", schrieb Mummery. Es zeuge von völligem Unverständnis der Berge, die Route über den Hörnligrat die „einzig richtige" zu nennen, da sie doch, bei aller herrlichen Fernsicht, über Schutthalden führe und mit Papierresten übersät sei – schon 1879!

1882 wurde auch der schwierigste Hochgipfel der Alpen bezwungen, an dem Mummery gescheitert war: der Dent du Géant (4013 m). Im Auftrag von drei italienischen und zwei englischen Alpinisten präparierten drei einheimische Führer die Felsnadel vier Tage lang mit Gesteinsbohrern, um für die neuen „Mauerhaken" (Eisenstifte mit einer Öse daran) auch dort Platz zu schaffen, wo der Stein nicht den geringsten Riß enthielt – die Geburtsstunde des „Hakenkletterns", das neunzig Jahre lang für alle schwierigen Felsrouten typisch werden sollte.

1893 überschritt Paul Güßfeldt den längsten Grat der Alpen, den Peuterey-Grat zum Montblanc. 1921 gelang es dem Japaner Yuko Maki mit drei Grindelwalder Führern, die meist vereiste Kalkplattenwand im obersten Teil des Mittellegi-Grats am Eiger zu erklettern, an der vierzehn frühere Versuche gescheitert waren; seit 1926 ist sie mit fixen Seilen versehen und daher auch von Normalbergsteigern zu meistern.

Alle interessanten Grate der Alpen waren damit begangen – die Wände noch lange nicht. 1872 war es drei Engländern eingefallen, den Monte Rosa über seine zwei Kilometer hohe Ostwand zu ersteigen, die höchste Wand der Alpen. 1881 wurde die Ostwand des Watzmanns durchstiegen, 1897 die Südwand der Marmolada, 1925 die Nordwestwand der Civetta in den Dolomiten. Der Nordwand des Matterhorns rückten zwei Münchner zu Leibe, die mit dem Fahrrad nach Zermatt gekommen waren: Franz und Toni Schmid. Am 1. August 1931 standen sie, nach 23 Stunden Kletterei und einem Biwak in der Wand, auf dem Gipfel. 1932, bei den Olympischen Spielen in Los Angeles, erhielten sie die Goldmedaille für bergsteigerische Leistungen, die zum ersten Mal vergeben wurde; doch Toni Schmid war tot: abgestürzt am Großen Wiesbachhorn.

1933 gelang es Emilio Comici aus Triest mit zwei Landsleuten, die Nordwand der Großen Zinne (2999 m) zu durchsteigen, eine meist senkrechte, oft überhängende Mauer von 550 Metern Höhe, also den höchsten Wolkenkratzern noch immer überlegen. Fünfzig Stunden waren die drei Italiener unterwegs, neunzig Mauerhaken schlugen sie in den Dolomit. Eines der verrücktesten und faszinierendsten Felsgebilde der Erde, der Inbegriff des „Unmöglichen" in den Alpen, hatte seine Meister gefunden.

Das war nun freilich wieder eine Tragödie für die, die ebenso die Ersten, die Größten sein wollten: Was blieb in den Alpen, was blieb an den Drei Zinnen noch zu tun? Man konnte die Nordwand allein durchsteigen (das tat Comici selber 1937), oder im Winter (1938) – oder die Wand nochmal, jedoch auf einer anderen Route. Ist der Gipfel bestiegen, sind alle Wände, Grate, Pfeiler und Risse begangen, dann bleibt immer noch, durch die alte Wand eine neue Führe zu legen – am besten die direkteste, italienisch „direttissima".

Es waren drei gebürtige Dresdner – Lothar Brandler, Dietrich Hasse und Siegfried Löw – und der Berliner Jörg Lehne, die zuerst Schlagzeilen damit machten: In der Nordwand der Großen Zinne stiegen sie 1958 weiter links ein als Comici, und dabei mißachteten sie ausdrücklich die natürliche Gliederung des Gesteins, machten sich also die Nordwand noch schwerer, als sie sein müßte. Sie sprachen von „Gipfelfallinie" oder der „Linie des fallenden Tropfens" oder am liebsten eben von „Direttissima", was viele Alpinisten und Journalisten faszinierte.

Wörtlich durfte man das nicht nehmen, eine „Direkteste" war das nicht, eher eine leidlich Direkte: Der vom Gipfel fallende Tropfen wäre bald links, bald rechts etliche Meter an den Kletterern vorbeigesaust; doch eines stimmte schon: Dies war die Abkehr von dem Prinzip, sich den Fels zum Freund zu machen. Nun wurde statt dessen mit Mauerhaken, Steigleitern, Sitzgurten und Trittschlingen eine erdachte Linie verfolgt und mit Hammer und Bohrmaschine erzwungen, auch wenn ein eleganter Durchstieg winkte – falls der zu viele Meter von dem entfernt war, was der Bohr- und Meißeltrupp noch als „Direttissima" gelten ließ oder verkaufen zu können hoffte. Siegfried Löw starb 1962 am Nanga Parbat, Jörg Lehne 1969 in der Nordwand der Grandes Jorasses.

Wenn man nun links von Comici, aber nicht so weit links wie die Sachsen einstieg, sondern zwischen diesen, und dann seine Route, obwohl sie ebenfalls nur das Prädikat „ziemlich direkt" verdient hätte, als „superdirekteste" bezeichnete, Superdirettissima, und das Ganze unsinnigerweise im Winter, damit man bei 20 bis 30 Grad Kälte auf sechzehn Biwaknächte in der Nordwand kam – dann wurde man wieder aus Tausenden von Ferngläsern beobachtet und in Dutzenden von Artikeln gewürdigt; geschehen im Januar 1963.

Die Nordwand des Eigers ragt nicht 550 Meter, sondern 1800 Meter über die obersten Geröllhänge auf, und mit einem guten Fernglas sieht man die Nordwandkletterer von Grindelwald und von der Kleinen Scheidegg, das heißt direkt vom Parkplatz, vom Bahnhof oder aus dem Hotelfenster. Acht Menschen waren in „diesem unheimlichsten Gebilde der Alpen" umgekommen (vier Deutsche, zwei Österreicher, zwei Italiener), noch ehe ihre erste Durchsteigung gelang – eine in den Alpen einzigartige Chronik des Todes.

Natürlich, Bergsteigen ist immer lebensgefährlich; Autofahren auch. Wer sich überlegt verhält, sich gut ausrüstet, sich nicht mehr zumutet, als er leisten kann, und nicht mutwillig in den Wettersturz oder die Lawinenbahn hineinmarschiert: für den ist das Risiko gering. Nur hat die gewaltig gestiegene Zahl der Bergsportler die absolute Zahl der tödlichen Unfälle in die Höhe schnellen lassen: in Österreich zum Beispiel von 124 im Jahre 1971 auf 293 im Jahre 1981. Seit dem Zweiten Weltkrieg in den Alpen 18 000 Tote, schätzt der Deutsche Alpenverein, fast 1000 kommen jedes Jahr hinzu. Allein ihren Drang zum Matterhorn haben bisher rund 500 Bergsteiger mit dem Leben bezahlt, 1983 waren es 18. Im Wallis wurden im selben Jahr zum erstenmal mehr Bergtote als Verkehrstote registriert.

Sie stürzen oder rutschen haltlos ab über Eis, Schnee, Fels, Geröll und Gras. Sie werden von Lawinen erstickt, von Steinen, von Eisbrocken oder vom Blitz erschlagen. Sie fallen in Gletscherspalten und erfrieren, sie sterben den Herztod vor Erschöpfung, sie schlagen sich auf Skiern an Bäumen, Steinen oder an anderen Skifahrern die Schädel ein.

Mehr als die Hälfte der tödlichen Bergunfälle trifft Wanderer beim Blumenpflücken, Pilzesammeln oder dem berühmten Zuruf fürs Foto: „Tritt doch noch einen Schritt zurück!" sowie unerfahrene, leichtsinnige Bergsteiger, beispielsweise solche, die aufgrund ihrer teuren Ausrüstung und ihrer Erfahrung im heimischen Klettergarten meinen, sie könnten sich führerlos in 4500 Meter Höhe wagen. Rund ein Drittel entfällt auf die „Normalbergsteiger" – gut ausgerüstete, gut trainierte Leute, die extreme Touren meiden, aber den objektiven Gefahren nicht entrinnen: der Lawine, dem Eisschlag, dem Steinhagel, dem Wettersturz. Die großen Kletterer und „Extremen" sind an der Unfallstatistik nur mit etwa zehn Prozent beteiligt, doch ist ja ihre Zahl gering, und das bedeutet: Das Risiko der Extremen, in den Alpen umzukommen, liegt weit über dem der anderen Gruppen, bei rund zwanzig Prozent. Von den 424 Alpinisten, die Toni Hiebeler der Aufnahme in sein „Alpenlexikon" für wert befand, sind 80 den Alpentod gestorben.

Manche sterben schlimm. Der französische Bergführer Domenique Mollaret wurde 1972 am Peuterey-Grat des Montblanc gefunden, mit dem Fuß im Seil über dem Abgrund hängend, den Kopf nach unten. Der Bergführer Toni Kurz aus Berchtesgaden starb 1936 in der Eiger-Nordwand so: Seine drei Gefährten sind nach einem Wettersturz erfroren oder über glasige Felsen abgestürzt. Er kauert auf einem winzigen Felsvorsprung 200 Meter über einem Stollenloch der Jungfraubahn, wo ein Streckenwärter seine Hilferufe hört, und hat weder Seil noch Haken, um sich weiter abzuseilen. Mit einem Sonderzug treffen drei Bergführer aus Wengen ein, klettern ihm auf 100 Meter entgegen, kommen nicht höher im Knattern des Steinschlags und der Lawinenstürze, ermuntern ihn, noch eine Nacht durchzustehen – seine vierte in der Wand –, brechen um fünf Uhr morgens wieder auf und können sich ihm diesmal auf 40 Meter nähern, dann versperrt ihnen ein riesiger Überhang den Weg.

Sie rufen hinauf: Toni Kurz soll zu dem toten Kameraden klettern, der zwölf Meter unter ihm hängt, dessen Seil vom Eis abschlagen, es aufdröseln, zusammenknoten und hinunterlassen – Kurz arbeitet mit erfrorenen Fingern und den Zähnen und schafft es in vier Stunden. Die Bergführer befestigen an dem Strick Proviant, Mauerhaken, Karabiner und zwei Seile. Kurz zieht sie zu sich hoch, nach einer Stunde beginnt er sich abzuseilen. Da, drei Meter über den Köpfen der Führer, verklemmt sich im Karabiner der Knoten zwischen den rettenden Seilen, mit seinen tauben Händen kann Toni Kurz ihn nicht mehr lösen, die Bergführer schreien sich die Kehle aus dem Hals, mit den Pickelspitzen können sie die Steigeisen des Sterbenden berühren. Der stöhnt dreimal auf, kippt nach vorn und ist tot.

Zweimal Eiger-Nordwand: Douglas Haston auf dem Großen Eisfeld im Winter 1966, bei jenem Wettrennen zwischen zwei Verlagen, die, in der Hoffnung auf schöne Berichte, vierzehn Alpinisten für sich klettern ließen, von denen einer zu Tode stürzte. Im Sommer 1969 waren sechs Japaner, darunter eine Frau, 31 Tage auf einer neuen „Direttissima" in der Nordwand unterwegs; so sah das Biwak in einer der 30 Nächte aus. 1983 wurde die riesige Mauer über Grindelwald in weniger als fünf Stunden durchstiegen

Das kann der Schweizer Geologe Albert Heim nicht gemeint haben, als er 1891 seine „Notizen über den Tod durch Absturz" veröffentlichte. „Keine Angst, keine Spur von Verzweiflung, keine Pein" hatte er bei Abgestürzten, die den Sturz überlebten, registriert. Musik glaubten sie zu hören und in einen herrlich blauen Himmel zu fallen. „Wir sind zu dem Resultat gelangt, daß der Tod durch Absturz subjektiv ein schöner Tod ist", schrieb Heim. Abstürzende schreien nicht. Ein Nadelstich schmerzt mehr als der Absturz, sagte Eugen Guido Lammer, und Whymper nach einem 60-Meter-Sturz am Matterhorn: „Merkwürdig, daß dieser Fall durch den leeren Raum mir nicht unangenehm war."

Anderl Heckmair, Bergführer aus Oberstdorf, erzählt über die dreißiger Jahre: „Mei, damals war's halt so, daß meistens am Sonntag irgendeiner abgestürzt ist. Am Montag war die Bergung, am Donnerstag das Begräbnis. Und nach dem Begräbnis haben wir uns fürs nächste Wochenende eine zünftige Tour ausgemacht."

Anderl Heckmair, Bergführer in Oberstdorf, Jahrgang 1906, erster Bezwinger der Nordwand des Eigers 1938 (Foto aus der Zeit), einer der besten Bergsteiger in der Geschichte des Alpinismus, darüber hinaus populär durch seine schlitzohrigen Kraftsprüche für alle Lebenslagen, zum Beispiel: „Alkohol, mäßig genossen, ist auch in größeren Mengen nicht schädlich"

In der Tat, vier Wochen nach den beiden letzten Todesstürzen in der Eigerwand, im Juli 1938, stieg Heckmair mit drei Gefährten ein – sie erreichten den Gipfel, und unten in Grindelwald gehörte ich, damals dreizehn Jahre alt, zu denen, die im strömenden Regen die vier längst abgestürzt oder erfroren glaubten; und ich beschloß: Die Nordwand nie, aber der Mittellegi-Grat, der Dachfirst über ihr, der soll es sein.

Natürlich ist die Eiger-Nordwand längst auch im Winter durchstiegen (1961) und im Alleingang (1963) – was also blieb am Eiger noch zu tun für einen, der in die Annalen des Alpinismus eingehen wollte? Die Zickzack-Route aller bisherigen Begeher, die aus 1800 Höhenmetern eine Kletterstrecke von fast vier Kilometern machte, konnte man drastisch verkürzen; waren viele nicht eben wegen der Länge der Route umgekommen, mit dem entsprechenden Risiko, vom Schneesturm überfallen, von Erschöpfung gefällt, von Steinen erschlagen zu werden?

Andrerseits mußte gerade die Annäherung an die Gipfelfallinie die Gefahr des Steinschlags dramatisch erhöhen, jedenfalls im Sommer. Also eine Winter-Direttissima, dann bleiben die Steine festgefroren; freilich sind alle Felsen vereist, und die barbarische Kälte erzwingt eine Unmenge Ausrüstung. Also die Nordwand angehen wie einen Achttausender: mit festen Sicherungsseilen für den Rückzug und die Lastenträger, mit Schneehöhlen, Proviantdepots und Sprechfunkgeräten zum Basislager, das in diesem Fall das Hotel auf der Kleinen Scheidegg sein konnte.

Der VII. Grad: die sogenannten Pumprisse am Nordpfeiler der Fleischbank im Wilden Kaiser (ganz links) Der VIII. Grad: die Route „Locker vom Hocker" in der Südwand des Schlüsselkarspitze im Wetterstein. Jahrzehntelang galt bereits der VI. Grad als „die Grenze des Menschenmöglichen".
Die akrobatischen Höchstleistungen der letzten Jahre kamen zustande durch den Ehrgeiz, es den amerikanischen Kletterfexen aus dem Yosemite-Tal in Kalifornien gleichzutun und in den über und über erschlossenen Alpen dennoch etwas als Erster zu schaffen; dazu traten eine immer raffiniertere Ausrüstung und ein immer härteres Training

Das alles würde freilich viel kosten. Doch da gab es den „Sunday Telegraph", der finanzierte eine britisch-amerikanische Expedition, und den Belser-Verlag in Stuttgart, der finanzierte die Deutschen: Auskünfte an Journalisten also nur in kleinen Dosen gegen großes Geld im Pressebüro auf der Kleinen Scheidegg. Im Februar 1966 machten sich die Deutschen wie die Angelsachsen auf, vierzehn Mann im ganzen, manchmal kletterten sie in derselben Eisrinne nebeneinander, aber zusammenzuarbeiten wagten sie nicht, weil das am Ende den Verlagen nicht recht gewesen wäre.

Erst als der Amerikaner John Harlin über einen Kilometer in die Tiefe stürzte, weil eines der fixen Seile gerissen war – Todes-Opfer Nr. 27 in der Eigerwand: da vereinigten sich die Engländer und die Deutschen zur John-Harlin-Gedächtnisexpedition, denn das Weiterklettern sei im Sinne des Toten, ließen sie auf der Scheidegg mitteilen, wie es gewiß auch im Sinne der Verlage war, und nach einer Expedition von 31 Tagen kämpften sich sechs Mann bei einem Schneesturm von 150 Stundenkilometern zum Eigergipfel durch, wo ein präpariertes Biwak auf sie wartete, errichtet von einem Trupp, der über die Westflanke aufgestiegen war.

Nein, 30 Nächte in der Wand hatte keiner verbracht. Sie stiegen auf und ab an ihren fixen Seilen, die Plage war groß genug und die Kälte fürchterlich, aber tröstlich blieb es schon, gelegentlich eine Nacht im weichen Bett zu verbringen oder sie in der Hotelbar zu durchtanzen, wobei die starken Männer das weibliche Hotelpersonal um die Wette in die Höhe stemmten; auch traf man sich zum Skilaufen oder suchte zur Kontrolle das Krankenhaus in Interlaken auf, ehe man wieder in die mörderische Wand hinaufkeuchte bei 26 Grad unter Null.

Ein Wahnsinn also, doch nicht ohne hinreißende Züge: einer verrückten Sache eisern ergeben, immer wieder in Stundenschnelle den Komfort gegen die Polarnacht gesetzt, die Lebenslust durch die Todesgefahr gesteigert, die unvergleichlichen Chancen der Alpen aufs äußerste ausgereizt. Freilich, man kann auch dem Anderl Heckmair nicht widersprechen, der damals sagte: „Warum wird nicht eine Baufirma mit einer solchen Durchsteigung beauftragt? Mit Zeit und Geld ist alles zu machen."

Und was nun noch? Im Sommer 1969 legen sechs Japaner, darunter eine Frau, durch die Eigerwand eine neue „Direttissima", in 31 Tagen – und sie *bleiben* in der Wand. Im März 1978 wollen sechs Tschechen eine „Superdirettissima" erzwingen; einer gibt auf und steigt ab, einer wird vom Hubschrauber geborgen, zwei stürzen anderthalb Kilometer in die Tiefe; da kehren die beiden letzten 200 Meter unter dem Gipfel um, und nach 58 Tagen und Nächten in der Nordwand taumeln sie ausgemergelt, unterkühlt, stinkend, von Krämpfen geschüttelt auf die Kleine Scheidegg.

Welcher Aberwitz, welche Besessenheit! Lionel Terray, Bergführer aus Grenoble, wurde wie von Furien auf die Berge gehetzt, in Schönwetterperioden in so rabiater Folge, „daß ich schließlich vom schlechten Wetter gerettet wurde wie der Boxer vom Gong". Nach einer Kette grandioser Erstbegehungen stürzte er 1965 zu Tode.

Durch die Eiger-Nordwand legte der Slowake Pavel Pochyly im März 1983 im Alleingang die 17. Route: die „Ideal-Direttissima". Die letzte seiner dreizehn Nächte in der Wand verbrachte er auf einem Felsvorsprung *kniend*, mit Socken über den halb erfrorenen Händen, denn die letzten Handschuhe hatte er bei einem Sturz verloren. Und dann durchstieg im Juli 1983 der Expreßkletterer Thomas Bubendorfer aus Salzburg die Nordwand auf der alten Heckmair-Route in vier Stunden fünfzig Minuten.

Wer heute noch irgendwo in den Alpen Neuland betreten will, hat es nicht leicht. Da heißt es schon, eine Superdirettissima oder „Drastissima" oder eine höchst entbehrliche Variante auszutüfteln, zum Beispiel zwischen die Nord-

Reinhard Karl, der die erste Begehung der „Pumprisse" an der Fleischbank im Wilden Kaiser schaffte, war auch ein leidenschaftlicher Wasserfall-Kletterer – überdies einer der wenigen Alpinisten, die es verstanden, eindrucksvoll über ihre Taten zu berichten. „Die Berge wurden mir zu Tempeln, in denen man sich verstecken konnte", schrieb er. Auf der Suche nach immer schwierigeren Aufgaben und immer größeren Abenteuern, stets auf der Flucht vor der Zivilisation, war Reinhard Karl der erste Deutsche auf dem Mount Everest und bezwang den Cerro Fitzroy in der Kordillere Patagoniens, einen der schwierigsten Berge der Erde. Karl wurde 1982 im Himalaja von einer Eislawine erschlagen, 35 Jahre alt

westwand des Riffeltorkopfs im Wetterstein und die Direttissima durch diese Nordwestwand den „Plattentwist" legen (geschehen 1982); das genügt dann für eine ehrenvolle Erwähnung in den alpinen Fachzeitschriften, und darauf kommt es an. Auch kann man – eine der jüngsten Moden – gefrorene Wasserfälle erklettern, etwa die Route „Blutspur" am linken Wasserfall der Fallbachkopf-Nordwand im Klostertal.

Französische Alpinisten haben das „enchaînement" erfunden, das Kettenbergsteigen, beispielsweise so: An einem Tag die Südwand der Aiguille du Fou im Montblanc-Massiv und dazu die direkte Westwand des Petit Dru; die Entfernung von fünf Kilometern Luftlinie zwischen diesen Bergen über das Mer de Glace hinweg legten die beiden Franzosen per Drachen zurück, und mit dem Drachen segelten sie vom Fuß des Petit Dru noch am selben Abend nach Chamonix hinab (1981). Freilich brauchten sie für die Westwand-Direttissima am Petit Dru viereinhalb Stunden, während ihr Landsmann Christophe Profit ein Jahr später nach drei Stunden zehn Minuten auf dem Gipfel stand (die Sekunden wurden nicht gestoppt), noch dazu allein und „rotpunkt", ausgerüstet nur mit Eishammer und Magnesia-Beutel.

Rotpunkt und Magnesia: zwei Zauberwörter für jene Klettermode, die aus den Granitwänden des Yosemite Valley in Kalifornien nach Europa kam und seit den späten siebziger Jahren unter den extremen Alpinisten dominiert: das *Freiklettern*, mit dessen Hilfe man alle längst durchstiegenen Routen unter selbst beschlossenen Erschwernissen noch einmal „erstbegehen" kann.

Freiklettern (free climbing) heißt: zum Klettern lediglich die natürlichen Haltepunkte – Tritte, Griffe, Risse – benutzen, die das Gestein bietet. Gemeint sind dabei nur die obersten Schwierigkeitsgrade, denn in den unteren klettern die meisten „frei". Haken einzuschlagen oder Keile zu verklemmen, bleibt erlaubt, jedoch nur zur Schaffung von festen Punkten für die Seilsicherung, nicht, um sich an ihnen emporzuhangeln wie die Direttissima-Adepten der fünfziger und sechziger Jahre.

Einerseits war das Schnee von gestern: Genau so war der Österreicher Paul Preuß geklettert, der von 1903 bis 1913 nicht weniger als 1200 Gipfel in diesem Stil bestieg, darunter viele über Routen des V. Grades wie die Ostwand der Guglia di Brenta; mit 26 Jahren fand Preuß als Freikletterer den Tod. Andrerseits hatte erst danach die große Zeit des Hakenkletterns eingesetzt, des „Nagelns", der „Materialschlachten", die 1963 in der Nordwand der Großen Zinne ihren Höhe- oder Tiefpunkt fand.

Man kann die Bedingungen weiter erschweren und sich während der Tour das Rasten verbieten, mindestens die Rast an einer künstlichen Sicherung; dann klettert man „rotpunkt", nach dem roten Farbklecks, den einige Kletterer zuerst 1976 im Frankenjura an den Einstieg von Routen malten, die sie in diesem Stil begangen hatten. Die höchste Steigerung des Freikletterns bietet das „free solo", französisch „solo intégral": Der Kletterer ist allein, sichert sich nicht einmal; in senkrechter oder überhängender Wand vertraut er allein seiner Kunst – „im Kunstturnen an der Natur mit der Schwerkraft als Schiedsrichter", wie der Extrembergsteiger und Bergbuchautor Reinhard Karl formulierte, der 1982 im Himalaja von einer Eislawine erschlagen wurde.

Mit oder ohne Seil, aber stets mit Magnesia an den Fingern, um die Haftung zu verbessern, werden teils Gipfel bestiegen, falls sie eine Felsroute der obersten Schwierigkeitsgrade anbieten; teils kehren die Kletterakrobaten 300 Meter unter dem Gipfel um wie in der Westwand der Aiguille de Blaitière über Chamonix, weil dort ein Bündel Seilschlingen das Ende der extremen Schwierigkeiten kennzeichnet – und wer will schon weiterklettern, wenn keine Artistik mehr gefordert ist? „Klettern um des Kletterns willen, Bewegungs-Euphorie in herrlichstem Granit", schrieb das „Alpin-Magazin"

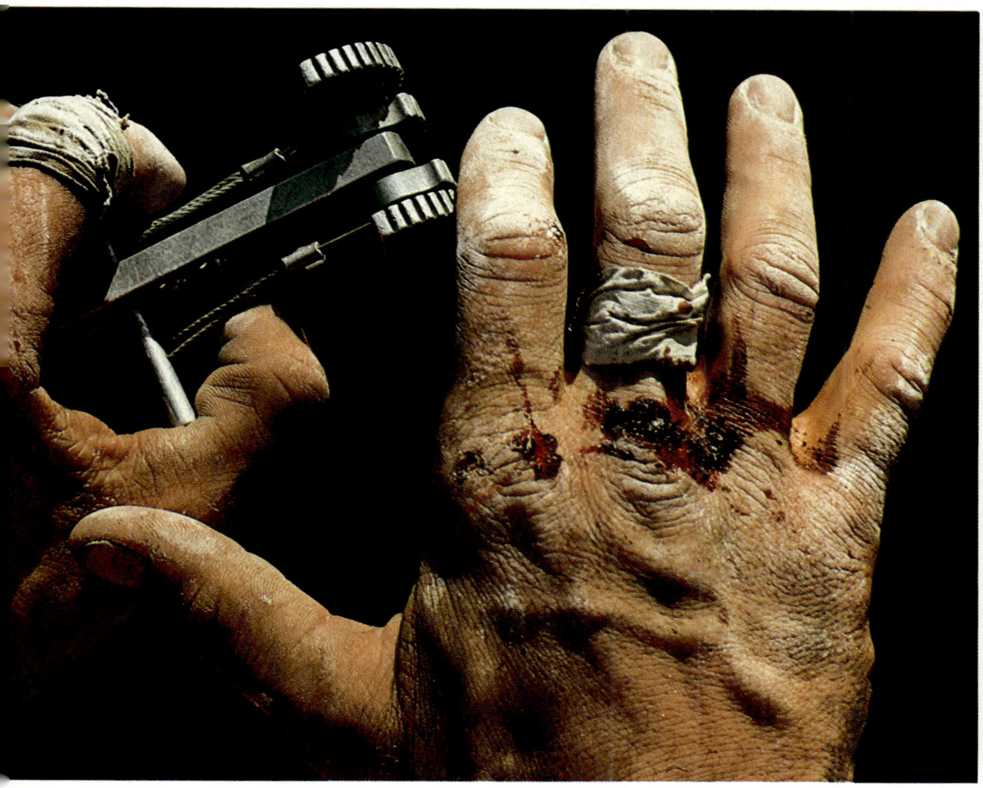

Training im Klettergarten (am Rödelstein in der Pfalz). Die Hände des „Extremen": Wenn im senkrechten oder überhängenden Fels ein Riß gerade faustbreit ist, dann kann der Kletterer in ihm Halt finden, auch wenn die Fingerspitzen nichts zu greifen haben, indem er die Faust hineinklemmt. Nur daß die Knöchel, obwohl durch Klebeband geschützt, danach so aussehen wie hier. Links ein „friend", eine Klemm-Mechanik, die der Faust an Wirkung noch überlegen ist

dazu; und dann saust man über die präparierte Abseilpiste talwärts und läßt den Gipfel Gipfel sein.

Die Abkehr von den Gipfeln und Höhen geht noch weiter: Platten und Wände, die bis vor zehn Jahren keinen Kletterer interessierten, werden plötzlich Wallfahrtsorte der Extremen – die Granitwände über dem Grimselpaß zum Beispiel oder die Wände der grandiosen Verdon-Schlucht nördlich von Nizza. Ja Felsbrocken mit einer drei Meter hohen Wand werden zu Kletterproblemen erklärt und in mühsamen Anläufen bezwungen; *bouldern* heißt dieser Sport nach dem englischen „boulder" für Findling. Im Donautal bei Kelheim haben Kletterfexe ein acht Meter ausladendes Felsdach ausgemacht, dessen erste „Rotpunkt"-Begehung im Oktober 1982 nach vielen Versuchen gelang und in Fachkreisen gewürdigt wurde.

Bouldern, Freiklettern, Rotpunkt-Klettern, auch Schnellklettern und das vor allem in Rußland praktizierte Wettklettern werden unter dem Begriff *Sportklettern* zusammengefaßt, und soweit es nicht doch noch in großen Wänden stattfindet, bedeutet dies: Man pickt sich die äußerste Schwierigkeit heraus, egal, auf wie viele oder wenige Meter sie sich erstreckt, und versucht sie auf die eleganteste Weise zu überwinden, ohne künstliche Hilfsmittel, aber auch unbehindert durch Gepäck und das Risiko von Steinschlag oder Wettersturz, oft nur mit einer Turnhose bekleidet, an der der Magnesia-Beutel hängt, meist mit einem Stirnband nach Art der Navajo-Indianer, weil die kalifornischen Vorbilder es tragen.

Keine Kälte, kein Regen, kein Sturm, kein Versacken im Schnee, keine Last auf dem Rücken, meist keine Orientierungsprobleme und zuweilen nicht einmal die große Strapaze – so haben sich die modernen Extremen zusammen mit den größten auch die geringsten Schwierigkeiten ausgesucht. Inwieweit dies alles noch mit „Bergsteigen" zu tun hat, darüber läßt sich streiten. Der Schweizer Alpenclub hat 1982 zwar eingeräumt, daß das Sportklettern für Alpinisten positiv sein kann, sich aber gegen jede systematische Förderung von „Extremisten oder Kletterathleten" und gegen die Austragung von Wettkämpfen ausgesprochen.

Man muß sie bewundern, die Großmeister des VII. und VIII. Grades, denn sie bewältigen immer neue Probleme, die jeweils wenige Jahre zuvor als unlösbar gegolten hatten. Sie trainieren unbeschreiblich hart, bis sie beispielsweise den Klimmzug an einem Finger schaffen wie Wolfgang Güllich aus Ludwigshafen, einer der erfolgreichsten und international berühmtesten Kletterer der allerjüngsten Schule, der in Kalifornien schon den X. Grad gemeistert hat.

Man kann sie sogar verstehen: Nicht nur haben sie ein Hobby ersonnen, das in der Tat artistische und ästhetische Reize bietet; sie haben auch einen Weg gefunden, in diesen über und über durchstiegenen Alpen immer noch etwas als Erste zu tun. Ihr Ehrgeiz ist von dem der englischen Pioniere nicht so sehr verschieden; nur ihre Mittel und Ziele haben sich geändert, seit es in den Alpen von allzu vielen Whymper-Jüngern wimmelt.

Ja, das Gewimmel ist oft schlimm, und an ihren Lieblingsrouten erleben es längst auch die Extremen. Zwar beherrscht die große Mehrzahl der Bergsteiger die oberen Schwierigkeitsgrade nicht und interessiert sich auch nicht im geringsten für die mit dem VIII. Grad bewertete Route „Locker vom Hokker" links der Spindlerführe in der Südwand der Schüsselkarspitze im Wetterstein; aber die Zahl der Extremen ist längst so groß, daß auch sie Gedränge produzieren: zwanzig Seilschaften am Walkerpfeiler in der Nordwand der Grandes Jorasses (Erstbegehung 1935, damals als alpine Großtat gefeiert); drei Stunden Wartezeit unterm „Eisnollen" am Mönch; Seilsalat und üble Gerüche an den Vajolett-Türmen in den Dolomiten; in Südfrankreich Bauernproteste gegen Kletterer-Festivals mit Motorrad, Zelt und Barbecue, aber natürlich ohne Latrinen.

O ihr Alpen, wohin haben wir euch gebracht! Whymper ist lange tot, doch immer noch will jemand der Erste sein. Von der Stadt wollen wir in die Wildnis fliehen und treffen dort die Städter wieder. Dieter Höss reimte 1983 in der „Süddeutschen Zeitung":

Es fehlt an Kraft nicht und an Mut
Bezwingern und Besteigern.
Es fehlt, man merkt es nur zu gut,
Allmählich an den Eigern.

Protokoll eines Absturzes

Im Südtiroler Ortlermassiv stürzte eine vierköpfige Seilschaft auf dem Weg von einer Hütte zu einem Biwak bei schlechtem Wetter mehrere hundert Meter tief in eine Eisrinne. Zwei der Bergsteiger kamen dabei um; einer von ihnen stammte aus Hagen. Suchmannschaften bargen mit Hubschraubern die zwei Überlebenden – einen Geistlichen aus Warstein im Sauerland und einen Polizeibeamten aus Ludwigshafen – mit lebensgefährlichen Verletzungen.

Süddeutsche Zeitung, 17.8.1982

Auf dem Ortlergipfel sangen sie noch fröhliche Lieder an diesem Sonntag, dem 15. August, und einer von ihnen rief überschwenglich: „Wie schön's doch hier heroben ist! Meine Frau weiß gar nicht, was für schöne Touren ich mache." Freilich, da zog in der Ferne schon ein Gewitter auf.

Für drei von den vieren war es die erste Hochtour überhaupt, wir hatten es beim Aufstieg über den Hintergrat gemerkt: Sie waren ungeschickt im Fels, oft mußten wir hinter ihnen warten, wobei der letzte uns manchmal zuwinkerte, offenbar, um uns bei Laune zu halten.

Beim Abstieg über die Normalroute überredeten wir die fröhlichen vier, sich der Eisschraube zu bedienen, die wir gesetzt hatten, um uns über eine Schneebrücke zu sichern; sie könnten sie uns ja unten in der Payerhütte wiedergeben – und beeilt euch, das Gewitter kommt! Sie waren also vom Gipfel zur Hütte unterwegs und nicht „von einer Hütte zu einem Biwak", wie es zwei Tage später in der Zeitung hieß.

So reißen wir auf den ersten Felsen die Steigeisen von den Füßen und stolpern die oberste Stufe des Felsgrats hinunter. Noch schneller, als wir fürchteten, haben die Wolken uns eingeholt. In der Drahtseilsicherung surrt die elektrische Spannung, und unsere Haare heben sich. Wie ein Peitschenknall fährt der erste Blitz über uns in die Felsen. Dort oben kauern immer noch die vier, Steigeisen, Pickel, Karabiner haben sie von sich geworfen, einem hüpft das Elmsfeuer vom Schuh bis zum Knie.

Wir jagen, vom Krachen des Donners verfolgt, über einen Schrofenhang hinunter, bis wir vor der „Hohen Eisrinne" stehen. An den Boden geduckt warten wir dort, bis das Gewitter vorüber ist. Wo sind die andern? Die Wolken entziehen sie unserem Blick.

Früher war die Eisrinne die Normalroute. Seit Jahren ist sie ungebräuchlich, da das Steileis spiegelblank geworden ist. So steigen wir im Fels neben der Eisrinne ab.

Nicht so die vier. Als die Gewitterwolken sich verzogen haben, sind wir zwar erleichtert, sie zu sehen, aber erschrokken, sie ausgerechnet in der Eisrinne zu entdecken, wie sie langsam und unsicher absteigen. Die ausgefeilte Steigeisentechnik, die in so steilem Blankeis nötig wäre, beherrschen sie erkennbar nicht. Außerdem scheint der Schock in ihnen zu stecken, fahrig stochern sie mit den Pickeln herum, ihre Knie wirken butterweich. Nicht einmal das Seil halten sie straff, obwohl doch nur dies die Chance böte, einen Stürzenden zu halten, bevor die Sturzgeschwindigkeit zu hoch geworden ist.

Nun fegen auch noch Steine die Rinne herunter, von Blitz und Regen gelöst. „Achtung, Steinschlag!" schreien wir hinauf. Plötzlich verliert der vorderste den Halt und stürzt. Bis das Seil sich strafft, ist er schon zu schnell, der zweite kann ihn nicht halten und rutscht mit. Da reißt es auch den dritten und den vierten aus dem Stand – und so müssen wir mit ansehen, wie alle vier in die Tiefe sausen. „Auf den Bauch drehen!" schreien wir ihnen zu. „Mit dem Pickel bremsen!"

Zwei schaffen es, sich herumzuwerfen, die andern schliddern hilflos auf dem Rücken weiter. Alle vier sind stumm, nur die haltsuchenden Steigeisen kratzen. Das Seil, das sie gemeinsam retten sollte, zerrt sie gemeinsam ins Verderben.

Als sie auf unserer Höhe sind, nur zehn Meter von uns entfernt, gelingt es dem ersten, sich in einer Mulde am Rand des Eises zu fangen und seine Fahrt zu stoppen. Schon wollen wir aufatmen – da trifft ihn der zweite, Steigeisen voraus, in den Rücken und schlägt ihn im Bogen aus der Mulde. Nun sind die vier nur noch ein Knäuel. Es fliegt über mehrere Spalten von zwei oder drei Metern Breite, immer tiefer, immer schneller, bis es hinter einem Felssporn unseren Blicken entschwindet.

Kann jemand diesen Sturz überleben? Sollen wir absteigen über solche Spalten? Nun zittern auch mir die Knie. Wir beschließen, Hilfe zu holen. Wir hetzen zur Payerhütte hinab.

Aus der Tiefe hören wir schwache Hilferufe. Von einem Felskopf aus sehen wir dann einen der vier: 200 Meter tiefer steht er neben einer klaffenden Spalte und schwenkt verzweifelt seinen Pickel. Das Seil führt von ihm weg in den Abgrund von Eis. Wahrscheinlich sind alle vier da hineingestürzt, und dieser hier konnte sich mit letzter Kraft befreien.

Erschöpft schlagen wir auf der Hütte Alarm. Drei Stunden später werden die fröhlichen vier von der Suldener Bergwacht geborgen: zwei schwerverletzt, zwei tot.

Curt Schneider

Grelle Wintersonne, festliche Natur, schwungvolles Gleiten, unvergleichliches Vergnügen! Der weiße Rausch hat Millionen erfaßt, arme Bauern reich gemacht, Rummel in entlegene Täler getragen und Naturschützer mit Entsetzen erfüllt. Denn das Vergnügen – wie am Piz Corvatsch über Silvaplana im Oberengadin – setzt sich nach unten in ausgesprengten und zurechtgebaggerten Pisten fort; der Sommerurlauber darf über Rollbahnen aus grauem Schotter wandern

Wie die Alpen unter die Bretter kamen

Ski total: Tignes in der Vanoise südlich von Chamonix, eine der ersten der berühmten und berüchtigten französischen „Retortenstädte": 23 000 Betten, in Burgen getürmt, und 53 Lifte vor der Tür, die pro Stunde 46 000 Personen befördern können, jeden Feriengast zweimal. In Frankreich gibt es im Februar eigens Skiferien, Ostern ist der andere Höhepunkt der Saison. Was man über solchem Gedränge nicht vergessen sollte: Der französische Anteil an den Alpen ist größer als der der Schweiz und ungleich dünner besiedelt

La Daille im Val d'Isère, südöstlich von Tignes: Gemütlichkeit in 16 Etagen, von Bankenkonsortien in die Wildnis geknallt, Beton, mit Holz und Wellblech verkleidet. Bergromantik? Das ist überwiegend eine Wunschvorstellung von Stadtbewohnern in deutschsprachigen Ländern; Franzosen, Italiener und die meisten Alpenbewohner selbst, auch im deutschsprachigen Alpenteil, wissen nicht genau, was Romantik ist oder warum sie ausgerechnet in den Alpen herrschen sollte

Skifahren ist kaum ans Alter gebunden, aber die Jüngeren, die Wohlhabenderen und ein paar Verrückte geben den Ton an. Der Punk am Lac de Tignes wird im Fall eines Sturzes weniger unter seinen Haardolchen zu leiden haben als das Skihaserl am Rettenbachferner in Tirol unter seinen nackten Beinen: Da lacht der Harsch, wenn er solche Schenkel blutig schürft

Jedes Jahr im März treffen sich zehntausend Langläufer – Einheimische, Touristen, extra Angereiste – zum Engadiner Skimarathon, vom Maloja-Paß nach Zuoz. Hier passieren sie den zugefrorenen St. Moritzer See. Viele weibliche Teilnehmer, meist ein- bis zweitausend, laufen heute schneller als vor zehn Jahren die Männer

Unglaublich, was dem Menschen in jüngster Zeit so alles eingefallen ist: Er stellt sich auf ein Stück eisiger, feindlicher Natur, vor dem es die Alpenbewohner jahrtausendelang aus guten Gründen graute, schnallt sich zwei Bretter unter und saust in einer Gischtwolke jubelnd zu Tal. Tiefschneefahrer auf dem Gepatschferner, dem zweitgrößten der Ostalpen, über dem Kaunertal in Tirol

Wer auf Skiern einen Salto schlagen kann wie die drei Burschen am Hochjoch über dem Schnalstal in Südtirol, der heißt „Trickskifahrer" und kann darauf hoffen, daß ein Vertrag mit einer Ski- oder einer Bekleidungsfirma ihm so viel Geld bringt, wie das Training für seinen artistischen Sport ihn gekostet hat. Viele Skifahrer wären froh, wenn sie das Umgekehrte fertigbrächten: den Kopf immer über den Skiern zu behalten

Familienleben am Parkplatz im Val d'Isère. Wie man sieht, lassen manche Touristen sich noch heute im Tragsessel befördern wie weiland Kaiser Franz Joseph und Kaiserin Sissi, und die dicke Schneebrille kann nicht verbergen, daß der Feriengast für den ganzen Alpenrummel kein müdes Auge übrig hat

Niemand saugt aus den Alpen so viel Vergnügen, Begeisterung, Lebensqualität wie der Millionenschwarm der Skifahrer; niemand pumpt so viel Geld in die Alpentäler und läßt so viele Bauernherzen lachen; für niemanden sonst werden die Alpen so gründlich und so rücksichtslos zementiert, verdrahtet, plattgewalzt und abrasiert. Für die Skifahrer surren an die 13 000 Bahnen und Lifte, für die Skifahrer knattern an die tausend Pistenraupen bergauf und bergab. Für die Skifahrer werden Wälder zerschlagen, Hänge quer angesägt, U-Bahnen durch Berge getrieben und, zumal in Frankreich, Retortenstädte auf Berghänge geknallt, von denen einige die Dimensionen einer Talsperre mit dem Charme des Märkischen Viertels verbinden.

Das war den Franzosen bald nach 1945 aufgefallen: In der Schweiz, in Österreich und Italien blühte der Skitourismus auf, Frankreich hatte nichts dagegenzusetzen, während sich gleichzeitig die französischen Bergdörfer immer mehr entvölkerten. Es galt also, einen Notstand zu beheben, und dies geschah im Geist des Pariser Zentralismus und des De Gaulleschen Hangs zur Größe. Die Regierung, die vorhandenen Wintersportorte, die Skiverbände, die Seilbahnunternehmen taten sich zusammen, mit dem Hubschrauber wurde geeignetes Gelände ausfindig gemacht, Bankenkonsortien finanzierten, avantgardistische Architekten bauten, meist nach zentralem Plan: Betonwaben, Chaletburgen, Skikasernen, gewalttätig gegenüber der Umwelt wie einst die Hotelpaläste von St. Moritz und Badgastein, nur ungleich größer und brutaler. Aus 25 000 Betten schwappen die Skibegeisterten, hängen sich an die allgegenwärtigen, dreifach sich kreuzenden Transportsysteme (82 zum Beispiel in La Plagne), riechen den Dieselqualm der Pistenwalzen und hören den tausendkehligen Schrei des Vergnügens, es sei denn, sie hätten den Walkman im Ohr.

Denn schön ist es schon in der grellen Sonne und dem dicken Schnee, und, anders als beim Bergsteigen, gehört das Gedränge hier zur Geschäftsgrundlage: Die Lifte ziehen die Massen an und bündeln sie, und diesen Preis zahlen die Pistensauser gern, da er ihnen die altmodische Plage des Aufstiegs erspart. Immer nur bergab! Das ist das Schlaraffenland.

In den sechziger Jahren hat die Zahl der Winterurlauber in den Alpen die Zahl der Sommergäste überholt – zwar nicht in Bayern und Österreich, doch in den Alpen insgesamt. Über glattgehobeltes Schneeparkett hinabzugleiten, ist die häufigste, populärste Art geworden, mit den Alpen umzugehen – ob mit der Valluga im Hintergrund oder der Staumauer des Super-Crans-Hotels in Crans-Montana, das ist nicht so wichtig. Das Gebirge reduziert sich aufs Gefälle, Gipfel ohne Skispur interessieren nicht, Bäume stören nur. Daß aber die Sommerurlauber ihren einzigen Wanderweg als eine Schotterpiste wiederfinden wie auf dem Wank über Garmisch oder vom Blauherd aufs Unterrothorn über Zermatt, und daß die Betonklötze und Drahtseile der Schlepplifte ihnen das Landschaftsbild zerschneiden, und daß die Schneeschmelze die Zigarettenschachteln, Schokoladenpapiere und Cremetuben der Wintergäste freigelegt – wer fragt danach? Es gibt mehr Skifahrer als Bergwanderer, und außerdem: Pro Kopf geben sie mehr aus, für die Ausrüstung und pro Urlaubstag.

Das wiederum sollte man den französischen Feriensilos zugute halten: Überwiegend sind sie in Gegenden errichtet worden, in denen es weder Hotels noch Dörfer gab und in die ein Spaziergänger sich nur selten verirrte; sie haben also kein gewachsenes Dorf überrollt und niemandem etwas weggenommen. Mildernd spricht ebenso für sie, daß in Frankreich ein größerer Teil der Alpen liegt als in der Schweiz, der noch dazu viel weniger touristisch durchdrungen ist als in allen anderen Alpenländern: Sterbende Dörfer, entlegene Weiler mit einem einzigen Gasthof, der nicht immer einladend ist, mächtige bewaldete Täler ohne Haus

lafuma

1928, da half man sich noch gegenseitig beim Schließen der Bindung, der elegante Herr trug Breeches wie ein englischer Kavallerieoffizier, und in den Alpen gab es nicht eine Bergbahn, die speziell für Skiläufer eingerichtet worden wäre, zu schweigen von Schlepp- und Sesselliften

und Hütte – so bieten sich große Teile der französischen Alpen dar; und wenn die Zahl der Skistationen sich verdoppelte: Es gäbe in Frankreich immer noch mehr Einsamkeit als in Tirol.

Selbst das Zusammenpferchen in Wohntürmen und Riesenchalets hat ein paar Meriten: Eine Menschenmasse, die des Bergauftransportes wegen ohnehin auf Ballung angewiesen ist, nimmt so den kleinstmöglichen Raum ein, bewahrt sich also kurze und meist autofreie Wege und zerstört noch dazu verhältnismäßig wenig Landschaft. All diese Vorteile bietet beispielsweise Crans-Montana-Vermala im schweizerischen Wallis nicht, die größte Bettenstadt der Alpen neben Courchevel und Chamonix – eine viele Kilometer lange, vielfältig ausgefranste Streusiedlung auf der Sonnenterrasse hoch über der Rhône, ein Konglomerat aller Stile: schweizerischer Grandhotels, französischer Betonburgen, italienischer Etagenhäuser, vieler Chalets (älterer und nachgemachter) und einem Hauch von Westerland – und doch demselben Element abstoßender Kälte wie in Tignes oder in den Appartementhäusern von St. Moritz: die Fenster auch im Sommer ohne Blumen, nur der Winter zählt.

Im Winter ist ja selbst Cervinia schön, die Hotelstadt auf der italienischen Seite des Matterhorns, die das alte Dorf Breuil aufgefressen hat, seit 1937 die Straße dort ankam: von den wilden Zähnen der Jumeaux überragt und vom Matterhorn viel mächtiger als Zermatt, auf einer kargen Hochfläche aus Geröll und Zement, die sich im Sommer garstig nackt darbietet, und auf ihr ein Chaos von teils futuristischen, teils einfach schmuddligen Hotels, kreuz und quer ins Tal geworfen, als wären Preise ausgesetzt worden für Willkür und Häßlichkeit. Da sehnt man sich fast nach der ordnenden Hand des einen Architekten, der in den französischen Skistädten das Kommando führte, und wer Cervinia nicht gesehen hat, sollte über die etwas künstliche Romantik von Zermatt nicht zu rasch die Nase rümpfen.

Begonnen hatte der weiße Rausch in den Alpen nicht etwa mit dem Skifahren und das Skifahren nicht mit dem Abwärtsgleiten; er begann 1880 in St. Moritz mit dem Curlingspielen, dem Schlittschuhlaufen (1882: erste Europameisterschaft), dem Bobfahren (1884: Cresta Run) und eigentlich schon mit der Entdeckung der Wintersonne. Als nämlich im Spätsommer 1864 die letzten englischen Gäste das Kulmhotel verließen, bot der Hotelier Johannes Badrutt ihnen seine berühmt gewordene Wette an: Wenn sie Weihnachten wiederkämen, würden sie entweder in der Mittagshitze ihre Pelze abwerfen, oder er schulde ihnen Reise und Aufenthalt. Sie warfen ab, und viele kamen nach ihnen im Schlitten über den Julierpaß: grelles Licht im Winter, festliche Natur! Viel krasser als im Sommer ist der Kontrast zur Stadt.

Der Ski dagegen hatte es schwer. In Skandinavien war er seit der Steinzeit bekannt; in Slowenien ist er für 1689 bekundet, während sich die übrigen Alpenbewohner mit Schneereifen gegen das Einsinken behalfen. Aber erst die um 1860 aus England überströmende Mode, „Sport" zu treiben, brachte einige Stadtmenschen in Norwegen auf die Idee, aus dem Gleitholz der Bauern und Jäger ein Sportgerät zu machen. In den Alpen sprach man erst davon, als 1891 Fridtjof Nansens Buch „Auf Schneeschuhen durch Grönland" in deutscher Übersetzung erschienen war. Noch im selben Jahr wurde in München der erste deutsche Skiclub gegründet.

Die Grundlage zum eigentlichen Massensport, dem Abfahrtslauf auf natürlichen Routen oder präparierten Pisten, legte ein einäugiger Lehrer und Maler namens Matthias Zdarsky in Lilienfeld in Niederösterreich. Gleich 1891 ließ er sich ein Paar norwegischer Schneeschuhe kommen, merkte, daß sie zum Abfahren viel zu lang waren und eine ungeeignete Bindung besaßen, und entwickelte binnen fünf Jahren das Gerät und die Technik des Abfahrtslaufs – und auch die Psychologie dazu: Denn die österreichischen Zeitungen meinten, der Schneeschuh sei aufwärts schwierig, abwärts gefährlich und für Damen ohnehin ungeeignet, und nie werde das „Hangrutschen" so populär wie das Eislaufen werden.

Das Vereinsblatt des „Österreichischen Skivereins" schrieb damals: „Die Abfahrt vollzieht sich so, daß sich der Skifahrer oben auf dem Hange zusammenkauert, sich fest auf den Stock zurücklehnt und die Augen schließt. Dann saust er pfeilgeschwind hinab, solange, bis ihm der Atem vergeht. Jetzt muß er sich seitwärts in den Schnee werfen."

Mit dem neuen Jahrhundert ging es im alpinen Skilauf rasch voran. 1902 fand in Zermatt, 1906 am Arlberg der erste Skikurs statt, von 1905 an machte das Bauerndorf Kitzbühel als Skiort von sich reden, im selben Jahr auch Gstaad im westlichen Berner Oberland: Die Eisenbahnlinie vom Genfer See zum Thuner See wurde eröffnet, und dem zähen Erwerbssinn der Gstaader war es gelungen, ihr einen Umweg über ihre Gemeinde abzutrotzen. Da wurden die Dörfler mutig und gaben schon 1906 dreihundert Schweizerfranken für einen Werbefeldzug in London aus, und zwei Jahre später hieß es im ersten Gstaader Prospekt: „Hinaus zieht es jeden in die köstliche, warme, frische Luft, um sich zu tummeln im Schnee und auf dem Eise . . . Das stählt die Nerven und Muskeln, das erheitert das Gemüt des sauersten Hypochonders, das bleichsüchtige schwächliche Mädchen erblüht in kurzem zur vollblütigen, munteren und kraftstrotzenden Sportmaid mit gebräunter Haut und lachendem, fröhlichem Mund."

Winterbräune war den meisten bald zu wenig. 1911 stiftete der Earl of Kandahar einen Pokal für das nach ihm benannte Abfahrtsrennen. Im Gebirgskrieg zwischen Österreich und Italien (1915 bis 1918) erwiesen die Skier ihren Nutzen. 1921 begann der Aufstieg von Megève unweit Chamonix, das zwischen den Weltkriegen mit St. Moritz darin wetteiferte, das Zentrum des Skisports, und dazu mit Gstaad. der mondänste Ort der Alpen zu sein. Auch Davos hielt mit, führte 1924 das Parsenn-Derby ein (das bald berühmte Abfahrtsrennen im Parsenn-Gebiet) und eröffnete 1932 die Standseilbahn aufs Weißfluhjoch, die erste Bergbahn den Skiläufern zuliebe.

Skiläufer waren um 1900 selten genug, und wenn gar eine Frau auf den norwegischen Hölzern vorbeirutschte, dann gafften die Männer in Villar-sur-Ollon auf einer Sonnenterrasse über der Rhône südöstlich von Montreux. Nur mit einem Stock zu fahren, sich auf den aber dauernd zu stützen, war die damals übliche Technik, und ihre Anhänger behaupteten, so sicher sei man mit zwei Stöcken nie wieder gewesen

Ein anerkannter Sport war das Skifahren nun geworden, aber eher einer wie Segeln oder Golf: überwiegend für wohlhabende Leute, die sich fesch dabei fühlten. Bis ein Massenvergnügen daraus wurde, mußten noch Jahrzehnte vergehen. Man kann das an den vier Jahreszahlen ablesen, die für Zermatt den Durchbruch markieren: 1927 hält zum ersten Mal ein Hotel im Winter offen. 1929 bleibt die Eisenbahn von Visp nach Zermatt im Winter in Betrieb, erst 1940 aber auch die Bahn auf den Gornergrat, und 1957 logieren unterm Matterhorn zum ersten Mal mehr Winter- als Sommergäste.

Was sich dann seit den fünfziger Jahren in den Alpen abgespielt hat, ist eine Explosion des Tourismus und der Siegeszug eines Sports, der in Europa und vielleicht auf Erden ohne Beispiel ist. Nauders in Tirol konnte 1923 seinen ersten Wintergast begrüßen, zählte im Winter 1950/51 schon 6700 Übernachtungen und im Winter 1981/82 sechzigmal soviel. Österreich besaß 1960 immerhin 503 Bahnen und Lifte; 1983 waren es 3500, die 450 Millionen Beförderungen registrierten – 28mal soviel wie zweiundzwanzig Jahre zuvor; dazu 20 000 Kilometer präparierte Pisten, 10 000 Kilometer Langlaufloipen und 8300 Skilehrer.

Wo ein Lift nicht reicht, wird ein zweiter, ein dritter danebengebaut; wo Seilbahngondeln mit 60 Plätzen eine Warteschlange hervorrufen, wird die Größe der Kabine verdoppelt (187 Personen im Val Thorens bei Albertville), und ein Gedränge wie auf dem Münchner Hauptbahnhof im morgendlichen Berufsverkehr gehört längst zum Alltag der großen Skistationen. 41 Liftanlagen hat Chamonix, doch die Seilbahn von der Aiguille du Midi durchs Vallée Blanche schafft Anschluß an die 29 Lifte von Courmayeur. Skipässe werden indessen längst auch für weit auseinandergezogene Liftsysteme angeboten, die per Auto oder Omnibus verbunden werden müssen: für 114 Lifte im Zillertal, für 150 in der Region Chamonix-Megève, gar für 440 mit dem Paß „Dolomiti Superski". Ausnutzen können das die wenigsten, doch die imposante Zahl der Lifte erlaubt einen stattlichen Preis.

Das animiert die Besitzer der Skipässe offensichtlich, sich so oft hinaufschleppen zu lassen und so oft zu Tal zu rasen, wie die Lifte und die Tagesstunden hergeben – schwingend und jubelnd in die Tiefe, oft bis zur Erschöpfung. Dann freilich mit erhöhtem Unfallrisiko. Häufig tut Alkohol ein übriges, bei 30 bis 80 Prozent aller Unfälle ist er im Spiel, je nachdem, mit welchem Unfallchirurgen man spricht; ja bis zu 40 Prozent aller Unfallopfer sind sturzbetrunken. Schnäpse an der Skibar, Glühwein auf der Hütte, sogar noch bei Dunkelheit, wenn die Piste mit 12 000 Watt rosa ausgeleuchtet wird wie an der Gamskogelhütte in Kärnten: Da fühlt sich jeder stark und stürzt sich ohne Bremsen ins Getümmel – Rempeleien und Karambolagen, Auffahrunfälle und Frontalzusammenstöße, Knochenbrüche, Bänderzerrungen, Gehirnerschütterungen, Schädelbrüche und üble Verletzungen der Wirbelsäule.

In Südtirol regeln seit 1982 Polizisten auf den Pisten den Verkehr, in Bayern patroullieren hundert Bergwachtmänner in roten Overalls. Für Österreich hat der Oberste Gerichtshof 1983 in einem Grundsatzurteil entschieden: Wer eine mehrspurige Piste quere, habe sich zu verhalten „wie ein Autofahrer, der aus der Nebenstraße kommt". Pistenraupen haben immer Vorfahrt, die Abstände sind den Skifahrern vorgeschrieben: fünfzehn Meter vorn und hinten, drei Meter rechts und links. Ganze Bataillone von Unfallärzten werden vom weißen Rausch ins Brot gesetzt, und sich wie ihren Helferinnen verbieten sie in der Saison vor allem eins: das Skilaufen.

Vor so viel Gefahr, Gedränge und Liftkosten sind viele Skifreunde auf den Langlauf ausgewichen, die norwegische Urform des Skisports. Nicht durch ihre Hänge bieten sich die Alpen für ihn an, nur durch ihre Höhe, die den Schnee verbürgt. Er ist viel gesünder als der Pistenskilauf mit seinem jähen Wechsel von kalter Auffahrt und gewaltiger Belastung der Gelenke; er wärmt die Muskeln, heizt den Kreislauf an und macht Spaß und rote Backen.

Mit der unausbleiblichen Folge: Immer mehr Langläufer riefen nach immer mehr Loipen, Tausende von Kilometern werden seit den siebziger Jahren alljährlich präpariert, und von denen sind etliche inzwischen ebenfalls so voll, daß zahlreiche Langläufer sich ihre Routen querfeldein suchen – worauf die Skifabriken ihnen prompt einen breiteren als den üblichen Langlaufski anbieten. Da schlagen nun die Jagdverbände Alarm: Die allgegenwärtigen Querfeldeinläufer trieben das Wild in eine verhängnisvolle ständige Flucht; wogegen die Bergsteiger-Zeitschriften einwenden, nicht die Skiläufer im Wald bedrohten Rehe und Hirsche, sondern die überhöhten Wildbestände bedrohten den Wald. So kompliziert geht es zu, wenn eine Wildnis sich auf dem Weg zum Rummelplatz befindet.

Wohin sonst kann man ausweichen? Das gute alte Skitourenlaufen ist wieder in Mode gekommen: mit Fellen

Alpe d'Huez in den französischen Alpen, Februar 1983: Mit der Skispitze gelingt es einem Helfer, den Arm einer deutschen Touristin freizulegen, die zusammen mit sieben weiteren Skifahrern von einem Schneebrett verschüttet worden ist – mehr als tausend Tonnen Schnee, die mit der Geschwindigkeit eines Rennwagens in die Tiefe donnerten. Der Verschüttete kann durch Verletzung oder Schock sterben; häufiger ist der langsame Tod durch Ersticken oder Unterkühlung, und das gibt den Rettern eine Chance

bergauf, ohne Pisten bergab; auch die Skihochtouren, das Skibergsteigen, das schon 1898 der sächsische Arzt und Dolomitenkletterer Oscar Schuster begründete, indem er mit Skiern bis kurz unter den Gipfel des Monte Rosa stieg und nur den Gipfelaufbau kletternd bezwang, wie dies heute auch am Finsteraarhorn oder am Piz Palü beliebt ist. Der Monte Rosa seinerseits ist eine Etappe der „Haute Route", der klassischen Skihochtour von Saas-Fee über den Grand Combin nach Argentière bei Chamonix, für die die meisten zehn Tage brauchen.

Längst sind auf dieser Route die Hütten überfüllt. Auch weniger anspruchsvolle Tourenläufer müssen erleben, daß zufällig Zehntausende dieselbe Idee hatten wie sie selber: Die Flucht vor dem Rummel auf den Pisten hat nun Gedränge auf den Skigipfeln erzeugt. Dazu kommt häufig der Ärger, daß die vom Aufstieg schwitzenden Tourenläufer oben auf Leute stoßen, die sich von einem Hubschrauber haben auf den Gipfel fliegen lassen. Er landet dort bis zu zwanzigmal am Tag: „Heliskiing" nennt sich das knatternde Vergnügen. Die Schweiz hat 47 Landeplätze konzessioniert; Preis für zwei Gipfel nacheinander: 250 Franken. In Tirol sind es gar 48 Plätze. Das Land Salzburg dagegen hat solche Hubschrauberei nie zugelassen, Frankreich hat sie 1981 verboten, des Lärmes und der vielen Unfälle wegen – Frankreich, das doch sonst in der Parteinahme für die Skiläufer und gegen die Natur nicht leicht zu übertreffen ist.

Die Freunde der Einsamkeit müssen also vergessene Berge suchen, während Rekordsüchtige und Extreme jene Wände befahren, die fünfzig Jahre zuvor überhaupt zum ersten Mal durchstiegen worden sind. So fuhren im Mai 1983 zwei Italiener vom Eiger über die Lauperroute ab, hart links von der Nordwand, aus Grindelwald gesehen, und bis zu 55 Grad steil – das sind weit mehr als 100 Prozent. Sie taten es sogar zweimal innerhalb von vier Tagen: das erste Mal für das schweizerische Fernsehen, das zweite Mal fürs italienische.

Auf den Kufen des Hubschraubers lehnen die Skier der Touristen, die sich die teuerste und umstrittenste Art des Skivergnügens gönnen: Heliskiing, knatternd auf die Gipfel, wo sie nicht selten auf verdutzte und verärgerte Skibergsteiger stoßen; schnell ins Tal hinab und das Ganze am selben Tag nochmal. Tirol und die Schweiz – hier: über Verbier im Combin-Massiv – sind die Zentren dieses sogenannten Sports

Eine modische Variante des Tourenlaufens ist das Tiefschneefahren. Teils ergibt es sich als Nebenprodukt einer Skihochtour, teils aber – und das ist das Neue – eilen die Tiefschneefans sogleich nach einem Schneesturm zum nächstbesten Hang, damit sie das jungfräuliche Weiß durchpflügen können. Eile tut not, denn man schwimmt mit einer Mode und sieht die eben noch makellose Neuschneedecke rasch von den anderen Fans zerschnitten. Die hohe Lawinengefahr ist einkalkuliert, etliche

junge Bäume werden umgefahren, die Industrie verdient an einer neuen Spezialausrüstung.

Das ist überhaupt die Krone des Wintersports: daß er den Sportartikelfirmen und den Bergbahn-Eigentümern so viel mehr Geld in den Rachen schaufelt als das Wandern und das Klettern. Alljährlich preist die Industrie das allerneueste und allerentbehrlichste technisch-modische Brimborium mit riesigem Werbeaufwand an – und das Herz muß ihr lachen, wenn sie die vielen Anfänger im papageienfarbenen „Powerlook" erblickt, ausgerüstet wie die Rennläufer und ausstaffiert wie für einen Weltraumspaziergang. Für die Bergbauern an den Liften sind das Verrückte von einem andern Stern, die nur einen Vorzug haben: eine Schleppe von Geld hinter sich herzuschleifen.

Für solche Leute, das ist ja klar, mußte der *Sommerskilauf* erfunden werden. Was auf dem Jungfraujoch zwar seit Jahrzehnten, jedoch in bescheidenem Umfang betrieben wurde, hat sich seit den sechziger Jahren zu einer Massenindustrie mit absurden Begleiterscheinungen entwickelt: Auf Gletschern und Nordhängen zwischen 2500 und 3900 Metern Höhe, wo der Schnee den Sommer am besten übersteht, sind in den Alpen Österreichs, der Schweiz, Frankreichs und Italiens bisher 36 Sommerskigebiete entstanden; fast jedes Tal mit einem Gletscher darüber hat eines oder will eines. Das Sommerskilaufen bringt nicht nur Touristen in bisher entlegene Täler und verlängert in den schon erschlossenen die Saison, es gilt auch als schick und imagefördernd und übt „einen ungeheuren Imitationsdrang aus" (Alpenvereins-Jahrbuch 1981) – und wenn es zugleich mit der Natur die Gemeinde oder den Unternehmer ruinieren sollte.

Wie den Leo Gurschler aus Kurzras im Schnalstal auf der Südtiroler Seite der Ötztaler Alpen. Er war ein junger Großbauer und Gastwirt mit Porsche und Hubschrauber. Er renovierte seinen Berggasthof und nannte ihn „Sporthotel", warum nicht; aber dazu betrieb er den Bau eines ganzen Sportdorfs am Talschluß: „Gurschlers Hotel" mit 125 Betten, eine „Résidence" mit 164 Appartements und eine Seilbahn mit Kabinen für 80 Personen auf 3212 Meter hinauf, „die höchste Südtirols und die größte Italiens", so warb der „König des Schnalstals", wie er sich gern nennen ließ – bis er 1982 Konkurs anmelden mußte, weil er sich bei der Finanzierung übernommen hatte und die Appartements ihm nicht gerade aus der Hand gerissen wurden. 1983 beging Gurschler Selbstmord, 36 Jahre alt, und das Feriendorf mit dem Charakter eines Weltraumbahnhofs steht halbleer in der geschändeten Natur.

Damit allein ist an sich noch nichts gegen den Sommerskilauf ausgesagt; Pleiten kann es immer geben. Doch vielleicht folgt bald die nächste? Nur vier Prozent der Urlauber wollen im Sommer Ski fahren, und seit 1982 geht ihre Zahl noch zurück. Teils, weil sich herumgesprochen haben dürfte, daß die neue Attraktion für viel Geld ein ziemlich dürftiges Vergnügen bietet: Ein Tages-Paß kostet zwischen 25 und 40 Mark, doch die Abfahrten sind kurz, und der „Tag" ist meist gegen elf Uhr vormittags beendet, dann pappt der Schnee.

Sodann hat das Windsurfen dem Sommerskilauf viele Kunden weggenommen: Großenteils sind es dieselben Menschen, die sich für die beiden Sportarten interessieren, nur daß man eben beim Surfen eine kürzere Anfahrt hat und weder eine Liftkarte bezahlen noch nachmittags auf sein Vergnügen verzichten muß. Der heiße Sommer 1983 tat ein übriges: Der Schnee weichte zu noch früherer Stunde auf, viele sonst zugeschneite Gletscherspalten lagen bloß und wurden notdürftig mit Schneezement geflickt, viele Lifte stillgelegt. Tiroler Zeitungen sprachen von der „Gletscherpleite".

Und für weniger Sommerskifahrer werden mehr Sommerskigebiete erschlossen, vorbereitet oder herbeigesehnt! Im Herbst 1983 wurde die Pitztaler Gletscherbahn eröffnet, finanziert von einem deutschen Likörhersteller und einigen österreichischen Möbelfabrikanten. Die Kärntner Landesregierung hat ein Sommerskigebiet auf dem Wurtenkees genehmigt, einem schrumpfenden Gletscher in der Goldberggruppe der Hohen Tauern; und im Osttiroler Virgental stehen sich die Einheimischen, die ein Sommerskigebiet erschließen, und die Naturschützer, die das endlich einmal verhindern wollen, seit Jahren mit gezückten Messern gegenüber.

An Natur wird durch die Sommerskigebiete weit mehr zerstört, als der Anblick von Drahtseil und Beton ohnehin vermuten läßt. Einerseits schont es die Landschaft, daß die Zubringer neuerdings wieder als U-Bahnen durch den Berg geführt werden wie die Jungfraubahn von 1912: Der Sessellift auf die Sunegga über Zermatt ist durch eine unterirdische Standseilbahn ersetzt, mit langen, neonbeleuchteten, orange ausgemalten Gängen, durch die ein Eiswind pfeift. Die „Kitzsteingams" von Kaprun aufs Kitzsteinhorn startet auf einer schrägen Schiene wie ein silbernes Raumschiff, ehe sie im Berg verschwindet. Die „Metro-Alpin" über Saas-Fee speit ihre Passagiere erst in 3456 Metern Höhe wieder ans Licht.

Andrerseits werden auf diese Weise noch mehr Menschen in die Eisregion gebaggert, noch größere Berghotels lassen sich ohne Wetterrisiko versorgen, und der Mergel, den die Tunnelbohrmaschine der Pitztaler Gletscherbahn zu Tage förderte – pulverisiertes, lehmartiges Material, mit Schmiermittelrückständen versetzt –, verklebte in der Pitztaler Ache den Fischen die Kiemen und vernichtete den Laich.

Um auf den Gletschern allzu eisige Passagen zu entschärfen, werden tonnenweise Salz oder Stickstoffdünger aufgestreut. Wenn sie sich noch dazu mit Abwässern und Ölresten verbinden wie auf dem Dachsteingletscher, dann kann das passieren, was der alten Salzstadt Hallstatt am Fuß des Dachsteins im Herbst 1982 widerfuhr: Das Trinkwasser durfte nur abgekocht getrunken werden. Kaum ist die Wildnis ein Rummelplatz, wird der Almrausch zum Alptraum.

Dabei kann man, wie die Zeitschrift „Der Bergsteiger" 1983 vorrechnete, auf dem Dachsteingletscher „an Sommertagen fünf bis zehn Fanatiker beim Skilauf bewundern. Zu anderen Jahreszeiten sollen es mehr sein." Doch sie zu bestaunen, reisen weit mehr als zehn Touristen an, und dazu jene, die sich die Sensation verschaffen wollen, auf dem Gletscher Omnibus zu fahren: nämlich mit jenen Pistenbullys, die sich als „Gletschertaxis" anbieten, Eisluft

Wenn weder ein Lift noch ein Hubschrauber greifbar sind, dann muß eine Pistenraupe her: Dreißig Sommerskifahrer im Dieselqualm über dem Stilfser Joch, einem der am übelsten zubetonierten und verdrahteten Rummelplätze der Alpen

mit Dieselqualm; und dann die vielen, die auf den Dachsteingipfel steigen. So kommt alles zusammen: Die Bergstation der Dachsteingletscherbahn auf dem Hunerkogel (2658 m), eine aluminiumglänzende Kaserne, umgeben von teils funktionierenden, teils rostenden Liftanlagen, Baracken, Bauschutt und Garagen für die Pistenraupen – kurz: „Eine Großstadt-Fußgängerzone erscheint oft als Oase der Stille gegen den Krawall auf dem Dachstein, wo einst ‚der Aar noch hauste'", schrieb der „Bergsteiger".

Niemand leugnet, daß es herrlich sein kann: Skifahren in der Morgensonne eines stahlblauen Julitags und drei Stunden später segeln, surfen oder Wasserski fahren – eine überwältigende Kombination, wie zum Beispiel Zell am See sie anbietet. Jedoch sollten sich alle Betreiber und Benutzer von Sommerskigebieten darüber im klaren sein: Bei keiner anderen Art, sich in den Alpen zu amüsieren, wird pro Teilnehmer so viel Beton verbaut, so viel Natur verschandelt, werden so viele Nichtbeteiligte belästigt. Es gibt kein Naturrecht auf Winterfreuden im Juli, so wenig wie auf frische Erdbeeren im Dezember, und es muß erlaubt sein zu fragen, ob das Sommerskifahren nicht ein asozialer Sport ist, ein Freizeitrausch für Herrenmenschen. Der Deutsche Alpenverein hat seine Mitglieder 1982 aufgerufen, die Gletscherbahnen nicht als Aufstiegshilfen zu benutzen, und die DAV-Sektionen, für die Sommerskigebiete nicht mehr zu werben.

Um jedoch den Sommerskifahrern Gerechtigkeit widerfahren zu lassen: Es ist der Skirummel überhaupt, egal in welcher Jahreszeit, der den Alpen schlimmere Wunden schlägt als jede andere Nutzungsform und der sich rücksichtslos über Pflanzen, Tiere und den nichtskifahrenden Teil der Menschheit hinwegsetzt. Angefangen hatte es einmal damit, daß um 1900 ein paar Felsbrocken beseitigt wurden, wenn sie störend in einer im übrigen naturgegebenen Abfahrtsroute lagen; während an solchen Orten, wo kein geeigneter Hang zu finden war, eben kein Skilauf stattfand. So einfach war das.

Doch sich damit abzufinden, sind die großen und kleinen Ferienorte seit den fünfziger Jahren nicht mehr bereit. Sie entschlossen sich zu einer oder zu mehreren der folgenden Maßnahmen:

- „Der Wald muß weg": Aus Wald mach Wiese. Man schlägt durch den Bergwald eine Schneise, man sägt ihn entzwei. Freilich, das hat ein paar Nachteile: Dem Auge des Naturfreunds tut es weh, die Gefahr des Windbruchs wird erhöht, manchmal hat man fahrlässig eine Lawinenbahn hergestellt – Dutzende von Lawinentoten gab es auf diese Weise in Alpe d'Huez. Immer beschleunigt man den Abfluß des Regenwassers, und immer begünstigt man den Abtrag des Bodens. So ergoß sich im Juli 1983 auf einer Skischneise unter der Axamer Lizum (1633 m) eine Schlamm- und Geröllawine (Mure) durch das Dorf Axams bei Innsbruck und beschädigte fünfzig Häuser.

Gerade daß die Piste noch kurz vor der Kirche Halt macht, nachdem sie den Wald zerschnitten hat: So sieht Arabba am Fuß der Sella-Gruppe in den Dolomiten im Sommer aus. Zur Empörung der Naturschützer tritt in solchen Fällen die der Sommerurlauber. Aber die fragt keiner. Im Alpendurchschnitt gibt es ja weniger Sommer- als Wintergäste, und überall lassen sie pro Kopf und Tag weit weniger Geld zurück

● „Die Wiese muß weg", und manchmal ist sie weg, auch wenn man es nicht wollte: Aus Wiese mach Schotter. Wenn Buckel aus Erdreich einer Abfahrt im Wege sind oder wenn eine Piste einen Hang queren soll, so räumen Planierraupen die Pflanzendecke oder gar allen Humus ab. Bleibt unbegrünter Humus zurück, so ist er, seiner Deckschicht aus verfilzten Wurzeln beraubt, meist schneller vom Regen weggespült, als eine neue Pflanzendecke sich bilden kann. Tritt der Schotter nackt zutage, so dauert es mehr als hundert Jahre, bis sich wieder Humus gebildet und eine zusammenhängende Vegetation hergestellt hat – in Höhen unterhalb der Waldgrenze; darüber ist mit einer Wiederbegrünung in menschlichen Zeiträumen nicht zu rechnen, und bei den meist erlassenen Wiederbegrünungsvorschriften hat offenbar keiner die Natur gefragt.

● „Der Fels muß weg", die Alpen sind uns nicht gut genug: Unzählige Felshöcker wurden mit Dynamit beseitigt, Grate „tiefergelegt", Steilhänge „zurückversetzt". Nun wollen die Gemeinde Bergen im Chiemgau und die Seilbahngesellschaft vom 1670 Meter hohen Hochfelln einen Felskopf von 15 000 Kubikmetern wegsprengen, um das übersteile Gefälle zu mildern – für die achtwöchige Skisaison.

Dazu kommt eine lange Reihe von Schäden, die die Bergbahn-Erbauer, Pistenplanierer und Skifahrer nicht anrichten wollten, aber trotzdem anrichten: Das Gewicht der Bulldozer bei der Neuanlage und der Pistenwalzen im Alltagsbetrieb verdichtet den Boden, vermindert also seine Durchlässigkeit für Wasser, Luft und Wurzelwerk. Dieselbe Wirkung hat auch die ständige künstliche Zusammenpressung und Vereisung des Schnees durch die Pistenraupen und die Skier, und sie bewirkt noch mehr: Vereister Schnee bleibt länger liegen und füllt damit zwar die Kassen, aber verkürzt die Vegetationsperiode, so daß viele Pflanzen verkümmern oder sterben. Den Rest besorgen die Stahlkanten der Skier, zum Beispiel bei den Alpenrosen.

So kam eine Studiengruppe der Universität Innsbruck 1982 zu dem Schluß, der Skibetrieb stelle „den zur Zeit schwerwiegendsten Eingriff in das Umweltsystem der Alpen" dar. Ihre Mindestforderung lautete, Erdbewegungen oberhalb der Waldgrenze total zu unterlassen.

Da ist es schon ein Trost, wenn man im Informationsblatt „Ischgl aktuell" unter einem Bild von „Ischgls Pistenelefanten" lesen kann: „Für die Tiefschneefreunde bleibt aber besonders am Palinkopf noch genug ungewalzter Freiraum." Ungewalzter Freiraum! Das ist fast mehr, als man nach einer Reise durch zwanzig Skiregionen zu hoffen wagte. Wie lange noch? Nicht lange, meint die „Frankfurter Allgemeine": „Es ist damit zu rechnen, daß die Materialschlacht in den Bergen mit einer totalen Niederlage der Natur endet. Und das macht Angst."

Ach ja, Angst! Die meisten hegen sie offensichtlich nicht. Fast alle Einheimischen sind begeistert, daß selbst im Schnee eine Geldquelle sprudelt, fast alle Skifahrer sind entzückt über ihren schönen Sport und ihr herrliches Vergnügen. Wer von diesen würde im Ernst den Preis zahlen, auf gutes Geld oder einen Riesenspaß zu verzichten, auf daß es der Natur besser gehe?

Dabei spricht gegen diese Interessenlage noch mehr als die Sorge um die Natur: Der Wintersport, wie er heute betrieben wird, mindert den Wert der Alpen für die vielen Millionen Menschen, die sich im Sommer an blühenden Bergwiesen freuen wollen. Was Bergsteiger und Jochbummler tun, hat vermutlich noch nie einen Skifahrer geärgert; es bleibt also zu fragen, woher die Skifahrer und ihre Zubringer-Industrien sich das Recht nehmen, die Interessen der Sommergäste mit Beton, Dreck und zersäbelter Natur zu verletzen. Landschaftszerstörung und Belästigung der Mitmenschen zugleich – ist das nicht zuviel?

Hier wird jeder ansetzen müssen, der die Alpen wenn schon nicht als Naturprodukt, so wenigstens als Urlaubslandschaft retten will.

„Industrie" heißt eigentlich Fleiß, fleißig sind die Alpenbewohner, und so ist an Industrie kein Mangel. Überdies haben die Alpen natürliche Vorzüge, nämlich Salz- und Erzlagerstätten, Holz – und den auffallendsten von allen: Wasser, das in die Tiefe stürzt und dabei Turbinen treiben kann. Die elektrochemische Fabrik in Landeck am oberen Inn gehört zu den harmloseren Verunstaltungen der Bergnatur durch den Abbau von Bodenschätzen, durch Fleiß und Erwerbssinn

Wenn sich Bauern mit Beton verbünden

Das würde sich heute politisch nicht mehr durchsetzen lassen: einen schön bewaldeten Berg in ein Bergwerk zu verwandeln wie den Erzberg in der Steiermark. Aber die Ausbeutung hat schon vor 2200 Jahren begonnen, da gab es noch Wald genug in Europa; in fünfzig Jahren übrigens wird sie beendet sein. Die Terrassen, die für den Erzberg charakteristisch sind, stammen aus dem 19. Jahrhundert. Heute dienen sie als Rampen für die Bagger und die überschweren Lastwagen, die das Eisenerz in die Aufbereitungsanlagen in der Stadt Eisenerz hinuntertransportieren

Welche Natur bleibt noch zu schützen, wo der Mensch so ungeheure Monumente seiner technischen Begabung und Rücksichtslosigkeit in die Alpen gestellt hat? Dies ist die Bogenstaumauer des Emosson-Stausees westlich von Martigny im Wallis, hart an der französischen Grenze. Sie ist 180 Meter hoch, höher als jeder Kirchturm der Erde, und gewölbt in ihrer ganzen Kronenlänge von 600 Metern, weil so ein Teil des Wasserdrucks an die Felsen weitergegeben werden kann

Im Frühling, bevor die Schneeschmelze sie wieder füllt, sind die meisten Stauseen flach und unansehnlich geworden, und der Kirchturm des Dorfes Graun, das im Reschensee verschwunden ist, zeigt sich ausnahmsweise in seiner alten Höhe. Eben dafür sind die Talsperren da: Wasser auch im Winter zu liefern, wenn alle Niederschläge als Schnee in den Bergen hängen, während der Bedarf an Strom am höchsten ist

„Alpen" heißt eines der größten Wirtschaftskombinate der Erde. Es exportiert Strom, Salz und Eisenerz, Natursteine, Kies und Zement, Holz, Möbel, Skier, Parkett, Leichtbauplatten, Papier und Zellulose; auch Maschinen, Glaswaren, Textilien, Aluminium, Kunstdünger und andere chemische Produkte; natürlich Milch, Käse, Butter, Schokolade, Gemüse, Obst und Wein. Das Kombinat setzt eine bedeutende flachländische Sportartikelindustrie ins Brot, steht Pate bei manchem Autokauf und erhöht die Umsätze der Ölmultis. Es verhilft dem Baugewerbe zu Zehntausenden von Arbeitsplätzen für Staumauern, Straßen, Brücken, Tunnel, Bahnen, Hotels und Appartementhäuser, und dabei schluckt es mehr Beton als vermutlich jede andere Region der Erde. Schließlich ist das Wirtschaftskombinat „Alpen" eines der leistungsfähigsten und beliebtesten Dienstleistungszentren der Welt.

„Industrie" heißt ursprünglich Fleiß, Betriebsamkeit, und wirklich muß man sich wundern über die Zahl der Produktionsstätten in den Alpen, über ihre Allgegenwart und über die Mannigfaltigkeit der Produkte. Kaum weitet sich die wilde Waldschlucht des Gadertals in den Dolomiten zum ersten Mal so, daß ein paar Gebäude Platz unter den Felsen haben – schon stehen da ein Gasthaus und die Möbelfabrik „Gaderform". Fabrikschornsteine in Bad Aussee und das gewaltige Betonwerk von Trieben in der Steiermark; die scheußliche Aluminiumhütte von Lend an der lieblichen Salzach; das Industrierevier Innsbruck – Solbad Hall – Wattens und das alpine Ruhrgebiet Judenburg – Leoben – Bruck an der Mur; die qualmenden Zementfabriken von St. Maurice am Osthang der Dents du Midi, der orangefarbene Rauch der Eisenwerke von Aosta; und Städte, die von garstigen Industriebauten völlig überwältigt sind wie St. Jean-de-Maurienne östlich von Grenoble.

Angefangen hat das alles schon um 1800 v. Chr. Damals zog es nach den Jägern und den Bauern die Bergleute, Schmiede und Händler in die Alpen. Denn aus Mesopotamien, dem Mutterland der Landwirtschaft, war eine weitere Revolution gekommen: die Entdeckung, daß man 90 Teile Kupfer mit 10 Teilen Zinn zu Bronze verschmelzen konnte, einer Legierung, die bei Werkzeugen wie bei Waffen dem Stein an Haltbarkeit weit überlegen war und so das Handwerk wie die Kriegführung revolutionierte. Und noch mit einer anderen Eigenschaft war die Bronze das Staunen der Welt: Ein Steinwerkzeug, eine Knochennadel, einmal zerbrochen, hinterließen unbrauchbare Trümmer; ein gebrochenes Bronzemesser wurde eingeschmolzen und neu aus dem alten Material geformt.

Zinn bezogen die Mitteleuropäer aus England und Spanien; Kupfer, woran der Bedarf viel höher war, wurde in Mittelitalien gefunden, im Erzgebirge – und dazwischen nur im Alpenraum. Da gab es Experten, die erkannten an Berghängen Buckel aus schwefelhaltigem Kupferkies oder jene Pflanzen, die darauf deuteten, daß der Boden schwefelhaltig war. Am Mitterberg bei Bischofshofen im Land Salzburg, in 1500 bis 1800 Metern Höhe, wurden die ersten und größten Kupferlager entdeckt, Dutzende kleinere später in Tirol und in der Schweiz. Man mußte nur graben und der Ader folgen, mit Steinschlegeln und Bronzehacken, und freilich in Kauf nehmen, daß die Ader verloren ging und neu aufgespürt werden mußte: Denn dieselben chaotischen Kräfte, die bei der Auftürmung der Alpen den Kupferkies bis ans Tageslicht geschoben hatten, hatten ihn auch rasch wieder seitlich versetzt.

Und so trieben die Bergleute die Stollen bis zu hundert Meter tief in die Erde, stützten sie mit Balken ab, überwanden Steilstücke mit Leitern oder gekerbten Baumstämmen und bauten Bühnen, damit das kupferhaltige Gestein von der Decke geschlagen werden konnte. Wenn es zu hart war, wurde es zunächst mürbe gemacht: erst erhitzt durch Feuer, die auf dem Stollengrund oder auf den Bühnen entzündet wur-

In Schlitten zerrten es die Pferde, in schweinsledernen Säcken schleppten es die Hunde: das Erz, das aus den Alpen kam. So sah es fachmännisch ein berühmter Zeitgenosse, der sächsische Universalgelehrte Georg Bauer (1494–1555), der sich „Agricola" nannte, in seinem Werk „De re metallica", Vom Metall

den, dann abgekühlt durch Güsse kalten Wassers – eine künstliche mechanische Verwitterung, die der Bronzehacke die Arbeit erleichterte. War der Kupferkies aus dem Stollen geschafft, so wurde er zertrümmert, zermahlen und mit Holzkohle durchgeglüht, die Schmelze dann in Blöcke, Stangen oder Ringe gegossen; Kupferringe dienten als Schmuck und Zahlungsmittel, Kupferbarren als Rohstoff für den Bronzeguß. Die Alpen lieferten einen Exportartikel – ein Novum der Geschichte.

Das nächste und ein noch wichtigeres Ausfuhrgut der Alpen war das Salz. Schon im 3. Jahrtausend v.Chr. hatten Steinzeitjäger bei der Verfolgung des Wildes salzhaltige Quellen entdeckt, die das Wild bevorzugte, zumal in Hallein südlich von Salzburg und in Hallstatt südöstlich davon; beide Orte später so benannt nach dem keltischen *hal* für Salz, das auch in Reichenhall, Schwäbisch-Hall und Halle an der Saale wiederkehrt. In den Alpen, deren Gesteine ja einst unter dem Meeresspiegel lagen, ist an Salz kein Mangel.

Zunächst gewannen einige Leute Salz dadurch, daß sie das salzhaltige Wasser in Mulden und Pfannen verdunsten ließen. Um 1000 v.Chr. aber, während die Bronzezeit sich schon ihrem Ende zuneigte, begannen Bergleute ihre Erfahrung aus dem Kupferabbau auf die Salzgewinnung anzuwenden: Bei Hallstatt und Hallein trieben sie Stollen in die Erde, nun unter weit ungünstigeren Bedingungen, denn zunächst mußten sie eine Geröllschicht von 30 bis 60 Metern Dicke durchstoßen, und noch 300 Meter unter dem Tageslicht wurden Spuren des alten Salzbergbaus gefunden. Dafür war die Arbeit unter Tage nicht ganz so schlimm, weil das Salz sich leichter von den Stollenwänden hacken ließ als das Kupfererz; schlimm genug war sie auch, mit Kienspänen als einziger Lichtquelle und zu wenig Luft in den bis zu vier Kilometer langen Stollen, durch die das geförderte Salz in Ledersäcken hinaufgetragen wurde. Die Bergleute kränkelten und starben früh; doch bis dahin waren sie reich nach den Maßstäben ihrer Zeit.

Denn Salz wurde ja nicht nur als Würze begehrt. Der Salzbedarf des Menschen war auch objektiv gestiegen, seit der Ackerbau die Pflanzennahrung überwiegen ließ, während der Jäger der Vorzeit mit dem Fleisch genügend Salz aufgenommen hatte; auf das Salz richtete sich also eine wohlbegründete Gier. Vor allem aber stand nun endlich, in einer Zeit ohne Kühlschränke und Konservendosen, ein universales Konservierungsmittel zur Verfügung. Vorher waren nur das Lufttrocknen, das in feuchtem Klima nicht vonstatten gehen konnte, und das Räuchern (Selchen) bekannt, das auf Fleisch und Fisch beschränkt blieb; jetzt konnte alles eingesalzen werden, Fisch, Fleisch und Kraut. Kein Wunder, daß dieser Stoff

Hallein an der Salzach (oben) und Hallstatt am Hallstätter See: Das waren die beiden Zentren des Salzbergbaus, der sie schon vor dreitausend Jahren wohlhabend machte. Das Salz wie auch das Holz, das man zum Abstützen der Stollen brauchte, wurde mit Schiffen transportiert; nach Hallstatt führte bis ins 19. Jahrhundert kein Landweg. Wenn die Salinenkapelle ihr Ständchen gibt, dann verbindet sich das Vergnügen mit der Erinnerung an eine uralte Geschichte

teuer gehandelt wurde, der die Speisen würzte, einem Ernährungsmangel abhalf und eine so wirksame Waffe im Kampf gegen den Hunger war.

Im 8. Jahrhundert v.Chr. erlebten Hallein und Hallstatt ihre Blütezeit. Der Salzbergbau rief ja nicht nur nach Bergknappen, sondern auch nach Zimmerleuten für die Abstützung der Stollen, Schmieden für das Handwerkszeug und Bronzegießern für die Schmiede, nach Händlern, Fuhrleuten und Schiffern für den Salztransport; auch nach Kunsthandwerkern für den Bronzeschmuck, wie er in mehr als tausend Gräbern bei Hallstatt gefunden worden ist, zusammen mit Vasen, Amphoren und eisernen Waffen vom Mittelmeer, die die Hallstädter mit Salz gekauft zu haben scheinen. Zum erstenmal gab es in den Alpen so etwas wie Luxus und eine richtige Stadt.

Das blieb so bis in die Römerzeit, doch mit dem Zerfall des Römischen Reiches wurde auch der Salzbergbau in Hallstatt aufgegeben und erst im 14. Jahrhundert wieder aufgenommen, ohne je die alte Bedeutung zu erlangen. Immerhin machten die Habsburger des Salzes wegen ein Hofkammergut aus dem Land zwischen Hallstatt und Gmunden, kurz „Salzkammergut" genannt und für Fremde gesperrt, wenn sie keinen Passierschein des Salzamts besaßen.

Wo setzt sich die Salzlagerstätte fort? Beim Bau der Alpen wurde ja das Unterste zuoberst gekehrt, das Salz mittendrin als Ablagerung in den Lagunen des urzeitlichen Mittelmeeres. So werden immer wieder Versuchsbohrungen unternommen wie hier im Salzbergwerk von Berchtesgaden

Inzwischen hatte die Salzgewinnung die dritte Stufe erreicht: Auf das primitive Verdunstenlassen und das mühsame Hacken und Schleppen im Stollen folgte im Mittelalter die Technik von Sole und Saline. Zwar trieben die Bergknappen weiter Stollen in die Salzlagerstätten, aber die Salzgewinnung selbst überließen sie dem Wasser und dem Feuer. Sie leiteten Wasser in den ausgehackten Hohlraum, das aus dem Salzgestein das Salz herauslaugte, während die nicht wasserlöslichen Beimengungen von Ton, Lehm und Kalk auf den Grund absanken. Das salzgesättigte Wasser, die Sole, wurde in eine Salzsiederei (Saline) geleitet und dort in großen Pfannen über Holzfeuern zum Sieden gebracht, damit das Wasser verdampfte und das Salz zurückblieb.

Da mußte viel Holz verfeuert werden, da fand mancher Raubbau am Bergwald statt. So wanderten die Salinen in die nächste waldreiche Region, immer weiter weg vom Salzbergwerk und mit diesem durch eine Rohrleitung für die Sole verbunden: von Berchtesgaden zum Beispiel anno 1163 nach Reichenhall, von dort 1619 nach Traunstein und 1809 nach Rosenheim. Frühzeitig also kam jene Entwicklung in Gang, die uns erst heute erschrecken läßt: Wälder abholzen, die Landschaft verändern, um mit weniger Arbeit mehr aus den Alpen herauszuholen.

Hallstatt hatte 1880 nur noch „740 meist arme, vielfach auch durch frühzeitige körperliche Arbeit herabgekommene Einwohner", wie ein zeitgenössisches Lexikon registrierte. Sein einstiger Reichtum spiegelt sich indes noch heute in dem Umstand wider, daß die Frühzeit des *Eisens* in Mitteleuropa als „Hallstattzeit" bezeichnet wird – obwohl dort niemals Eisen gefördert oder verhüttet worden ist. Nur brachten die Hallstätter Gräberfunde des 19. Jahrhunderts so viel Eisengerät, Schwerter und Prunkdolche aus Hallstatts großer Zeit zutage, daß die Archäologen hiernach ihre Benennung wählten.

Gewonnen wurde das Eisen weiter östlich und südöstlich: vor allem vom

Die berühmten Terrassen gab es schon um 1900 am steirischen Erzberg, aber bis zum Zweiten Weltkrieg wurden die Sprenglöcher von Hand gebohrt auf den Holzgerüsten, und das abgesprengte Erz wurde mit Menschenkraft in die Loren geschaufelt. Das Erz vom tauben Gestein zu trennen, was heute Separator-Trommeln tun, war 1920 noch Sache der „Klaubweiber": Sie saßen am Förderband, und wenn es nicht gerade fotografiert wurde, dann lief das Band ziemlich schnell, so daß die Frauen hastig die Erzklumpen aus dem „Haufwerk" klauben mußten. Auch dies ein Stück echten Lebens in den Alpen, das Ansichtskarten und Heimatfilme nie zur Kenntnis genommen haben

Erzberg über der Stadt Eisenerz bei Leoben in der Steiermark, der seit nunmehr 2200 Jahren im Tage- und Grubenbau angebohrt, terrassiert und ausgeschlachtet wird. Der Erzberg war einmal eine unauffällige bewaldete Bergkuppe, 1532 Meter über dem Meer und knapp 800 Meter über dem tiefsten Punkt des Tals – nun ist er ein rostroter Schuttberg von atemversetzender Häßlichkeit, den aber viele Touristen offenbar auf Grund seiner langen Geschichte als romantisch empfinden wie eine alte Dampflokomotive.

Bis vor 200 Jahren war es üblich, den Erzberg unsystematisch überall dort anzubohren, wo möglichst reiches Erz sich möglichst leicht erreichen ließ. Die regelmäßigen Terrassen wurden erst im 19. Jahrhundert in den Berg geschnitten, und erst im Zweiten Weltkrieg traten Bagger an die Stelle des Handabbaus. Die Bagger beladen heute im Tagebau überschwere Lastwagen mit einer Nutzlast von 77 Tonnen, im Grubenbau dagegen elektrische Güterzüge.

Der Berg ist unterdessen um 66 Meter niedriger geworden, die oberen Etagen und die reicheren Lagerstätten sind abgebaut: Während auf jede Tonne Eisenerz 1910 nur eine Tonne Abraum entfiel, sind es heute vier Tonnen taubes Gestein. Bleibt es bei der derzeitigen Jahresförderung von 3,5 Millionen Tonnen Erz, so werden die Vorräte in fünfzig Jahren erschöpft sein, und wir werden ein bombastisches Denkmal jener Rücksichtslosigkeit besitzen, die den Menschen im Umgang mit der Natur von jeher ausgezeichnet hat. Wenn die Kraftwerksgesellschaften und die Skizirkus-Unternehmer von heute noch schlimmeres Unheil anrichten, so nicht, weil sie schlechtere Motive hätten, sondern nur, weil sie größere technische Möglichkeiten haben.

Das Eisenerz machte im 16. Jahrhundert auch Hindelang im Allgäu zu einem wohlhabenden Städtchen. In den Hohen Tauern wurde Gold aus dem Fels gekratzt, Silber kam unter anderem aus dem Ferwall in Vorarlberg und aus Rattenberg bei Kufstein, heute mit 750 Einwohnern der „kleinsten Stadt Tirols": Seine Bürgerhäuser aus der Blütezeit im 16. Jahrhundert, nach den Vorschriften des Landesdenkmalsamts in kräftigen bis düsteren Farben bemalt, ragen stattlich, aber eng und streng in eine fremde Zeit. Blei kam beispielsweise aus Inzell im Chiemgau, Silber und Blei aus Scharl im Unterengadin, Blei und Zink aus Davos. In Graubünden finden sich fast in jedem Tal verfallene Stollen, Schmelzöfen, Schmieden oder Silberhütten.

Im 16. und 17. Jahrhundert, mit dem Vorstoß der Gletscher, der bis 1860 dauerte, wurden viele Minen vom Eis überfahren, im 19. Jahrhundert dann die meisten Bergwerke stillgelegt: Sie rentierten sich nicht mehr, seit ein zunehmender Welthandel über bessere Straßen und die neuen Schienen bis in die Alpen floß. Erst 1966 jedoch wurden die Steinkohlenbergwerke von Hausham und Penzberg in Oberbayern geschlossen. Penzberg hat aus der alten Abraumhalde ein „Freizeitgebiet" gemacht, das besonders bei Rodlern und Drachenfliegern beliebt ist. Braunkohle wird in Österreich weiterhin gefördert, zumal im Judenburger Becken.

Sonst aber ist an die Stelle des Bergbaus die Industrie getreten – vom umweltfreundlichen Kleingewerbe bis zu den Monstern in den Tälern der Mur und Mürz in der Steiermark oder der Romanche und des Maurienne bei Grenoble.

Was muß das Tal der Rhône zwischen Brig und Martigny im Wallis einst für eine herrliche Kulturlandschaft gewesen sein: italienische Sonne zwischen Waldhängen im Norden und Weinbergen im Süden. Doch längst hat sich der

Da der Ski vor allem in den Alpen gebraucht wurde und aus Holz war, das es in den Alpen reichlich gab, entstanden dort auch die meisten Skifabriken, und sie sind geblieben, obwohl inzwischen der Kunststoff seinen Siegeszug angetreten hat; hier ein mittelständischer Betrieb in Altenmarkt im Pongau. Auch für andere Produkte, die aus Holz sind oder früher waren, boten sich die Alpen mit ihren großen Wäldern an: Möbel, Parkett, Baustoffe, Papier werden in Hunderten von Fabriken und Werkstätten hergestellt

Talboden in eine Industriesteppe verwandelt: Steinbrüche, Kieswerke und Zementfabriken, Sägewerke, Möbelfabriken, Baustoffhandlungen, Tanklager, Hochhäuser, und in Visp, wo die Straße nach Zermatt abzweigt, legen sich die Dämpfe einer riesigen Chemiefabrik bei bestimmten Wetterlagen gelblich und riechbar übers Tal.

Doch wer da „Schande!" riefe, der hätte zu kurz geatmet. Denn erstens ist das Chemiewerk dort 1897 nicht aus Übermut errichtet worden, sondern um die Vorzüge der Alpen zu nutzen: Wasser und Strom in unbegrenzter Menge. Und zweitens sind in der Fabrik 640 Arbeiter aus den umliegenden Bergdörfern tätig, 150 allein aus dem steil am Berg hängenden Visperterminen und dazu die meisten arbeitsfähigen Männer aus Törbel, dem Dorf auf der Sonnenterrasse allen Eisriesen des Wallis gegenüber, eines der wenigen noch fast intakten Bauerndörfer der Alpen.

Gerade „die Arbeitsmentalität der Bergbevölkerung" wird von der Chemiefabrik als bedeutender Standortvorteil eingestuft: „Ihre Zuverlässigkeit und positive Einstellung zur Arbeit sowie die Bereitschaft, notwendiges Wissen und neue Erkenntnisse in den Ausbildungskursen sich anzueignen, ist ein überaus wertvolles Humankapital, auf das jedes Unternehmen stolz sein kann." Diese Tonlage wird nicht jedermann gefallen. Nur ist eben von oben, von Törbel aus, also mit den Augen des Humankapitals gesehen, umgekehrt die Fabrik in der Stadt der eigentliche Standortvorteil des Bergdorfs.

Die meisten Männer von Törbel sind „Arbeiterbauern". In drei Schichten fahren sie nach Visp hinab, eine Stunde mit dem Postomnibus. In der Freizeit helfen sie ihren Frauen. Die arbeiten zwar noch immer hart: Die Tschirfa (die mächtige Trage für das Heu) und die Milchkannen schleppen sie auf dem Rücken über Gassen und Treppen hinauf und hinab. Aber mit dem Geld aus beiden Quellen und der Befriedigung, ein eigenes Stück Land mit Kuh und Kalb zu haben, läßt es sich leben in der schönen Höhenluft von Törbel, in den alten Bauernhäusern aus geschwärztem Lärchenholz, mehr hoch als breit, ohne Balkons, die Zimmer kaum zwei Meter hoch, doch mit einem der gewaltigsten Panoramen des Erdballs vor den Fenstern. Ja, seit 1979 der erste Skilift eingerichtet worden ist, haben einige Törbeler sogar mit dem Skifahren begonnen und würdigen nun erst richtig die Vorzüge ihrer Höhenlage.

So nimmt in einer Zeit, da in Frankreich, in Italien, im Tessin viele Dörfer sterben und in der deutschen Schweiz und Österreich viele schrumpfen, die Einwohnerzahl von Törbel wieder zu. Und dies fast ohne Hilfe des Tourismus: Törbel hat es bisher nur auf zwei Gasthöfe gebracht. Zwar liegt es viel großartiger als Zermatt – doch nur fürs Auge. Wer mit Bahn oder Pickel auf die Berge will, muß von Törbel erst hinunter und dann im Zermatter Tal hinauf.

Heikle Frage: Sollte eine Fabrik in der Tiefe die Alpen weniger entstellen als eine Ballung von Touristen und Hotels in der Höhe? In Törbel ist der einzige Schandfleck die kalkweiße, viel zu große, ungeliebte Kirche von 1961. Es sind eben nicht nur profitgierige Fabrikanten, Hoteliers und Bergbahn-Unternehmer, die den Bergen Pusteln machen. Moral: Wer immer es in den Alpen schwärzlich, gelblich oder rötlich qualmen sieht, sollte nach dem Bergdorf fragen, das dadurch möglicherweise am Leben bleiben kann.

Panix dagegen will sein Überleben mit Hilfe eines Stausees sichern. Panix ist ein Dorf von 48 Einwohnern, die Schule 1970 geschlossen, der Gasthof 1983; es liegt 1301 Meter hoch am Ende einer Stichstraße von Ilanz (westlich von Chur). Das gab ein Rufen und Lachen unter den Panixern, als sie 1984 aus dem Radio die frohe Botschaft hörten: Das Schweizer Bundesgericht hat die Klage von Naturschützern gegen den geplanten Stausee abgewiesen! Knapp über ihren Dächern soll nun eine Mauer den Schmuèr-Bach stauen, die Panixer Alpe überfluten, den Dörflern einen jährlichen Wasserzins von 100 000 Franken bringen, das Sechsfache des Gemeindesteuer-Aufkommens, und vielleicht sogar ein paar Touristen locken – gehen sie nicht gern auf Staumauern spazieren? Daß die Panixer aber eine Kundgebung von tausend Kraftwerksgegnern auf der Panixer Alpe 1983 einfach verboten haben, das freut sie heute noch. Einen der letzten Wildbäche Graubündens retten? Da können sie nur lachen! Hat er ihnen nicht oft genug Steg und Ställe weggerissen und die Wiesen versumpft?

Wasserregulierung – das war ursprünglich der einzige Zweck der künstlichen Seen, wie schon die alten Ägypter sie kannten: Das Hochwasser wird zurückgehalten, und wenn man es in der Trockenheit braucht, dann ist es da. Der Sylvenstein-See am Nordrand des Karwendels dient noch heute vor allem diesem Zweck. 1866 aber erfand Werner Siemens in Berlin die Dynamomaschine, die Verwandlung von mechanischer in elektrische Energie, die Erzeugung von Strom durch eine Drehbewegung. Da das Wasserrad seit Urzeiten eben diese Bewegung lieferte, konnte es nicht mehr lange dauern, bis der Dynamo und die auf Bergeshöhen gespeicherte Wassermenge sich zum Wasserkraftwerk verbanden.

Und was da alles zusammentraf: Die Alpen sind Europas „Wasserschloß", nur an der Westküste Norwegens regnet es noch mehr. Ihr Wasser speist zwei Großschiffahrtsstraßen, den Rhein und die Donau. Rund 200 Kubikkilometer Wasser, viermal den Inhalt des Bodensees, halten sie in Form von Eis zurück, wovon sich um so mehr verflüssigt, je trockener der Sommer ist. Und alles Wasser fällt und stürzt: 300 Meter tief der Staubbachfall bei Lauterbrunnen, 380 Meter die Krimmler Fälle nördlich des Großvenedigers, und der Inn, der über dem Silsersee im Engadin entspringt, ist, wenn er bei Rosenheim die Alpen verläßt, zwei Kilometer tief gefallen.

Damit lassen sich Turbinen treiben! Allerdings mit dem Nachteil, daß die Alpen im Winter das meiste Wasser in Form von Schnee zurückhalten, ein Kraftwerk also gerade dann am wenigsten Strom erzeugen könnte, wenn der Verbrauch am höchsten ist. Folglich mußte man im Sommer das Wasser für den Winter speichern – oder sich eines Sees bedienen, der das von Natur aus tat wie der Lago di Poschiavo im Südostzipfel der Schweiz: Steil und 400 Meter tief fällt das Puschlav von dort zur Grenze nach Italien ab. Wenn man den natürlichen Abfluß in Druckrohre faßte, um dem Wasser jeden Umweg und alle unnötige Reibung zu ersparen und so seine Fallgeschwindigkeit noch zu erhöhen, so mußte sich das Kraftwerk rentieren, das 1907 im Grenzstädtchen Campocologno entstand.

Beim Walchensee in Oberbayern war der natürliche Abfluß zur Isar zu zahm. So wurde er 1918 abgedämmt, damit das Walchenseewasser über den Kesselberg zum 202 Meter tieferen Kochelsee fallen konnte. 1924 wurde das berühmte Großkraftwerk in Betrieb genommen.

Hatte die Natur keinen See vorgesehen, so mußte der Mensch ihn machen. Er riegelte ein hochgelegenes Tal durch Damm oder Mauer ab und speicherte darin für den wasserarmen Winter das Wasser der Schneeschmelze und den Sommerregen. Und wieder kam ihm dabei die Struktur der Alpen zu Hilfe: Dort, wo ein Seitental, von einem kleineren Eiszeitgletscher ausgefräst, in das Haupttal abbricht, durch das der große Gletscher geflossen war: genau über diesem Abbruch brauchte man nur die Talsperre zu errichten, um für das dahinter gestaute Wasser das gewünschte Gefälle zu bekommen.

Die Sperre kann dem Druck entweder durch ihr Gewicht standhalten, dann nähert sie sich im Querschnitt einer Pyramide und braucht ein gewaltiges Volumen. Oder sie setzt dem Wasserdruck ein Gewölbe aus Spannbeton entgegen, das einen Teil des Drucks an die Felsflanken weitergibt. Das sind dann die schlanken, kühnen Wunderwerke, die freilich brechen können wie 1959 bei Fréjus am Westrand der Alpen (mehr als 400 Tote), aber ebenso einem unvermuteten Überdruck standhalten wie die Bogenstaumauer der Vaiont-Tal-

Der Vaiont-Stausee über Longarone, wie er bis zum 7. Oktober 1963 aussah, mit der höchsten Bogenstaumauer der Erde. Am 8. Oktober 1963 rutschte ein halber Berg in den See und drückte 48 Millionen Tonnen Wasser über die Mauer hinweg ins Piavetal hinab. Binnen weniger Minuten verwandelte sich die ahnungslose Gemeinde Longarone in ein Schlammfeld, 2500 Menschen kamen in den Wassermassen um. Daß die Mauer hielt, mag man als einen Triumph der Ingenieurkunst feiern; daß sie dort errichtet wurde, ganz als ob sich die Alpen nicht bewegten, war ein Fehler mit katastrophalen Folgen

sperre, die ja 1963 den Bergsturz in den Stausee unversehrt überstand, wenn auch das überschwappende Wasser Longarone zerstörte. Seitdem wachsen auf dem Grund des ehemaligen Stausees wieder Bäume, und das technische Meisterwerk läßt sich sogar von hinten in seiner vollen, imposanten Höhe von 262 Metern bestaunen.

Mehr als tausend Wasserkraftwerke sind in den Alpen entstanden, Strom ist ihr wichtigster Exportartikel, Österreich der Welt größter Exporteur von hydroelektrischer Energie. Dörfer sind in Stauseen versunken: im Forggensee bei Füssen, im Reschensee unterhalb des Reschenpasses. Die Staumauer der Grande Dixence im Wallis, errichtet 1962, ist 285 Meter hoch. Bei Serre-Ponçon am Südrand des Dauphiné ist die Durance seit 1961 zum größten künstlichen See Europas westlich der Sowjetunion aufgestaut: 30 Quadratkilometer groß, wie das Steinhuder Meer bei Hannover, jedoch mit mehr als der zwanzigfachen Wassermenge. Nach der Leistung steht in den Alpen das Großkraftwerk Glockner-Kaprun an der Spitze, erbaut von 1938 bis 1952, wobei 150 Arbeiter ums Leben kamen. 88 Menschen wurden 1965 beim Bau der Mattmark-Talsperre über Saas-Almagell im Wallis von einem Eissturz erschlagen.

Wie liest sich die Bilanz der Stromfabrik, in die die Alpen sich großenteils verwandelt haben? Einerseits ist Wasserkraft der ideale Energielieferant: völlig frei von Abfallstoffen und dabei allen bisherigen Wind- und Sonnenkraftwerken an Leistung turmhoch überlegen. Die Wasserkraft als „umweltfreundlich" einzustufen, wäre dennoch übertrieben. Schweigen wir von den Riesenbauten – manche Leute finden sie schön.

Jedoch: Unzählige Flüsse, Bäche, Wasserfälle in den Alpen plätschern und rauschen nicht mehr, sondern strömen durch sichtbare, klobige Druckrohrleitungen oder unsichtbare Stollen. Um die Stauseen genügend zu füllen, werden auch weit entfernte Wasserläufe aus dem Bett geholt: Das Schmelzwasser der Pasterze fließt durch einen zwölf Kilometer langen Stollen in den Stausee Mooserboden zu Gunsten des Kraftwerks von Kaprun. Die Grande Dixence verschlingt die meisten Wasserläufe zwischen Grand Combin und Matterhorn.

Das bedeutet: ausgetrocknete Flußbetten oder triste Rinnsale, durch die das Kraftwerk nur manchmal eine Wasserspülung rauschen läßt, um seinen Wasserhaushalt auszugleichen, gelegentlich auch den Touristen zuliebe. Es bedeutet verschwundene Fische, entgangene Freuden für Angler, Wassersportler und Wanderer, sinkenden Grundwasserspiegel, verödende und verkarstende Täler. Auch die Stauseen selbst erfreuen niemanden, wenn sie sich im Spätwinter oft nur noch als Pfützen voll modernder Baumstrünke darbieten, mit Hängen von grauem Schmutz darüber.

Und schließlich sind die Kraftwerke die Herzstücke jener Verdrahtung und Vermastung, die die Alpen bis in die entlegensten Gegenden überzieht. Die Energieübertragung durch Freileitungen, als technisches Problem im Labor schon 1891 gelöst, begann um 1920 die Landschaft der Alpen und ganz Mitteleuropas zu verändern. Die Wasserkraftwerke, ursprünglich dort angelegt, wo der Strom gefragt war – 1898 bei der Jungfraubahn, 1907 im Puschlav bei der Berninabahn –, schickten sich nun an, Elektrizität zu exportieren. Die Hochspannungsmasten gehören seitdem zu den Alpen wie die Kühe.

Die Alpen sind verkabelt: Bergbahnseile rechts und oben, Hochspannungsseile links – ein Stimmungsbild dicht über Zermatt, jenem Rummelplatz nicht ohne charmante Züge, der 1838 die ersten drei Hotelbetten bekam. Vor Kabeln ist kein Paß, keine Schlucht der Alpen sicher, und immer noch werden es mehr

Was die Stauseen bewirken, das reicht indessen weit über die Elektrizitätswirtschaft und die Landschaftsveränderung hinaus. Es steht fest, daß der Spaziergang auf der Staumauer eine Attraktion für Touristen ist, und es leuchtet ein, daß ein neuer See im Hochgebirge attraktiv sein, ja abseits der Mauer wild und geradezu natürlich aussehen kann. Auf dem Silvretta-Stausee (2040 m) finden im Sommer „die höchsten Motorbootrundfahrten Europas" statt, den Rundgang um den See stuft Baedeker als „lohnend" ein. Zum Stausee führt selbstverständlich eine erstklassige Straße, die ein herrliches Hochland erschließt.

Kurz: Der Fremdenverkehr hat einen Kristallisationspunkt mehr, und die Einheimischen verdienen auch noch an den Touristen, nachdem der Bau von Staumauer, Kraftwerk und Straße ohnehin Geld in ihr vordem entlegenes Tal gespült hat. Da kann dann schon aus einem Bergsteigerdorf wie Kaprun einer der führenden Fremdenverkehrsorte Österreichs werden, zumal da die Tauernkraftwerke zusätzlich die Initiative zur Erschließung des nahen Kitzsteinhorns als Sommerskigebiet ergriffen.

Diese Kombination von Kraftwerk, Straße und Sommerski-Arena wünscht sich nun auch das Virgental in Osttirol. Aber die Virgener dürfen nicht, wie sie möchten. Der Österreichische Alpenverein will am Virgental endlich das Exempel statuieren, daß es mit der Naturzerstörung so nicht weitergehen darf – ein seit Jahren tobender Kampf der Prinzipien, der auch viele deutsche Zeitungen beschäftigt hat.

Das Virgental gehört nämlich zum „Nationalpark Hohe Tauern" in den österreichischen Bundesländern Salzburg, Kärnten und Tirol, dem ersten Österreichs und dem größten der Alpen – wenn er denn realisiert werden sollte; bisher ist er nur ausgerufen, und dies seit 1971. Der Zwist konzentriert sich auf die Umbalfälle des Iselbachs bei Prägraten im hinteren Virgental. Diesen Bach und überhaupt alle siebzehn Gletscherbäche auf der Südseite der Hohen Tauern will die „Dorfertaler Kraftwerks-AG" in einen Stausee im Osttiroler Dorfertal leiten.

Ohne diesen Gletscherbach lohnt sich das ganze Kraftwerk nicht, sagt die Kraftwerksgesellschaft. Ohne die weltberühmten Umbalfälle lohnt sich der ganze Nationalpark nicht! sagt der Alpenverein. „Die ‚weltberühmten' Umbalfälle? Das sind ein paar Stufen der Isel im Umbaltal, so bescheiden, daß viele Touristen verärgert reagieren!" Der das sagt, ist Leopold Steiner, der Fremdenverkehrsobmann von Prägraten – vielleicht der einzige Touristenwerber der Welt, der von einer weithin gepriesenen Naturschönheit seiner eigenen Region behauptet, sie sei nicht der Rede wert.

Die Einheimischen wollen die Umbalfälle allzu gern der Chance opfern, durch den Bau des Großkraftwerks und der dabei geplanten lawinensicheren Höhenstraße zu mehr Arbeitsplätzen, zu mehr Geld und auch noch zu einem Sommerskigebiet zu kommen, da doch die Zufahrt schon vorhanden wäre. Ist nicht Osttirol das „Armenhaus Österreichs", für die Deutschen nur durch den Felbertauern-Tunnel zu erreichen, gegen eine Gebühr von 50 Mark hin und zurück? Und muß das Virgental nicht zusätzlich darunter leiden, daß es zum Skifahren kaum taugt zwischen seinen engen Bergen?

Also beantragte die Gemeinde Prägraten 1981 bei der Landesregierung von Tirol, sie solle die Gletscher auf der Südseite des Großvenedigers zum „Vorsorgegebiet" für ein Sommerskigelände erklären – das wäre die Lösung! Nur daß die Gletscherregion einen eigenwilligen Grundbesitzer hat, nämlich den Österreichischen Alpenverein, und der reagierte empört und beschwor, daß er auf seinem Grund und Boden und mitten im Naturschutzgebiet einen solchen Skizirkus niemals dulden werde. Um die Verärgerung der Einheimischen zu lindern, rief der Österreichische zusammen mit dem Deutschen Alpenverein von 1980 bis 1982 seine Mitglieder auf, Urlaub im Virgental zu machen, unter dem Stichwort „Sanfter Tourismus", weil die Natur und die Lebensgewohnheiten der Einheimischen nicht überrollt, sondern geschont und geachtet werden sollten.

Die Tragikomödie ist, daß die Einheimischen auf solche Schonung pfeifen. Sie rechnen vor, im ersten Jahr der Werbeaktion seien die Übernachtungszahlen zwar um vierzig Prozent gestiegen, doch gehalten habe sich das nicht, und überdies habe der Alpenverein ihnen vor allem „Wurstsemmeltouristen" beschert.

Nein, sagt auch Peter Ploner, der Bürgermeister von Virgen: Gereicht hat es nicht. Von den 101 Bauernhöfen der Gemeinde sind 98 auf einen Nebenerwerb angewiesen, „und Montagfrüh um vier müßten Sie mal herkommen und zuschauen, wie die Männer von Virgen das Dorf verlassen: Hinab nach Matrei, und viele bis nach München, die kommen zum Wochenende heim, und manche bis ins Rheinland, die sehen wir nur alle drei Wochen wieder". Im Tourismus finden bloß die Frauen Arbeit – für unsere Männer brauchen wir Arbeitsplätze hier oben! Der Bau des Kraftwerks würde viele auf acht bis zehn Jahre beschäftigen, und den Einheimischen winke kostenloser Strom „auf ewige Zeiten", und die Straße würde unsere Almen erschließen und den Gletscher dazu, und an den Liften würden die Männer Arbeit finden – aber der Alpenverein ist dagegen!

„Wir lassen uns zuviel gefallen!" sagt Florian Köll, der Bürgermeister von Matrei. „Ein einziger Bach kann doch nicht Grund dafür sein, unsere wirtschaftliche Existenz zu gefährden." Eines der letzten Paradiese in Osttirol? fragte Kasimir Berger, Bürgermeister von Prägraten, in einem Leserbrief an die „Süddeutsche Zeitung". „Aus unserer Sicht leben wir in Osttirol *nicht* im Paradies." Die Hälfte der Talbewohner finde zu Hause keine Arbeit, und die Naturschützer sollten lieber zwei Winterwochen im Virgental verbringen, statt zu protestieren, und in Sachen Kraftwerk und Nationalpark lehnten die Einheimischen „jedes Diktat von außen" ab!

Dies zumal, der Anspruch der Nichtbewohner, den Bewohnern der Alpen die Maßstäbe zu diktieren, bringt viele Einheimische auch anderswo in Harnisch: Die Bergbevölkerung verbitte sich solche „Einmischung in ihre Gebietshoheit", schrieb der Kurdirektor von Fiesch im Wallis 1983. Oder käme es einem Walliser in den Sinn, „gegen die Schiffahrt auf dem Genfer See oder dem Bodensee zu protestieren"?

Und nun, 1984, steht es so: Der ÖAV erklärt jeden Versuch, dem Virgental zu einem Sommerskigebiet zu verhelfen, für aussichtslos. Die österreichische Bundesregierung hat entschieden, daß die Umbalfälle erhalten bleiben müssen. Die Kraftwerksgesellschaft ist unzufrieden, die Einheimischen sind außer sich – und die Naturschützer sind empört: Denn die Gemeinde Prägraten hat inzwischen einen sogenannten „Almweg" zur Biding-Alm gebaut, der zufällig für Lastwagen bis zu 16 Tonnen geeignet ist, hart an den Umbalfällen entlang und zufällig in Richtung der Gletscher für den Sommerskibetrieb. Und die Tiroler haben ihren Landeshauptmann Eduard Wallnöfer mit 64,6 Prozent der Stimmen wiedergewählt – den bekannten „Erschließungsfanatiker" („Süddeutsche Zeitung"): Gute Zeiten für Kraftwerke und Skizirkusse!

Die „Frankfurter Allgemeine" warf den Bewohnern des Virgentals 1983 vor, sie wollten den Kuchen essen und ihn dann noch haben: Sie wollten den Skizirkus und das Kraftwerk und den Nationalpark und dann noch „ihren ungeschmälerten Ruf als naturnahes Refugium der Kletterer und Bergfreunde". Aber man könne das Virgental nicht zum Engadin machen und es so lassen, wie es ist.

Mag sein. Nur leben die Einheimischen im Engadin erheblich besser als die im Virgental, und den Virgenern und Prägratnern solchen Wohlstand vorzuenthalten, dem Schutz der Natur zuliebe, ist schon ein dramatischer Akt. Ja, es ist erstrebenswert, die letzten leidlich erhaltenen Naturlandschaften der Alpen nicht auch noch dem Moloch Tourismus in den Rachen zu werfen. Doch es ist nicht minder erstrebenswert, den Einheimischen endlich das zu gönnen, wonach ihre Ahnen in Jahrtausenden eines kümmerlichen Daseins lechzten: ein bißchen Wohlstand auch für sie. Nun wollen sie endlich Geld sehen statt immer nur Berge. Volle Kasse geht vor heile Welt.

Soll man also darauf spekulieren, daß die Älpler ihrer Bergheimat den Rükken kehren, um sie den städtischen Naturschützern zu überlassen? Oder soll man sie zwangsumsiedeln? Oder sie zwingen, in Armut zu verharren wie in einem Indianerreservat? Soll man sie zu Ausstellungsobjekten eines folkloristischen Museums machen, soll man sie hegen und vorführen wie im Nationalpark die Steinböcke?

Die Nationalparks, ach ja! Die sind auch so ein Kapitel.

Ein Rummelplatz inmitten der am dünnsten besiedelten Region von Mitteleuropa: der Große Ahornboden im Karwendel, dem Naturschutzgebiet zwischen Mittenwald und Achensee. Hierher drängen die Auto- und Omnibus-kolonnen, zumal im Herbst, wenn sie die Blätter färben. Das zeigt das Dilemma: Je schöner und schützenswerter die Natur, desto stärker der Andrang der Touristen – desto größer die Gefahr, daß sie Natur zwischen Parkplätzen und Wanderwegen, Toiletten und Würstchenbuden untergeht

Natur, wie alle Welt sie mag

Manchmal – selten genug – kann man die Alpen noch so sehen, wie sie waren, ehe der Mensch sie sich unterwarf: Föhnsturm nach dem Neuschnee an einem Mittag im September, vorn der Großglockner, am Horizont der Triglav in den Julischen Alpen. Man ahnt, daß der Glockner von acht Gletschern umgeben ist; verborgen sind die sieben Berghütten, die Biwakschachtel und die 16 zum Teil markierten und gesicherten Anstiegsrouten, auf denen sich an schönen Sommertagen Hunderte von Menschen auf die Füße treten

Manchmal möchte man nicht glauben, daß man in den Alpen ist: Nackter, scharfkantiger Porphyr, auf dem nichts wächst als Föhren und ein paar Korkeichen, über dem Cap Roux im Estérel-Massiv der Seealpen zwischen Cannes und Fréjus. All das sind die Alpen: Ödland, Obstplantagen, Eisströme, Dürre, Almwiesen, Trampelpfade, triefendes Moor

Manchmal möchte man träumen: oben ein Föhnfisch, vorn die Ausläufer des Berner Oberlands, hinten die Walliser Alpen. Doch solche Träume haben ihren Preis und sind oft schnell verflogen – nach nächtlichem Aufbruch, dem beschwerlichen Aufstieg oder spartanischen Biwak in der eisigen Höhe

Beherrschend ragt sie über die Seiseralm im Westen, das Grödner Tal im Norden, das Sellajoch im Osten: die vieltürmige Gralsburg der Langkofel-Gruppe. Rechts der Langkofel (3181 m), links davon die Langkofel-Scharte (2679 m), zu der ein Gondellift führt, dann die Fünffingerspitze und ganz links die Grohmannspitze (3126 m), benannt nach dem Wiener Paul Grohmann, der den Langkofel als erster bestieg, auch die Große Zinne

Der jüngste Sport in den Alpen neben dem Drachenfliegen: Wildwasserfahren, hier im Schwarzenbach im Tennengebirge südlich von Salzburg, eine Route, die mit dem Schwierigkeitsgrad IV bis V bewertet wird. V. Grad heißt: „Schwerstes Wildwasser, sehr verblockte anhaltende Schnellen mit heimtückischen Widerwellen, starke Strömung, starkes Gefälle, Erkundung nötig"

Das perfekte Bild eines totalen Mißverständnisses: Der Hirt treibt die Schafe heim ins Tal wie in einem Heidi-Film – romantisch, aber hier nicht gestellt. Die Wahrheit ist, daß der Südtiroler Bauer es durchaus nicht romantisch findet, in seiner Kraxe fast einen Zentner Lärchennadeln talwärts zu schleppen, als Streu für den Stall, weil es unten im Vinschgau kein Stroh mehr gibt, seit der Obstanbau als rentabelste Form der Bewirtschaftung das Getreide zurückgedrängt hat

Erst der Drachen hat dem Menschen den Traum vom Fliegen ganz erfüllt. In den Alpen sind die Startpunkte am höchsten, die Aufwinde am besten und die Ausblicke am großartigsten. Manchmal segeln die Drachenflieger zu Dutzenden vom Harder nach Interlaken oder von der Aiguille du Midi nach Chamonix hinab. Auch auf Skiern kann man landen: Start in Corviglia über St. Moritz, links der Piz della Margna

Dergleichen vermissen viele Alpenfreunde, wenn sie in Darmstadt oder in Hannover wohnen: Landschaft als Raum, nicht als Fläche, Himmel als Drama, Licht als Bühnenzauber – Winterabend überm Silbersee im Oberengadin. Rechts die Halbinsel Chasté, auf der vor hundert Jahren Friedrich Nietzsche zu lustwandeln liebte, dahinter die Straße zum Maloja-Paß, im Hintergrund die Gipfel des Bergells

Nirgends werden Glanz und Elend der Alpen anschaulicher als am Königssee, der sich dunkelgrün und still wie ein Fjord ins Gebirge gräbt, vom Watzmann um zwei Kilometer überragt und von keinem Fußgänger zu umrunden.

Ja, das ist ein Erdenwinkel von erhabenem Ernst, den Millionen Touristen genießen wollen. So ist am Nordzipfel des Sees ein Parkplatz für 4500 Autos und 150 Omnibusse entstanden, und von dort zum See wälzen sich die Bewunderer der Bergnatur durch eine Budenstraße mit Restaurants und Schnellimbissen, Trachtenläden, Souvenirkiosken und all dem Tinnef, wie man ihn auch auf dem Stilfser Joch erwerben kann. Hat man sich zum Ufer durchgekämpft, so lacht dem Auge das „Bundesleistungszentrum für Rennrodel, Zweier- und Viererbob" entgegen, eine kühne Konstruktion aus Holz, Beton und Stahl, deren Erbauer mit der Natur offensichtlich nicht zufrieden waren: Denn da sind Betonstelzen unter den Kurven – zu wenig Gefälle am Königssee – und unten ein eindrucksvolles Kühlhaus – zu wenig Frost.

Die Parkplätze dagegen sind wirklich wegen des Sees angelegt. Nun ist es populär, sich über ihre Dimensionen, ja ihr bloßes Vorhandensein zu ärgern oder zu entrüsten wie 1983 die Zeitschrift „Natur". Doch was wäre die Alternative? Das Parken zu verbieten und den Parkplatz zu begrünen, würde das Problem nicht lösen. Wer an dem, zugegeben, schrecklichen Rummel etwas ändern wollte, hätte nur zwei Möglichkeiten:

● Er könnte den Parkplatz verlagern. So, wie Zermatt sich entschlossen hat, die Schönheit der Gemeinde Täsch zu ruinieren, indem es die Autos seiner Besucher nur bis dahin fahren läßt – so ließe sich natürlich sagen: Wir verschandeln lieber eine andere Gegend als den Nordrand des Königssees. Nur müßte man die Gemeinde finden, der man das zumuten wollte, und auf Bürgerinitiativen dort würde man nicht lange warten müssen. Am Menschengewühl würde sich dadurch im übrigen so wenig ändern wie am Horrortrip durch die Budenstraße.

● Wer den Rummel abschaffen wollte, müßte den Zugang rationieren: Die Zufahrt wird eingezäunt, Einlaß nur gegen Berechtigungskarte. Wer die bekommt? Entweder die Reichen, das kapitalistische Modell (denn wenn der Eintritt nicht zwanzig Mark kostete, bliebe das Gedränge ja erhalten) – oder diejenigen, die von einer zuständigen Behörde die Erlaubnis bekommen haben: das sozialistische Modell. Möchte jemand eines von beiden vorschlagen? Und wenn nicht – weiß jemand einen dritten Weg?

Es bliebe dann nämlich nur noch zu hoffen, daß die Leute wieder ärmer werden, daß das Reisen wieder ein Privileg der Reichen würde, wie es das bis zum Ersten Weltkrieg war. Ja, 1912 als englischer Lord durch die Alpen zu fahren, das muß köstlich gewesen sein – für die Lords. Und schon seit 1909 verkehren auf dem Königssee die lautlosen Elektroboote, die ihn für jedermann erschlossen, der sich die Reise leisten konnte.

Freilich, auch das schon hieß: Technik auf dem See und die Gesellschaft vieler Menschen. Wer mit der gewaltigen Natur wirklich allein sein wollte, mal von den Ruderknechten abgesehen: der hätte der Propst und Reichsfürst von Berchtesgaden sein müssen – hinter sich das kaiserliche Salzregal, das Nutzungsrecht für die Berchtesgadener Salinen, und vor sich das Jagdschloß, das die Pröpste anno 1709 neben der Wallfahrtskirche St. Bartholomä auf dem Schwemmkegel des Eisbachs unter der Watzmann-Ostwand errichtet hatten.

Ja, ich bekenne: Ich wäre zwischen 1709 und 1803 – da wurde die Propstei säkularisiert, damals begann die Fahrt in den Abgrund von heute, jeder durfte den Königssee benutzen! – damals also, mit Hilfe von Albrecht Haller und Rousseau schon empfänglich geworden für die Schönheit selbst der wildesten Bergnatur: da wäre ich gern Reichsfürst von Berchtesgaden gewesen, von keinem Omnibus behelligt und schon gar nicht von den 1,3 Millionen jährlichen Besuchern von St. Bartholomä.

Aber da ich nun einmal Bürger eines wohlhabenden demokratischen Staates bin, muß ich, auch wenn es im konkreten Fall oft schwerfällt, das Getümmel bejahen. In ihm drückt sich der wahrhaft königliche Fortschritt aus, daß auch eine Raumpflegerin aus Wuppertal die Mittel und die Freiheit hat, über den Königssee zu gleiten. Jeder Naturschützer, der Parkplätze abschaffen und den Zugang zur Natur erschweren will, muß sich fragen lassen, wo er die Grenze zwischen Naturliebe und Menschenliebe zieht. Die Raumpflegerin aus Wuppertal drängelt sich selbstverständlich lieber über scheußlichen Zement zum Bootssteg vor, als daß sie in Wuppertal in der Zeitung läse, es sei nun endlich gelungen, den Königssee vor seinen Besuchern zu schützen und die Natur gegen den Menschen wiederherzustellen.

Moral: Wo es schön ist, ist es voll. Seit es voll ist, kann es nicht mehr so schön sein, wie es war, als es leer war. Nur ist es eben auch schön, daß es voll ist – daß nämlich so viele unserer Mitmenschen sich dem Reichsfürsten von Berchtesgaden insoweit angenähert haben. Das ist das Problem der Alpen.

Es stellt sich um so dringlicher, je größer der Ruhm einer Landschaft ist. Um ihre völlige Zerstörung durch ihre Bewunderer zu verhindern, kann man sie zum Naturschutzgebiet ausrufen: Bauverbote erlassen, die Nutzung beschränken, den Touristenstrom kanalisieren. Der wird dann freilich größer, denn Naturschutz – das hören die Leute gern, die Ausrufung zum Schutzgebiet mehrt den Ruf der Landschaft. Also muß entweder die Naturschutzbehörde den Schutz immer mehr durchlöchern (Wege, Papierkörbe, Toiletten), oder sie muß erleben, daß der Strom der Touristen über die Ufer tritt (Trampelpfade, Abfallhaufen und Fäkalien), oder sie muß die Menschen aussperren.

Das wäre dann Schutz der Natur nicht mehr *für* den Menschen, sondern *vor* dem Menschen und gegen ihn. Womit wir auf die philosophische Frage stoßen, ob die Alpen oder unser ganzer Planet vielleicht schöner waren, als es noch keine Menschen gab? Oder ob umgekehrt Schönheit erst dadurch entstehen kann, daß Menschen da sind, die sie wahrnehmen und genießen? „Wieso sind weniger Menschen in der Landschaft ‚natürlicher' als viele?" fragte 1983 das „Alpin-Magazin".

Besonders anschaulich wird das Dilemma an den beiden bekanntesten Nationalparks der Alpen: dem Nationalpark Berchtesgaden mit dem Königssee und dem Schweizer Nationalpark im östlichen Graubünden. Nach der internationalen Definition ist ein Nationalpark ein verhältnismäßig großes Areal von besonderer Eigenart, auf dem der Naturzustand nur wenig vom Menschen verändert worden ist, wo Besiedlung, Landwirtschaft und Jagd „im allgemeinen" verboten bleiben und wo „Besucher unter besonderen Bedingungen zur Bildung und Erholung zugelassen sind" – im Unterschied zum Naturpark, in dem die Erholung den Vorrang vor dem Naturschutz hat.

Naturparks gibt es in der Bundesrepublik 62, die ein Fünftel ihrer Fläche bedecken; Nationalparks nur zwei: seit 1970 im Bayerischen Wald und seit 1978 Berchtesgaden, auch Alpennationalpark Königssee genannt – 208 Quadratkilometer groß, ein wenig grö-

Leere Dosen und Tuben, Plastikbeutel und Bananenschalen – wer mag schon so klebrige, nutzlose Dinge bei sich tragen? Weg damit! sagen sich Millionen Wanderer. So erzeugen sie Müllhaufen wie auf dem Grund der großartigen Verdon-Schlucht nordwestlich von Cannes. Was ist aus dem „Tummelplatz Europas" (The Playground of Europe) geworden, wie der englische Bergpionier Sir Leslie Stephen die Alpen 1894 nannte? Der Rummelplatz? Die Müllhalde?

ßer als das Stadtgebiet von Nürnberg, von befestigten Kieswegen durchzogen, mit Gasthäusern und Jausenstationen gesprenkelt, mit Alm- und Forstwirtschaft, Jagd und Fischerei sowie zweieinhalb Millionen Besuchern im Jahr.

Daß dieser Besucherstrom keine „Natur" vorfindet, ist also klar. Ihm wird eine prächtige Landschaft mit einem vergleichsweise mäßigen Zivilisationsgrad angeboten, die für Tausende von seltenen Pflanzen- und Tierarten eine Arche Noah geworden ist – schön, daß es das gibt. „Natur" aber hieße etwas gänzlich anderes: Bäume, die im Wald vermodern, Hirsche, die eines natürlichen Todes sterben, weg mit allen Häusern und Wegen – und wohin mit den Touristen?

Der Schweizer Nationalpark, 1909 als erster in Europa gegründet, spricht der Natur eine deutlich größere Rolle zu: Hier läßt man die Bäume stürzen, die Tiere verenden, Jagd und Fischerei finden ebenso wenig statt wie Landwirtschaft. Tier und Pflanze können hier ein Leben führen, „das nicht auf seinen Zweck hin geprüft wird, wo man selbst den Borkenkäfer nicht als Schädling, sondern einfach als Borkenkäfer bezeichnet". Klein freilich ist der Schweizer Nationalpark auch (sogar etwas kleiner als Nürnberg), ein Kraftwerk steht auf seiner Grenze, die Straße von Zernez zum Ofenpaß durchschneidet ihn, und die „Natur", die er schützen soll, war von den Bauern weithin entwaldet, bis ins 17. Jahrhundert von Blei-, Silber- und Eisenerzbergwerken durchlöchert und längst ihrer Bären und Wölfe beraubt. Heute leben im Park Gemsen, Steinböcke, Rehe und mehr als 2000 Hirsche, und sie teilen sich ihr Revier mit 300 000 Touristen im Jahr, die ihre Autos dort parken und auf 80 Kilometer bezeichneten Wegen hindurchspazieren dürfen.

Viele der Besucher sind enttäuscht – weil sie kein Großwild sehen, was sie nach so vielen Fernsehbildern aus den Tierreservaten Afrikas offenbar erwartet hatten, während es umgekehrt eine ängstliche Abwehr gegen den gelegentlich geäußerten Gedanken gibt, im Nationalpark wieder Wölfe anzusiedeln. „Mit dem Schauspiel eines Sonnenuntergangs allein ist heute kaum mehr jemand zufrieden", schrieb die „Neue Zürcher Zeitung" 1983 unter dem Titel „Unser Nationalpark als Rummelplatz". „Zusätzliche Erlebnisse sind gefragt: die Sonne hinter dem imposanten Geweih eines Sechzehnenders oder der kreisende Steinadler im Morgenrot."

Nein, imposant ist da nichts im Unterengadin außer der großen Öde der Felsen, Schutthalden und Wälder.

Lieblicher als der Schweizer Nationalpark und dabei dem Ideal einer vom Menschen wenig veränderten Landschaft näher als der Nationalpark Berchtesgaden ist das Karwendelgebirge, das im Norden von Innsbruck und im Osten von Mittenwald gewaltig aufragt; in Bayern seit 1924 ganz und in Tirol seit 1928 überwiegend ein Naturschutzgebiet, das nicht „Nationalpark" heißen kann, weil es zwei Nationen angehört. So hoch und steil ziehen sich da vier Felsmauern von Westen nach Osten und von so wenigen Scharten sind sie gekerbt, daß kein Handelsweg und keine Heerstraße hindurchführten; und so rauh ist das Klima und so wasserarm der Sommer, daß die Bauern fast allen Wald am Leben ließen; und so reich an Gemsen und Hirschen sind die Wälder, daß Könige und Fürsten das ganze Karwendel als Jagdland okkupierten und es als Besitzer oder Pächter noch heute beherrschen: die Herzöge von Sachsen-Coburg-Gotha, die Großherzöge von Luxemburg, die Könige von Belgien und einer von Deutschlands reichsten Männern, Freiherr von Finck.

So wirkten die Natur und ein feudales Recht zusammen, daß inmitten des Touristenrummels das Karwendel, zwölfmal so groß wie das Land Hamburg, der größte fast unbewohnte Raum in Mitteleuropa bleiben konnte – mit Zonen großartiger Einsamkeit zwischen steilen Felsen, in öden Karen, in mächtigen Wäldern von Ahorn, Buche, Kiefer, Fichte, Tanne, Eibe. Natürlich, auch an Hütten, Wanderwe-

Gerettet von Viktor Emanuel II. (1820–1878), König von Sardinien und erstem König von Italien: die Steinböcke am Gran Paradiso südlich von Aosta. Im 19. Jahrhundert waren sie die letzten Europas, der König stellte sie unter strengsten Schutz. Vom Gran Paradiso aus wurden sie in alle Alpenländer zurückgeschafft, heute leben wieder rund 14 000 der kletternden Wildziegen in 2000 bis 3000 Metern Höhe – die meisten in Graubünden, womit der Kanton sein einst ausgerottetes Wappentier zurückerhalten hat. Die letzten Stückchen Urwald dagegen lassen sich nicht mehr vermehren, nur noch konservieren wie der Neuwald bei Mariazell an der Grenze Niederösterreich-Steiermark

gen, Klettersteigen ist kein Mangel, der Große Ahornboden in der Eng trägt einen der größten Parkplätze der Alpen, und von der Eng zur Lamsenjoch-Hütte wälzt sich eine ihrer größten Wandererkarawanen, denn wo es schön ist, ist es voll, und auf den umliegenden Gipfeln sieht man die Sonne sich in den Dächern von hundert Omnibussen spiegeln.

So wäre es denn auch hier nichts mehr mit der wirklich ursprünglichen Natur. Wer die noch mögliche Annäherung an sie erleben will, und das nicht oberhalb von 3000 Metern, wo abseits der Bergbahnen überall die Wildnis regiert, der hat Mühe. Innerhalb des Triglav-Nationalparks in den Julischen Alpen liegt ein „Banngebiet" totalen Naturschutzes ohne Hütten, Wege und Markierungen: am Skrlatika (2738 m), einer Felsburg, die das Auge in den Himmel reißt, wenn man, Haarnadel um Haarnadel, vom Vrsic-Paß hinab nach Kranjska Gora (Kronau) fährt.

Das größte zusammenhängende Reich von Urwald und Geröll, Steinböcken und Enzian ist der Nationalpark Gran Paradiso südwestlich von Aosta, der auf französischer Seite in den Vanoise-Nationalpark beiderseits des Col de l'Iseran übergeht, zusammen ein Gebiet mehr als doppelt so groß wie der Bodensee, mit wenigen, oft verfallenen Bauernhäusern, wenigen Bergsteigerunterkünften und einer überwiegend unversehrten Natur – das heißt einer Wildnis, die nichts Liebliches hat und folglich viele Freunde der Bayerischen Alpen verwirren würde.

Es ist das alte Lied: Was nennen wir denn „Natur"? Wenn auf einer Aussichtskuppe eine Bank mit einem Papierkorb steht und aus dem Tal ein paar schmucke Giebel grüßen. Fleißigen Bauern ist es in zwei Jahrtausenden, romantischen Schwärmern in den letzten zwei Jahrhunderten gelungen, einige nicht allzu wüste Teile des Gebirges für uns heimelig zu machen – eine liebliche Landschaft mit eingestreuten Bonbonnièren, den bunten Kirchen, und jenem Hauch von Rahm, den die Kuhglocken zu uns herübersenden. Wer im künstlich gestauten Reschensee in Südtirol die Wellen den Kirchturm des überfluteten Dorfes Graun umspülen sieht – der hat das, was viele Städter ein „Naturerlebnis" nennen.

Mit der Natur ist es wie mit der Ruhe: Man träumt von ihr, man spricht von ihr, aber in strikter Form mögen die meisten sie nicht. O ja, es gibt Urlauber, die die Ruhe schätzen, die wochenlange Ruhe ohne Abwechslung und Großstadtkomfort. Aber sie sind eindeutig in der Minderheit. Man darf sich nicht irre machen lassen durch die Menge derer, die von der Ruhe schwärmen: Mit dem Schwärmen und allenfalls ein paar ruhigen Stunden am Tag ist das Ruhebedürfnis der meisten völlig gestillt. Abends dann bitte Heimatabend oder Diskothek, und für Regentage ein Hallenbad, hübsche Geschäfte und Cafés! Macht es nicht Spaß, über die Bahnhofstraße von Zermatt zu flanieren oder in St. Moritz im Café Hanselmann, in Bad Ischl beim Zauner das Spiel „Sehen und Gesehenwerden" zu spielen?

Zwischen den Meinungen der Touristen und ihrem tatsächlichen Verhalten bestünden „vorläufig" beträchtliche Unterschiede, stellte 1979 eine Fremdenverkehrskommission fest, die den Schweizer Bundesrat berät: „Die großen Ferienorte mit den häufigsten Umweltschäden haben bis heute bei den Gästen Erfolg . . . Ist das Umweltbewußtsein nur diffus als ‚Zurück zur Natur' beim kulturkritischen Intellektuellen oder als ‚Hang zum Kitsch' beim Durchschnittsbürger zu werten?"

Der Städter sei eben Dienstleistungen gewöhnt und liebe die Natur nur insoweit, als er sie mühelos erfahren könne, schreiben die streitlustigen Schweizer Naturschützer Häberling und Brugger: „Alle privaten und öffentlichen Pläne zum Umgang mit unserem Lebensraum werden so zu einem Gemeinschaftswerk der planvollen Verstädterung." Im Alpenvereinsjahrbuch 1984 heißt es kalt: „Fremdenverkehr ist die Unterwerfung der Alpen durch die Großstadt."

In Cortina d'Ampezzo überbieten die Luxusläden einander in römischer Eleganz. Chamonix liegt laut Eigenwerbung im „lustigsten Tal der Alpen", und wer dort im August vor einem der Bistros an der Hauptstraße sitzt, atmet Abgase wie in Paris, und er scheint es zu mögen! Ungeniert wirbt Courmayeur auf der italienischen Seite des Montblanc, seine lebhaften Straßen hätten „städtischen Charakter, so daß der Urlauber nicht auf seine Gewohnheiten zu verzichten braucht". Die österreichische Fremdenverkehrswerbung setzt seit 1983 ungetarnt auf Rummel: „Alles Ruhige verliert, alles Laute gewinnt", verkündete der Werbechef. „Ruhe wollen die Leute vielleicht in fünfzig Jahren, und wovon sollen wir bis dahin leben?" fragt der Verkehrsobmann von Prägraten im Virgental.

Es hilft nichts: „Natur" im eigentlichen Wortsinn ist bei den meisten Touristen nicht gefragt. Viele bekennen sich zu ihr, aber sie denken gar nicht daran, zugunsten der Natur auf eine bequeme Anfahrt, eine schöne Bergbahn und einen bunten Abend zu verzichten – nach dem alten Spruch: „Zurück zur Natur? Ja, aber bitte nicht zu Fuß!"

Wenn wir nun alles beherzigen: Daß die meisten Touristen Ferien ganz ohne Rummel gar nicht wollen; daß der Naturschutz bei fast allen Einheimischen und den meisten Gästen auf Widerspruch stößt, sobald er eine Einbuße an Geld oder an Komfort bedeutet; und daß wir als gute Demokraten den Andrang in die Alpen bejahen müssen – was bleibt dann zu tun? Wenn wir weder die Einheimischen ruinieren wollen *noch* die Natur: Wo setzen wir an?

„Sollen wir uns als Alpenverein selbst auflösen, weil wir immer noch mehr Menschen ins Gebirge bringen?" fragte selbstkritisch der Vorsitzende des Deutschen Alpenvereins, Fritz März – oder sollen wir gar „die Wege verfallen lassen, die Hütten verkaufen, den Erlös vertrinken", wie er scherzhaft empfahl? Radikal und ganz ernst gemeint fordert Hans Steinbichler von der Zeitschrift „Bergwelt": „Die Wege verkommen lassen, die Hütten verfallen lassen, vor den Alpen wieder die Barriere des Schweißes errichten."

Das hieße allerdings: Naturschutz auf dem Rücken der Einheimischen und gegen die Wünsche der meisten Touristen. Der vernünftige Kern steckt im Grundsatzprogramm des DAV von 1977: „Die Erschließung des Alpenraumes ist für den Deutschen Alpenverein abgeschlossen. Er lehnt deshalb weitere Hüttenneubauten ab."

Bedenkt man, daß die Alpenvereine ausdrücklich zum gegenteiligen Zweck gegründet worden waren, so sind das große Sätze. Doch selbst diese maßvolle Forderung wirft noch Probleme auf. Hütten ziehen Bergwanderer und Kletterer zusätzlich an, das ist klar. Keine oder zu wenige Hütten in einer begehrten Landschaft aber, das hieße: den Unrat, den sonst die Hütten auf sich konzentrieren würden, über die Natur verteilen. Andrerseits erzeugen Hütten Abfall, den es ohne sie nicht gäbe: die Flaschen und Dosen, die der Hubschrauber heraufgeflogen hat. Überfüllte Hütten vergrößern, heißt noch mehr Bergsteiger anlocken; sie so lassen, wie sie sind, hieße den unwürdigen Zustand bewahren, daß der Wirt die Kletterer wie Sardinen packen muß. Eine glatte Lösung gibt es nicht.

Da bietet sich nun an, jedem das Seine zu versprechen, um keinem weh zu tun. Meisterlich versteht sich darauf die „Arbeitsgemeinschaft Alpenländer", 1972 gegründet von Bayern, den österreichischen Bundesländern Salzburg, Tirol und Vorarlberg, Graubünden und den italienischen Regionen Südtirol, Trient und Lombardei. Sie fordert beispielsweise, die transalpinen Verkehrswege weiter auszubauen (der DAV verlangt das Gegenteil), aber dabei „unzumutbare Umweltbeeinträchtigungen zu verhindern" – gegen zumutbare Beeinträchtigungen wäre demnach nichts zu sagen? Der Hubschraubertourismus soll „möglichst" unterbunden, die Gewässer sollen „möglichst" naturnah erhalten werden – Gebote wie „Du sollst möglichst nicht töten". Und so fort.

Auch der Schweizer Alpenclub schafft nur scheinbar Klarheit, wenn er in seinem Programm von 1981 die Kenntnis der Schweizer Berge erweitern und deren Ursprünglichkeit und Schönheit erhalten will – als ob nicht längst bewiesen wäre, daß es keine hartnäckigere Feindschaft gibt als eben die zwischen erweiterter Kenntnis und Ursprünglichkeit, nach dem Motto: „Genießen Sie die Einsamkeit – Millionen werden sie mit Ihnen teilen." Natürlich, es ist oft das Schicksal auch vernünftiger Forderungen, daß sie sich nicht durchsetzen lassen. Wie aber soll die Vernunft zum Zuge kommen, wenn schon die Forderung einen Widerspruch enthält wie hier oder aus Watte ist wie bei der Arbeitsgemeinschaft Alpenländer?

Was zu fordern wäre, ist verhältnismäßig klar, die Einsichten liegen auf dem Tisch; das Problem ist die politische Durchsetzbarkeit. Der Berner Tourismusforscher Jost Krippendorf meint daher, man müsse versuchen, „die Betroffenen betroffen zu machen", nämlich die Einheimischen wie die Touristen – „widerspenstig" müßten sie werden, um die Politiker von den Gemeinderäten aufwärts zur Vernunft zu zwingen. Welche Einsichten sind es, die die Experten mehr oder weniger teilen?

● Die touristisch geeigneten Regionen der Alpen lassen sich nicht mehr wesentlich vermehren, aber die Nachfrage steigt. Die Universität Innsbruck hat 1983 prophezeit, daß die Zahl der Touristen in den Alpen sich binnen zehn Jahren nochmals verdoppeln werde. Im Weltmaßstab ist der Fremdenverkehr schon heute der drittgrößte Außenhandelsfaktor nach dem Öl und dem Auto; im Jahr 2000 wird er vermutlich der größte sein. Gegenwärtig machen pro Jahr 280 Millionen Menschen, das sind sechs Prozent der Weltbevölkerung, eine Geschäfts- oder Vergnügungsreise außerhalb der Landesgrenzen; bis zum Ende des Jahrhunderts, schätzt die Welttourismus-Organisation in New York, werden es eine halbe bis eine Milliarde sein.

● Schreitet die Überbauung der Täler und die Betonierung der Wanderzonen weiter fort, so wird irgendwann der Punkt erreicht sein, an dem die Touristen sich von den Alpen abzuwenden beginnen, und Betonklötze und Investitionsruinen werden an den Boom der achtziger Jahre erinnern wie Bunker an den Zweiten Weltkrieg. Die Natur in den Alpen ist verloren und nicht wiederherstellbar, es sei denn um den Preis ihrer totalen Entvölkerung; jetzt droht die Gefahr, daß nach der Natur auch die Erholungslandschaft zerstört wird, daß der Tourismus eben jene Landschaft auffrißt, die er genießen möchte.

● Im Konfliktfall sind die Alpen mehr für ihre Bewohner als für ihre Besucher da – so stellen es der DAV, die Arbeitsgemeinschaft Alpenländer, das Schweizerische Tourismuskonzept von 1979 fest. Eine weitere touristische Erschließung gilt also nur dort und nur insoweit als sinnvoll und zulässig, wo sie den Einheimischen nützt. Diese Feststellung wendet sich ebenso gegen die Ausbeutung der Landschaft durch großstädtische Konsortien wie gegen die Betonierung der letzten unbewohnten Zonen.

● Die Nutzungsansprüche der Einheimischen müssen sich jedoch an der Belastbarkeit der Natur orientieren, damit „auch für die nachfolgenden Generationen ein ausreichender, gesunder Entwicklungsspielraum verbleibt" (DAV). „Entwicklungsreserven für die nächste Generation" zu erhalten, lautet eine Kernforderung des Entwicklungsprogramms, das die Region Millstätter See in Kärnten sich 1980 verschrieben hat. Der Schweizer Problemanalytiker F.H. Schwarzenbach schreibt dazu („Alpen im Zwielicht"): „Die allgemeine Meinung über die ideale Form der touristischen Erschließung einer Berglandschaft wechselt rasch", die Freizeitwünsche seien launisch wie die Mode. Da eine Entwicklungspolitik aber nur langfristig ausgerichtet sein könne, dürfe sie das unvermehrbare Kapital der Landschaft nur so weit antasten, „daß den Nachfahren die volle Gestaltungsfreiheit erhalten bleibt".

Wenn wir also weder wünschen, daß die Alpen in Zement ersticken, noch, daß wie einst nur die Reichen in die Alpen fahren können, um dort die Armen zu besichtigen: dann muß fünferlei unbedingt verhindert werden – selbst wenn es den Interessen der Einheimischen wie der Touristen kurzfristig zuwiderlaufen sollte:

1. Alle Exzesse des Skibetriebs – die Errichtung weiterer Sommerskigebiete, das Fräsen von noch mehr Pisten durch Wiese und Wald. Jede Skistation, die oberhalb der Waldgrenze errichtet wird, ist schon in sich ein Exzeß, ein rücksichtsloses Vorpreschen der Verstädterung bis in die letzten Wildnisse, verbunden mit aufwendigen Bahnen oder, noch schlimmer, Straßen und Parkplätzen quer durch die Grünzone, Verkümmerung der Landwirtschaft in dieser Zone, oft Entleerung des Tals. „Wahre Umweltvernichtungsschlachten werden da geführt", sagt Fritz März. „Die Alpen werden richtig umgebaut, weil der liebe Gott offenbar kein Skifahrer war." Zwischen den Sommerskigebieten ist längst der Verteilungskampf ausgebrochen, bei dem die ersten Pleiten sich abzeichnen. „Das bedeutet, daß ein Teil an großartiger Natur unwiderruflich verlorengegangen ist, nachdem Millionen oder Milliarden an Steuergeldern verschwendet wurden" (Heinz Röhle, Naturschutzreferent des DAV).

2. Verhindert werden muß der Bau neuer Siedlungen und Silos mit Zweitwohnungen – jener „Rolladendörfer", die fast elf Monate im Jahr aus toten Augen in die Landschaft glotzen; eine brutale Vertilgung von Raum und Natur zugunsten einer Herrenkaste, die für ihr im Durchschnitt fünfwöchiges Vergnügen ein ganzjähriges Ärgernis ins Gebirge stellt. „Die Alpenländer sollen einen Grunderwerbsstopp für Auswärtige erlassen. Der Neubau von Zweitwohnungen soll generell unterbunden werden." (Grundsatzprogramm des DAV.) „Der Zweitwohnungstourismus soll *nach Möglichkeit* stark eingeschränkt werden." (Arbeitsgemeinschaft Alpenländer.)

3. Verhindert werden muß die weitere Ausbreitung von Brutalbeton – in Hotels, Supermärkten und Bergbahnstationen wie dem schlechthin grauenvollen „Trockenen Steg" auf halbem Weg zum Kleinen Matterhorn. Mögen französische oder italienische Touristen zu Beton ein entspanntes Verhältnis haben – für die Masse der Erholungssuchenden gilt, daß sie sich eine ländliche Bauweise wünschen. Gstaad rühmt sich: „Hier können sich keine baulustigen Beton-Unholde breitmachen", und es lebt gut damit.

4. Verhindert werden muß die Erschließung und Zersiedlung, die „Verhäuselung" der letzten menschenleeren Täler und Hänge. Es gibt sie ja noch, manche sogar ziemlich nah am Touristenrummel und doch ohne Weg und Steg wie das wüste Val Fedoz überm Silser See im Engadin; und das bedeutet: Hier wäre die Kardinalforderung erfüllt, daß die Nichterschließung keinen Einheimischen in Armut halten würde. „Landschaften ohne ansässige Bevölkerung sind vor der Erschließung zu bewahren" (Jost Krippendorf).

In Südtirol waren 1950 dreißig Quadratkilometer Land bebaut – heute sind es achtzig, fast ein Fünftel aller wirtschaftlich nutzbaren Fläche in den Tälern. Die Autonome Region Bozen hat das Problem erkannt und 1980 ein „Südtiroler Landesentwicklungsprogramm" in Kraft gesetzt, das in allen Alpenländern als vorbildlich betrachtet wird: keine neuen Skizentren und Skilifte, kein irgend vermeidbarer Straßenbau, maximal 40 Prozent aller Wohnungsbauten zur beliebigen Verfügung, das heißt für Zweit- und Ferienwohnungen, und vor allem: keine Häuser mehr auf der grünen Wiese!

Für die letzten leeren Täler sollten Länder und Gemeinden sofort und für alle Zeit Bebauungsverbote und Naturschutzauflagen erlassen. Oder können unsere demokratischen Institutionen weniger erreichen als die Feudalherren im Karwendel?

5. Verhindert werden muß die unkontrollierte Häufung von Müll und Fäkalien. Der DAV schätzt die Müllmenge, die alljährlich allein in den Ostalpen von Bergwanderern und Kletterern hinterlassen wird, auf 6000 Lastwagen-Ladungen. Und dann die braune Schmiere in der Südwand der Marmolada unter der Gipfelstation der Schwebebahn! Der Müll ließe sich mit ins Tal hinunternehmen von denen, die ihn produzieren, bei gutem Willen und viel Disziplin – in den amerikanischen Nationalparks müssen sich die Kletterer schriftlich dazu verpflichten; die Fäkalien werden weiter stinken, falls nicht alle Hütten und Berggasthäuser entsprechend investieren – und falls, wie traurig, an den meistbegangenen Wanderwegen und Klettersteigen nicht öffentliche Toiletten errichtet werden oder eben noch mehr Hütten.

Das sind die fünf Übelstände, die um fast jeden Preis beseitigt werden müssen, wenn die Alpen nicht zur Ruine werden sollen. Dazu kommt zweierlei, was vermutlich gegen geringere Widerstände verhindert werden kann:

6. Die weitere Ausbreitung technischen Unfugs. Der DAV fordert in seinem Grundsatzprogramm von 1977, jeden Motorflug zu Vergnügungszwekken einzustellen, also zum Beispiel das „Heliskiing", ebenso das Spazierenfahren abseits der Straßen, also mit Schneeraupen und Gletschertaxis oder mit jenen Geländewagen, mit denen sich die Jagdherren aus der Stadt den Anmarsch zu verkürzen oder den Abtransport der Jagdbeute zu erleichtern lieben.

Drei Nachrichten von 1983: Auf dem Schwarzensteingletscher in Südtirol verlor ein Hubschrauber vier Fässer voll Öl, so daß das schmierige Eis mit anderen Hubschraubern weggeflogen werden mußte – ein Ärgernis, das vermeidbar gewesen wäre, hätten die Behörden nicht den Bau eines Privatsenders auf dem Schwarzenstein gestattet, für den das Öl gedacht war. Für Udo Jürgens wurde eigens ein Flügel aufs Jungfraujoch geflogen, damit ein paar verblüffende Sekunden für eine Fernsehshow entstanden. Auf dem Betongebirge, das einmal der Gipfel der Zugspitze war, fand ein Rockkonzert statt, sinnigerweise unter dem Motto: „Bayern, laßt euch nicht verarschen".

Auf dem Nordostgrat der Jungfrau steht seit 1954 eine Richtstrahlstation der schweizerischen Post für Telefon- und Fernsehübertragungen; unter „Unfug" läßt sie sich nicht buchen, aber kurios ist es schon, im Kletterführer zu lesen: „. . . zur Relaisstation empor, die schwierig überklettert wird (sich am Geländer emporschwingend)". Eines von beiden ist offenbar zu viel in den Alpen: die Bergsteiger oder die Post.

7. Verhindert werden kann der Bau von noch mehr Straßen. Für nichts haben Länder, Gemeinden und Forstbehörden nach dem Zweiten Weltkrieg so viel Geld ausgegeben wie für die Vergrößerung und Verfeinerung des Straßennetzes. Kein Weiler, kaum eine Alm, ja kaum eine halbwegs zugängliche Gletscherzunge, zu denen nicht eine Asphaltbahn führte. Der Raum Obersalzberg–Roßfeld über Berchtesgaden ist von Straßen durchzogen wie das Ruhrgebiet. Nun reicht es, offensichtlich. „Der Asphaltierung des Alpengebiets durch weitere Verkehrsanlagen ist entgegenzuwirken" (DAV). Selbst Umgehungsstraßen bedürfen äußerst kritischer Planung: Zwar können sie alte Dörfer vom Terror der Motoren erlösen, doch nur um den Preis, daß weitere Landschaft zerstört – und eine noch größere Zahl von Autofahrern angezogen wird.

Das Schlimme ist ja, daß die wenigsten Planer und Erschließer die Folgen ihres Tuns überschauen. „Nach einem gutgemeinten Fernstraßenbau" etwa kann es passieren, daß ein Alpental aus einer harmonischen Entwicklung gerissen wird und sich mit einer Invasion von Städtern konfrontiert sieht: „Am Wochenende strömen Massen von Naherholungssuchenden in die Landschaft und verstopfen Straßen und Fremdenverkehrseinrichtungen. Der Urlaubsgast, der die Einrichtungen bisher über lange Zeiträume hinweg beansprucht und ausgelastet hat, ergreift die Flucht. Die Landschaft wird zum Bauplatz für Zweitwohnungsinteressenten aus den Ballungsräumen." (So das Münchener „Alpeninstitut".)

Nun wünschen sich die autofreien Dörfer Wengen und Mürren im Berner Oberland endlich eine Autostraße: Denn zwar rühmen die Gäste, die kommen, die Ruhe; nur kommen eben nicht genug. Gute Erfahrungen haben dagegen Bettmeralp und Riederalp auf dem Sonnenplateau zwischen dem Rhônetal und dem Aletschgletscher gemacht: „Die größte Fußgängerzone der Alpen", lautet ihre Werbung. Am anderen Ende der Skala liegt Traunkirchen am Traunsee im Salzkammergut: Mitten durchs Dorf donnert der Fernverkehr, scheucht Einheimische und Touristen wie die Hühner zur Seite und sendet sein Knattern und Rauschen über den See hinweg, der ohne diesen Lärm eine Perle der Alpen wäre. Im „Bergsteiger" schrieb Paul Wertheimer 1983:

Laßt uns Autostraßen bauen
Bis hinauf zur letzten Alm,
Laßt die Berge uns versauen
Mit Benzin und Dieselqualm!

Weniger Unfug, weniger Straßenbau – zwei realistische Chancen, einen Beitrag zur Rettung der Alpen zu leisten. Dazu kommt dreierlei, was getan werden sollte, auch wenn es nicht ganz so dringend und zwingend ist wie die Forderungen 1 bis 5 und nicht so aussichtsreich wie die Rezepte 6 und 7:

8. Keine zusätzliche Nutzung der Wasserkräfte in den Alpen. Es ist wahr, das Bergwasser schreit danach, die Energie zu liefern, die die Bergbewohner brauchen, und sie ins flache Land zu schicken, denn sie ist die sauberste, billigste und zuverlässigste von allen.

„Machma Urlaub in de Berg, und wenn de Landschaft hi is, nacha fahrma wieda hoam." Das, meint der Wirt der Tutzinger Hütte unter der Benediktenwand, sei die Einstellung vieler seiner Gäste. Die Straßenwalze auf der „Ötztaler Gletscherstraße" zum Sommerskigebiet am Rettenbachferner (bis 2671 m) trägt das ihre dazu bei, die Landschaft „hin" zu machen

Doch die Alpen trocknet sie aus. So fordert die Arbeitsgemeinschaft Alpenländer: „Die oberirdischen Gewässer sind *möglichst* naturnah zu erhalten." In der Schweiz ist eine Revision des Wasserrechts- und Gewässerschutzgesetzes im Gange, mit dem Hauptziel, die „Restwassermenge" zu erhöhen, das heißt den Kraftwerken nur eine geringere Wasserentnahme aus Flüssen und Bächen zu gestatten – Effekt: hektische Baumaßnahmen bis zum befürchteten Inkrafttreten des Gesetzes.

9. Keine weiteren Bergbahnen, auch wenn sie nur den Sommerurlaubern dienen, also nicht in Skigebiete führen. Zwar richten sie dann nur halb so viel Unheil an. Aber man wird sagen dürfen: Die 13 000 Bahnen und Lifte, die heute in den Alpen fahren, sind genug. Der DAV lehnt die Errichtung neuer Bahnen und Lifte außerhalb bereits erschlossener Gebiete ab. Wo unbedingt noch eine Bahn errichtet werden soll, wäre zu prüfen: Würde sie die Bewohner eines bisher armen Tales reicher machen? Nur dies dürfte noch der Maßstab sein. Die Wirklichkeit sieht anders aus: 1978 erließ der Schweizer Bundesrat eine strengere Seilbahnkonzessionsverordnung, doch in den vier Jahren danach wurden mehr Bahnen genehmigt als in den vier Jahren davor. In Österreich gingen 1983 die Übernachtungszahlen zurück, aber 60 Bahnen und Lifte wurden zusätzlich in Betrieb genommen.

10. Keine Häuser mehr in längst überfüllte Täler pfropfen, wie in Zermatt,

„wo jeder Schlosser ein Hotel baut – eine Katastrophe!" (Stephan Franzen, Gemeindevizepräsident), wo sich die „schon fast besoffene Bau-Euphorie" der siebziger Jahre ausgetobt hat („Walliser Bote").

Mit Bauverboten ist sogar im Engadin noch etwas auszurichten: Der private Verein „Pro Surlej" hat im Schwemmland zwischen den Seen von Champfèr und Silvaplana viele Jahre lang Grundstücke in „strategischer" Lage aufgekauft, um jede weitere Ausdehnung des Kunstdorfs Surlej zu Füßen der Corvatsch-Bahn zu verhindern, und die noch berühmtere Silser Ebene zwischen dem Silvaplaner und dem Silser See ist seit 1975 (spät genug) mit einem Bauverbot belegt – wofür die privaten Grundeigentümer freilich eine Entschädigung von zehn Millionen Franken fordern; Bund, Kanton, Gemeinden und Naturschützer bringen diesen Betrag gemeinsam auf.

Die Silser Ebene, die große Wiese bei Sils-Maria und Sils-Baselgia, über die man den See und die Halbinsel Chasté erreicht – sie zeigt, daß es erträglich wäre, wenn das Virgental sich in ein neues Engadin verwandelte, wovor die Naturschützer warnen. Denn zwar fahren viele Autos an der Ebene und den Seen entlang, und das Grandhotel Waldhaus thront weiß und protzig auf seinem Hügel, und die Furtschellas-Bahn hat einen garstigen Backenzahn an den Hang gepflanzt. Doch was da geblieben ist an groß gefügtem Raum und hohem Himmel und Licht und Wind in diesem Festsaal der Alpen – meinen Ansprüchen an „Natur" wird es gerecht. Zumal wenn ich an jenen Nachmittag im Oktober denke, als der Winter kam:

Da pfiffen plötzlich zwei Italiener durch die Zähne und ließen die Maurerkellen fallen. Vom Baugerüst sahen sie als erste, daß der Himmel im Norden sich in eine blauschwarze Wand verwandelt hatte, die sich langsam nach Süden schob, dem Malojapaß entgegen, während sich über die Seen noch ein Föhnhimmel von türkisfarbener Seide spannte.

Da hielten die Autos aus Mailand und München und Zürich und Wien, und aus der Wiese sprossen die Stative – die einen nach Süden, der Seide entgegen, die anderen nach Norden gerichtet, zur Finsternis. Ratlos, ängstlich, begeistert drehten sich und knipsten die Touristen. Ein Kalb trottete davon, Kinder rannten ihm kreischend nach. Der Hotelportier, der die letzten Fenster mit Brettern vernagelte, legte den Hammer nieder und gaffte.

Schon stand die blauschwarze Wand über dem Silvaplaner See, während von Italien herauf der Föhn seine lichtgesäumten Wattebäusche gegen die Nacht des Nordens vortrieb. Hier, zwischen den Seen, mußten die Wetter zusammenprallen. Ein deutsches Ehepaar stritt sich, welche Wetterfront es mehr verdiene, geknipst zu werden; ein Wiener klagte das Schicksal an, daß er gerade heute seinen Belichtungsmesser vergessen habe; ein Amerikaner filmte mit dem hektischen Eifer, den seine Landsleute zeigen, wenn der Rheindampfer die Lorelei passiert; ein Eidgenosse versicherte, obwohl Soldat in zwei Weltkriegen, habe er einen solchen Himmel noch nicht gesehen.

Da trat aus der schwarzen Wand ein Regenbogen. Er wölbte sich über goldbraune Lärchen, dunkelgrüne Arven, rote Ebereschen und zwei Seespiegel in bleiernem Glanz. Von der Schwärze lösten sich braune Wolkenfetzen, jagten über den Talgrund und unterliefen die Föhnwolken, die in der Höhe noch immer nach Norden wallten. Einige Autofahrer brachten ihre Wagen unter vorspringenden Dächern in Sicherheit. Die Kinder zerrten das entflohene Kalb heran, stießen es in den Stall und rannten zwischen Gaffern und Knipsern umher. Das Seidentuch über dem Malojapaß war weggezogen. Von der Wand her heulte es. Blätter, Nadeln, Tropfen peitschten die Gesichter. Die Italiener stürzten in die Kneipe, Türen knallten, Kinder schrien.

Dann war es Nacht. Durch den Schneesturm tönte fern und nah das Blöken der Autohupen. In den Ställen brüllte das Vieh.

Die Viertausender der Alpen

Der österreichische Augenarzt Karl Blodig (1859–1956) hat als erster Mensch alle 67 Gipfel der Alpen bestiegen, die den Meeresspiegel um vier Kilometer oder mehr überragen. Seine Leistung, 1911 beendet, ist unbestritten.

Verwirrend ist jedoch, daß Blodig damit mehr Viertausender bezwang, als in den Alpen überhaupt stehen – falls Toni Hiebeler in seinem „Alpenlexikon" von 1983 recht hat (er spricht von 60) oder Helmut Dumler, der Herausgeber der jüngsten Auflage (1978) von Blodigs eigenem Buch „Die Viertausender der Alpen", das nur 61 „Hauptgipfel" aufführt.

Für die Viertausender der Alpen ist eben jede Zahl richtig, die zwischen 47 und 102 liegt. Denn es existiert kein einleuchtender oder allgemein akzeptierter Maßstab dafür, welche Fels- oder Eisspitze es verdient, als eigenständiger, benennungswürdiger Berg gezählt zu werden.

Wenn ich auf einem Gipfel stehe, und 50 Meter weiter gibt es einen Punkt, der 5 Meter niedriger als mein Standort ist, aber 5 Meter höher als ein kleiner Sattel zwischen ihm und mir – soll das ein eigener Gipfel sein? Offensichtlich nicht. Nun sei der andere Punkt 200 Meter entfernt und die Einkerbung 20 Meter tief – verdient es dann der andere Punkt, einen anderen Namen zu tragen? Und bei 400 Metern mit einem 40 Meter tiefen Joch dazwischen? Mit Vernunft kann das niemand entscheiden.

Es gibt nur Bräuche: Was einen eigenen Namen trägt, auf Grund welcher historischen Zufälle auch immer, wird im allgemeinen als eigenständiger Berg betrachtet. Das ist unbefriedigend. Doch noch schlimmer: Die Benennungssitten stehen auch zu sich selbst im Widerspruch.

So heißt der zweithöchste Gebirgsstock der Alpen zwar Monte Rosa, jedoch mit nicht weniger als zwölf Spitzen, die zusätzlich eigene Namen tragen. Ein Viertausender oder zwölf Viertausender? Neun, sagt Hiebeler auf Seite 403 – oder sechs, wie er auf Seite 286 behauptet? Von einem dieser zwölf etwa, der Punta Giordani (4046 m), sagt wiederum der Kletterführer, sie sei „mehr einer Gratschulter als einem Gipfel ähnlich". Bei Hiebeler steht die Punta Giordani nicht in seiner Liste der sechs, aber in seiner Liste der neun Monte-Rosa-Gipfel.

Am Montblanc sind gar 17 Punkte über 4000 Meter zusätzlich mit eigenem Namen ausgewiesen: der Dôme du Goûter, der Grand Pilier d'Angle, ja zwei laut Kletterführer „unbedeutende, kaum erkennbare Erhebungen" mit Namen Pointe Bayeux und Pointe Bravais.

So enthält die nachstehende Tabelle eine vierfache Zählung: die knappste, bei der kein Gipfel umstritten ist (Monte Rose = 1); dann die Hiebeler-Zählung (sein Pech, daß er 62 Gipfel namentlich aufführt, nachdem er einleitend von 60 Viertausendern gesprochen hatte); dann die Blodig-Zählung (seine eigene); schließlich die weiteste Zählung, bestehend aus allem, was Karten und Kletterführer hergeben.

Klar wenigstens ist, daß zwei Viertausender aufgehört haben, es zu sein: das Fletschhorn und der Piz Zupò. 1902 erwies sich nämlich, daß der erratische Block im Hafen von Genf, von dem die schweizerische Landesvermessung ausging, seinerseits um drei Meter zu hoch berechnet worden war. Die restliche Differenz erklärt sich durch ungenaue Einzelmessungen – und beim Fletschhorn durch den Umstand, daß es tatsächlich drei Meter niedriger geworden ist.

Pure Schneegipfel verändern ihre Höhe um mehrere Meter je nach Schneefall und Abschmelzgeschwindigkeit. Europas höchster Punkt kann bis zu zehn Meter höher oder niedriger sein, als er in der Tabelle steht; genau 4807 Meter hoch ist der Montblanc ziemlich selten. Wer den höchsten Punkt der Ötztaler Wildspitze betreten wollte, der mußte den vergletscherten Nordgipfel (3772 m) besteigen, weil er zwei Meter höher als der felsige Südgipfel war; nun ist das Eis zurückgegangen, und der Nordgipfel ist zwei Meter niedriger als sein Nachbar.

Jede Liste der „Viertausender" der Alpen ist also nur ein Gesellschaftsspiel. Einige der großartigsten und berühmtesten Berge der Alpen sind „Dreitausendneunhunderter": der Eiger, die Meije, der Piz Roseg, der Piz Palü.

Engste Zählung	Hiebeler-Zählung	Blodig-Zählung	Weiteste Zählung			
1.	1.	1.	1.	*Montblanc*	4807 m	Montblanc-Gruppe
		2.	2.	Montblanc de Courmayeur	4748 m	Montblanc 2
2.	2.	3.	3.	*Monte Rosa* (1): Dufourspitze	4634 m	Walliser Alpen
		4.	4.	Monte-Rosa-Ostgipfel	4632 m	Monte Rosa 2
	3.	5.	5.	Nordend	4609 m	Monte Rosa 3
		6.	6.	Grenzgipfel	4596 m	Monte Rosa 4
	4.	7.	7.	Zumsteinspitze	4563 m	Monte Rosa 5
	5.	8.	8.	Signalkuppe	4554 m	Monte Rosa 6

Die Viertausender der Alpen

Engste Zählung	Hiebeler-Zählung	Blodig-Zählung	Weiteste Zählung			
3.	6.	9.	9.	*Dom*	4545 m	Walliser Alpen
4.	7.	10.	10.	*Liskamm* (Ostgipfel)	4527 m	Walliser Alpen
5.	8.	11.	11.	*Weißhorn*	4505 m	Walliser Alpen
6.	9.	12.	12.	*Täschhorn*	4490 m	Walliser Alpen
			13.	Liskamm-Westgipfel	4479 m	Liskamm 2
7.	10.	13.	14.	*Matterhorn*	4477 m	Walliser Alpen
			15.	Matterhorn – Ital. Gipfel	4476 m	Matterhorn 2
		14.	16.	Pic Luigi Amadeo	4469 m	Montblanc 3
8.	11.	15.	17.	*Mont Maudit*	4465 m	Montblanc-Gruppe
	12.	16.	18.	Parrotspitze	4432 m	Monte Rosa 7
9.	13.	17.	19.	*Dent Blanche*	4356 m	Walliser Alpen
	14.	18.	20.	Ludwigshöhe	4341 m	Monte Rosa 8
10.	15.	19.	21.	*Nadelhorn*	4327m	Walliser Alpen
	16.	20.	22.	Schwarzhorn	4321 m	Monte Rosa 9
11.	17.	21.	23.	*Grand Combin*	4314 m	Walliser Alpen
		22.	24.	Dôme du Goûter	4303 m	Montblanc 4
12.	18.	23.	25.	*Südlenzspitze*	4294 m	Walliser Alpen
			26.	Pointe Mieulet	4287 m	Montblanc 5
13.	19.	24.	27.	*Finsteraarhorn*	4274 m	Berner Oberland
			28.	Pointe Bayeux	4258 m	Montblanc 6
14.	20.	25.	29.	*Montblanc du Tacul*	4248 m	Montblanc-Gruppe
			30.	Grand Pilier d'Angle	4244 m	Montblanc 7
			31.	Pic Tyndall	4241 m	Matterhorn 3
15.	21.	26.	32.	*Stecknadelhorn*	4241 m	Walliser Alpen
16.	22.	27.	33.	*Castor*	4226 m	Walliser Alpen
17.	23.	28.	34.	*Zinalrothorn*	4221 m	Walliser Alpen
18.	24.	29.	35.	*Hohberghorn*	4219 m	Walliser Alpen
	25.	30.	36.	Vincent-Pyramide	4215 m	Monte Rosa 10
19.	26.	31.	37.	*Grandes Jorasses* (1): Pointe Walker	4208 m	Montblanc-Gruppe
20.	27.	32.	38.	*Alphubel*	4206 m	Walliser Alpen
21.	28.	33.	39.	*Rimpfischhorn*	4198 m	Walliser Alpen
22.	29.	34.	40.	*Aletschhorn*	4195 m	Berner Oberland
23.	30.	35.	41.	*Strahlhorn*	4190 m	Walliser Alpen
		36.	42.	Combin de Valsorey	4184 m	Grand Combin 2
	31.	37.	43.	Pointe Whymper	4184 m	Grandes Jorasses 2
24.	32.	38.	44.	*Dent d'Hérens*	4171 m	Walliser Alpen
		39.	45.	Balmenhorn	4167 m	Monte Rosa 11
25.	33.	40.	46.	*Breithorn* (Westgipfel)	4165 m	Walliser Alpen
			47.	Breithorn-Mittelgipfel	4160 m	Breithorn 2
26.	34.	41.	48.	*Jungfrau*	4158 m	Berner Oberland
27.	35.	42.	49.	*Bishorn*	4153 m	Walliser Alpen
			50.	Combin de la Tsessetta	4141 m	Grand Combin 3
			51.	Breithorn-Ostgipfel	4141 m	Breithorn 3
			52.	Breithorn-Zwillinge (1)	4139 m	Breithorn 4
			53.	Pointe Burnaby	4134 m	Bishorn 2
28.	36.	43.	54.	*Aiguille Verte*	4121 m	Montblanc-Gruppe
			55.	Pointe Blanchet	4114 m	Montblanc 8

Engste Zählung	Hiebeler-Zählung	Blodig-Zählung	Weiteste Zählung			
			56.	Isolée	4114 m	Montblanc du Tacul 2
	37.	44.	57.	Aiguille Blanche de Peuterey	4112 m	Montblanc 9
			58.	Pointe Güßfeldt	4112 m	Montblanc 10
	38.		59.	Pointe Michel Croz	4110 m	Grandes Jorasses 3
			60.	Pointe Carmen	4109 m	Montblanc du Tacul 3
			61.	Pointe Seymour King	4107 m	Montblanc 11
			62.	Breithorn-Zwillinge (2)	4105 m	Breithorn 5
			63.	Pointe Jones	4104 m	Montblanc 12
	39.		64.	Grande Rocheuse	4102 m	Aiguille Verte 2
29.	40.	45.	65.	*Barre des Ecrins*	4101 m	Haut Dauphiné
30.	41.	46.	66.	*Mönch*	4099 m	Berner Oberland
			67.	Pointe Médiane	4097 m	Montblanc du Tacul 4
31.	42.	47.	68.	*Pollux*	4092 m	Walliser Alpen
			69.	Wengen-Jungfrau	4089 m	Jungfrau 2
			70.	Pic Lory	4086 m	Barre des Ecrins 2
32.	43.	48.	71.	*Großes Schreckhorn*	4078 m	Berner Oberland
			72.	Roccia Nera (Wandflue)	4075 m	Breithorn 6
			73.	Pointe Chaubert	4074 m	Montblanc du Tacul 5
	44.	49.	74.	Mont Brouillard	4069 m	Montblanc 13
		50.	75.	Pointe Margherita	4066 m	Grandes Jorasses 4
			76.	Corne du Diable	4064 m	Montblanc du Tacul 6
33.	45.	51.	77.	*Obergabelhorn*	4062 m	Walliser Alpen
34.	46.	52.	78.	*Gran Paradiso*	4061 m	Grajische Alpen
			79.	Pointe Carmen	4057 m	Montblanc 14
			80.	Pointe Bravais	4057 m	Montblanc 15
35.	47.	53.	81.	Aiguille de Bionnassay	4052 m	Montblanc-Gruppe
36.	48.	54.	82.	*Piz Bernina*	4049 m	Bernina-Gruppe
37.	49.	55.	83.	*Großes Fiescherhorn*	4049 m	Berner Oberland
	50.	56.	84.	Punta Giordani	4046 m	Monte Rosa 12
			85.	Pointe Elena	4045 m	Grandes Jorasses 5
38.	51.	57.	86.	*Großes Grünhorn*	4043 m	Berner Oberland
39.	52.	58.	87.	*Großes Lauteraarhorn*	4042 m	Berner Oberland
			88.	Pointe Eccles	4041 m	Montblanc 16
	53.		89.	Aiguille du Jardin	4035 m	Aiguille Verte 3
40.	54.	59.	80.	*Dürrenhorn*	4034 m	Walliser Alpen
41.	55.	60.	91.	*Allalinhorn*	4027 m	Walliser Alpen
			92.	Pointe Baretti	4026 m	Montblanc 17
			93.	Pointe Eveline	4026 m	Aiguille Verte 4
	56.	61.	94.	Hinter-Fiescherhorn	4025 m	Fiescherhorn 2
42.	57.	62.	95.	*Weißmies*	4023 m	Walliser Alpen
			96.	Pointe Croux	4023 m	Aiguille Verte 5
			97.	La Spalla	4020 m	Piz Bernina 2
43.	58.	63.	98.	*Dôme de Rochefort*	4015 m	Montblanc-Gruppe
44.	59.	64.	99.	*Dent du Géant*	4013 m	Montblanc-Gruppe
45.	60.	65.	100.	*Lagginhorn*	4010 m	Walliser Alpen
46.	61.	66.	101.	*Aiguille Rochefort*	4001 m	Montblanc-Gruppe
47.	62.	67.	102.	*Les Droites*	4000 m	Montblanc-Gruppe

Wie schwierig ist eine Bergtour?

Die Schwierigkeit eines Aufstiegs nach einer Skala zu bewerten, ist unter Alpinisten wie unter anderen Bergfreunden ein beliebtes Gesellschaftsspiel. 1894 wurden die ersten Versuche unternommen, einen Maßstab aufzustellen. 1926 schlug der berühmte Münchner Nordwandkletterer Willo Welzenbach eine sechsstufige Skala vor, die bis heute populär geblieben ist (I: Beginn des Kletterns; VI: die Grenze des Menschenmöglichen). An sie lehnt sich auch die Skala des Internationalen Verbands der Bergsteigervereine (UIAA) an, die 1971 beschlossen und 1979 um einen Grad erweitert wurde (VII), jedoch inoffiziell nach oben offen ist (zur Zeit bis X).

Diese Skala hat vor allem zwei Bedeutungen: Sie verschafft denen, die einen zusätzlichen Schwierigkeitsgrad gemeistert haben, ein Erfolgserlebnis, und sie teilt jedem, der von sich weiß, daß er zum Beispiel den V. Grad nicht schafft, eindeutig mit, daß er einer Route nicht gewachsen ist, weil sie eine Seillänge des V. Grades enthält.

Wiederum nicht ganz eindeutig: Die Einstufungen sind natürlich subjektiv und differieren manchmal „schlimmer als bei Eiskunstlauf-Preisrichtern", wie „Der Bergsteiger" 1984 schrieb. Unzulässig wäre jedenfalls der Umkehrschluß: Da ich den V. Grad meistere, kann ich mir diese Tour zutrauen.

Denn die Bewertung bezieht sich nur auf trokkenen Fels. Ist der Fels naß durch Schmelz- oder Regenwasser, so erhöhen sich die Schwierigkeiten beträchtlich; ist er gar mit Glaseis überzogen (gefrorenem Schmelz- oder Regenwasser), so erhöhen sie sich dramatisch. Über das Finsteraarhorn beispielsweise heißt es im Kletterführer, zwischen dem Hugi-Sattel und dem Gipfel lägen „einige mäßig schwierige Kletterstellen, die jedoch bei Vereisung sofort ziemlich schwierig werden (sehr glatter Gneis). Nur für trainierte und an die Höhe gewöhnte Bergsteiger."

Ist der Fels beim Aufstieg trocken und beim Abstieg infolge eines Wettersturzes vereist oder zugeschneit, so herrscht höchste Alarmstufe; Abstiege sind auch bei gleichbleibenden Verhältnissen meist ohnehin schwieriger.

Ferner läßt die Schwierigkeitsskala folgende Faktoren gänzlich außer acht:

● Die objektiven Gefahren. Das sind vor allem Steinschlag, Eisschlag und Lawinen. So führt die Normalroute auf den Montblanc durch ein berüchtigtes Steinschlag-Couloir und die auf den Grand Combin durch den „Corridor", in dem man anderthalb Stunden lang vom Eisschlag bedroht ist.

● Die Höhe, in der geklettert wird. Eine IV-Stelle 4000 Meter über dem Meer, nach vielstündigem Aufstieg und in dünner Luft, ist erheblich schwieriger als eine ebensolche Stelle im Wetterstein. Auch gibt es Kletterkünstler, deren Lungen einer Höhe von 4500 Metern nicht gewachsen sind.

● Die Exponiertheit, Ausgesetztheit, „Luftigkeit" der Kletterstelle: Wie steil steht oder hängt man über einem wie tiefen Abgrund? Zwei berühmte III-Stellen, an denen manchem schwindlig wird: der überhängende Gendarm im Ostgrat der Südlenzspitze oder das „Rote Pferd" unter dem Gipfel des Grand Pic de la Meije, ein Gratstück, das man im Reitsitz überwinden muß (das ginge ja noch); zum Schluß aber heißt es, sich auf diesem Messerrücken aufrichten und aus dieser Position einen Überhang erklettern. Selbst Überhänge werden nur als III eingestuft, wenn sie kurz sind und gute Griffe bieten.

● Das Risiko, sich zu verirren; eine häufige Unfallursache, wenn zum Beispiel in der gewaltigen Felsmauer der Marmolada-Südwestwand Nebel einfällt oder über die riesigen Firnhänge des Montblanc ein Schneesturm braust.

● Das Steigen im Firn und das Klettern im Eis. Im Reich der Viertausender sind Firn und Eis viel häufiger als Fels, doch in der Schwierigkeitsskala kommen sie nicht vor. Die Schwierigkeit von Eisrouten wird nach der Steilheit bewertet. Viele gerade der höchsten Gipfel bieten fast felsfreie Anstiege: der Montblanc, die Signalkuppe des Monte Rosa, der Dom, der Grand Combin, die Ötztaler Wildspitze, der Großvenediger. Die Schwierigkeit liegt hier in etwas anderem: der Belastung von Kreislauf und Willenskraft bis an den Rand des Erträglichen oder über ihn hinaus.

	Beschreibung	Beispiele (wenn nicht anders angegeben: für den einfachsten Anstieg)
I	Geringe Schwierigkeiten. Die Hände sind zur Unterstützung des Gleichgewichts erforderlich. Jedem Gesunden zuzumuten.	Marmolada Ortler Großglockner
II	Mäßig schwierig. Die Hände werden auch mit Zug belastet. Von den vier Gliedmaßen soll immer nur eines sich bewegen (Dreipunkt-Sicherung). Ausreichend fü. die Normalanstiege auf die meisten Alpengipfel. Von den meisten Gesunden und Beweglichen zu schaffen.	Monte Rosa Finsteraarhorn Grandes Jorasses Große Zinne Totenkirchl
III	Schwierig. Beginn des Kletterns im engeren Wortsinn. Bei guten Griffen müssen schon senkrechte Stellen oder leichte Überhänge bewältigt werden. Ausreichend für die Normalanstiege auf die schwierigsten Viertausender. Bei einiger Übung von den meisten Gesunden und Beweglichen zu schaffen, im Abstieg allerdings oft mit Mühe. Mehr leisteten auch die „Klassiker" des Alpinismus (wie Whymper) nicht.	Weißhorn Dent Blanche Großes Schreckhorn Obergabelhorn Les Droites Grand Pic de la Meije Bianco-Grat (Piz Bernina) Mittellegi-Grat (Eiger) Watzmann-Ostwand
IV	Große Schwierigkeiten. Ausreichend für die Normalanstiege auf die schwierigsten Alpengipfel überhaupt. Nur mit turnerischer Gewandtheit plus Übung zu meistern. Wird geklettert seit 1875 (Ortler-Südgrat). Obergrenze der „Genußkletterei".	Aiguille du Dru Aiguille du Grépon Guglia di Brenta Campanile di Val Montanaia
V	Sehr große Schwierigkeiten. Ausgefeilte Klettertechnik erforderlich, Beginn des „extremen" Kletterns. Deutsche Bergführer-Aspiranten müssen den V. Grad sicher beherrschen. In den Alpen nur möglich, wenn man *nicht* den leichtesten Aufstieg wählt. Wird geklettert seit 1895 (Delago-Turm).	Eiger-Nordwand Civetta-Nordwestwand Guglia di Brenta-Ostwand
VI	Überaus große Schwierigkeiten. Den Assen des Alpinismus vorbehalten. Nur bei guten Verhältnissen möglich. Wird geklettert seit 1912 (Hochkogel-Westwand). Galt bis nach dem Zweiten Weltkrieg als „die Grenze des Menschenmöglichen". Bis 1978 die Obergrenze der offiziellen Skala.	Grandes Jorasses-Walkerpfeiler Große Zinne-Nordwand Marmolada-Südwestwand
VII	Außergewöhnliche Schwierigkeiten. Akrobatische Kletterkunst mit ausgefeilter Sicherungstechnik. Wird geklettert seit 1933 (Südwand des Großen Drusenturms).	Große Zinne, direkte Nordwand Fleischbank, Pumprisse am Nordpfeiler
VIII	In der offiziellen Skala nicht mehr beschrieben. Wird geklettert seit 1979 (Gandschijen-Südpfeiler).	Schüsselkarspitze-Südwand (Route „Locker vom Hocker")
IX	1981: Kleiner Bockmattli-Turm, Direkte Westkante 1982: Fenrir-Route in Der Verdon-Schlucht	

Literatur zum Thema

Die Tausende von Büchern oder Wander- und Kletterführern, die sich nur mit bestimmten Landschaften der Alpen befassen, sind nicht aufgeführt.

Aichele/Schwegler
Lebensraum Alpen, Stuttgart 1975

Allgaier/Bibelriether u.a.
Lexikon für Bergfreunde, Luzern 1978

Alpenvereinsjahrbuch (Jahrbuch des Deutschen Alpenvereins, Zeitschrift des Deutschen und Österreichischen Alpenvereins), München, 108 Bände von 1869 bis 1984

Bachmann, Robert Christian
Gletscher der Alpen, Kemnat 1978

Baumgartner/Bibelriether u.a.
Die Welt der Gebirge, Luzern 1977

Birkenauer, Josef
Die Alpen, Paderborn 1980

Blodig/Dumler
Die Viertausender der Alpen, München 1978

Bögel/Schmidt
Kleine Geologie der Ostalpen, Thun 1976

Bonatti, Walter
Große Tage am Berg, Zürich 1971

Bornecque, Robert
Les Alpes, Paris 1979

Braun/Zurfluh
Gotthard – als die Bahn gebaut wurde, Zürich 1982

Buchwald/Engelhardt (Hrsg)
Handbuch für Planung, Gestaltung und Schutz der Umwelt, München 1978

Cassin, Riccardo
50 Years of Alpinism, Leicester 1981

Chamson, Max
Les Grandes Alpes françaises aujourd'hui, Paris 1982; deutsch: Die Französischen Hochalpen, Stuttgart 1982

Deutscher Skiverband (Hrsg)
DSV-Atlas '84 Ski Alpin

Dumler, Helmut
Alpine Gefahren, München 1978
Die schönsten Hüttenwege der Ostalpen, München 1980

Egli, Emil
Die Alpen, Lausanne 1965
Die Schweiz. Eine Landeskunde. Bern 1970

Ellenberg, Heinz
Vegetation Mitteleuropas mit den Alpen in ökologischer Sicht, Stuttgart 1982

Engel, Fritz-Martin
Das große Buch der Alpenwelt, München 1971
Das Goldene Buch der Alpentiere, München 1981
Die Pflanzenwelt der Alpen, München 1983

Ernst, Alfred
Die Konzeption der schweizerischen Landesverteidigung 1815–1966, Frauenfeld 1971

Eschenmoser, Jakob
Vom Bergsteigen und Hüttenbauen, Zürich 1977

Fischesser, Bernard
La vie de la montagne, Paris 1982

Friedli, Werner
Alpenflug. Geschichte – Geographie – Erlebnis. Bern 1975

Gabert/Guichonnet
Les Alpes et les etats alpines, Paris 1965

Gayl, Albert
Lawinen, München 1982

Gebhard, Torsten
Der Bauernhof in Bayern, München 1975

Giese, Peter (Hrsg)
Ozeane und Kontinente. Ihre Herkunft, ihre Geschichte und Struktur. Heidelberg 1983

Glauert, G.
Die Alpen. Eine Einführung in die Landeskunde. Kiel 1975

Gschwend, Max
Schweizer Bauernhäuser, Bern 1971

Guex, Jules
La montagne et ses noms, Lausanne 1946

Gutersohn, Heinrich
Die Alpen, Zürich 1961
Geographie der Schweiz, Bern 1964

Gwinner, Manfred
Geologie der Alpen, Stuttgart 1978

Häberling/Brugger
Zerplante Heimat, Herisau 1982

Hanke, Georg (Hrsg)
Die großen Alpenpässe. Reiseberichte aus neun Jahrhunderten. München 1967

Heidrich, Hans Carl
Die Alpen – Abenteuer der Jahrhunderte. Stuttgart 1970

Heierli, Hans
Der Kosmos-Wanderführer
Die Alpen, Stuttgart 1982

Heim, Albert
Von der Entstehung der Alpen, Bern 1930
Bergsturz und Menschenleben, Zürich 1932

Hiebeler, Toni
Alpenlexikon, München 1983
Berge unserer Alpen, München 1976
Die schönsten Wanderrouten der Alpen, München 1980
Die Geschichte der Erstbesteigungen, München 1981

Hlauscheck, H.
Der Bau der Alpen und seine Probleme, Stuttgart 1983

Höhne, Ernst
Leichte Gipfel für Genießer, München 1982
Blumen im Gebirge, München o.J.

Hottinger, Lukas
Wenn Steine sprechen. Über die Geologie der Alpen. Basel 1980

Huber, Hermann
Bergsteigen heute, München 1981

Jahrbuch des Vereins zum Schutz der Bergwelt (früher: Verein zum Schutz der Alpenpflanzen und Tiere), Schneizlreuth, seit 1935

Kapfhammer, Günther
Brauchtum in den Alpenländern, München 1977

Karl/Danz
Der Einfluß des Menschen auf die Erosion im Bergland, München 1969

Keenlyside, Francis
Berge und Pioniere. Eine Geschichte des Alpinismus. Zürich 1976

Knaurs Alpenführer in Farbe
Ostalpen, München 1979
Westalpen, München 1980

Kramer, Dieter
Der sanfte Tourismus. Umwelt- und sozialverträglicher Tourismus in den Alpen. Wien 1983

Krippendorf, Jost
Die Landschaftsfresser. Tourismus und Erholungslandschaft – Verderben oder Segen? Bern 1975
Tourismus im Jahre 2010, Bern 1980

Labhart, Toni
Geologie der Schweiz, Kemnat 1982

Lehner, Wilhelm
Die Eroberung der Alpen, München 1924

Lichem, Heinz von
Der einsame Krieg. Der Gebirgskrieg 1915–1918 von den Julischen Alpen bis zum Stilfser Joch. Bozen 1981

Lukan, Karl
Alpenwanderungen in die Vorzeit, Wien 1965
Alpinismus in Bildern, Wien 1967
Hauptsach', man weiß, wo der Berg steht. Alpinismus in Anekdoten. Wien 1972

Lukschanderl, Leopold
Rettet die Alpen. Europas Dachgarten in Bedrängnis. Stuttgart 1983

Lutterjohann, Martin (Hrsg)
Die besten Bergsteigergeschichten, Rüschlikon 1983

Maeder, Herbert
Die Berge der Schweiz, Olten 1967
Gipfel und Grate. Das Erlebnis der Schweizer Berge. Olten 1980

Marti, Peter
Schweizer Armee 82, Frauenfeld 1981

Marti/Trüb
Bahnen der Alpen, Zürich 1983

Mehl, Erwin
Weltgeschichte des Schifahrens, Schorndorf 1964

Merian: Allgäu, Berchtesgadener Land, Bern und Berner Oberland, Innsbruck, Oberbayern vom Lech zur Isar, Salzburg, Salzkammergut, Steiermark, St. Moritz und das Engadin, Südtirol, Tessin, Tirol, Turin-Piemont-Aostatal

Messner, Reinhold
Die Alpen, Würzburg 1979
Siebter Grad, München 1980

Messner/Pertl
Zurück in die Berge. Bergsteigen als Lebensform. München 1977

Meyer, Peter (Hrsg)
Das große ADAC-Alpenbuch, München 1980

Miell, Alfred
Eine Schweizer Reise (1865); deutsch Bern 1982

Minvielle, Pierre
Les Alpes, Paris 1982

Moravetz, Bruno (Hrsg)
Das große Buch der Berge, Hamburg 1978
Das große Buch vom Ski, Hamburg 1981

Müller, Walter
Bergsteigen 82, Wallisellen 1981

Mußhauser, Josef
Der Gletscher-Pfarrer. Franz Senn, der Vater des Alpenvereins. Rosenheim 1983

Nerl, Wilhelm
Das große Gamsbuch, Pfaffenhofen 1980

Neuwirth, Hubert
Wunderschöne Welt der Alpen, München 1983

Oppenheim, Roy
Die Entdeckung der Alpen, Frauenfeld 1974

Paulcke/Dumler
Gefahren der Alpen. Überleben im Gebirge. München 1982

Pauli, Ludwig
Die Alpen in Frühzeit und Mittelalter, München 1981

Pause, Walter
Abseits der Piste, München 1978
Berg Heil, München 1976
Hüttenwandern, 2 Bände, München 1983/84
Im extremen Fels, München 1977
Im Kalkfels der Alpen, München 1976
Im leichten Fels, München 1979
Klassische Alpengipfel in Eis und Urgestein, München 1977
Wandern bergab, München 1977

Pfistermeister, Ursula
Traumstraßen Österreichs, München 1981

Préau/Barbier
Les Alpes, Paris 1974

Psenner, Hans
Alpentiere, Stuttgart 1978

Reisigl, Herbert
Blumenwelt der Alpen, Frankfurt 1983

Richter, Dieter
Grundriß der Geologie der Alpen, Berlin 1974

Risch, Paul (Hrsg)
Das schweizerische Tourismus-Konzept, Bern 1979

Ruhl/Schemel
Umweltverträgliche Planung im Alpenraum (Studie im Auftrag des Bundesinnenministers und des Umweltbundesamtes Berlin), München 1980

Ruppert/Deuringer u.a.
Das Bergbauerngebiet der deutschen Alpen, München 1971

Rutz, W.
Die Alpenquerungen. Ihre Verkehrseignung, Verkehrsbedeutung und Ausnutzung durch Verkehrswege. Nürnberg 1969

Schauer/Caspari
Pflanzen- und Tierwelt der Alpen, München 1980

Scheffel, P.H.
Verkehrsgeschichte der Alpen, 2 Bände (1914)

Schemmann, Christine
Wolkenhäuser. Alpenvereinshütten und ihre Geschichte. München 1983

Schmitt, Fritz
Erlebt und belauscht. Tiere unserer Berge. München 1980
Matterhorn-Geschichten, München 1983

Schneider, Ascanio
Gebirgsbahnen Europas, Zürich 1982

Schubert, Pit
Alpine Felstechnik, München 1982

Schulthess/Egli
Swiss Panorama, Zürich 1982

Schwarzenbach, Fritz Hans
Alpen im Zwielicht. Zerstört der Tourismus sich selbst? Zug 1979

Seibert, Dieter
Bergsteiger-ABC, München 1973
Bergwandern – Bergsteigen, München o.J.
Traumstraßen Europas. Durch die Alpen von Wien bis Nizza. München 1972
Traumtouren im Tiefschnee, München 1982

Seibert/Matuschka
Harte Route. Die schönste Bergfahrt der Alpen. München 1980

Siegert, Alfred
Skibergsteigen, München 1980

Sielmann, Heinz (Hrsg)
Knaurs Tierleben im Gebirge, München 1978

Sotriffer, Kristian
Domus Alpina. Bauformen und Hauslandschaften im Alpenbereich. Stuttgart 1982

Stangier, Siegfried
Retter, die vom Himmel kommen. München 1983

Stefenelli, Silvio
Bergblumen, Stuttgart 1980

Steinbach, Gunter
Naturraum Bergwelt, München 1983

Sturm/Zintl
Sicheres Klettern in Fels und Eis, München 1976
Bergwandern, München 1981
Felsklettern, München 1982

Swoboda, Otto
Alpenländisches Brauchtum im Jahreslauf, München 1979

Trenker, Luis
Goldene Bergwelt, München 1981
Wunderwelt der Alpen, Gütersloh o.J.
Bergwelt – Wunderwelt, München 1982

Trenker/Dumler
Die schönsten Berge der Alpen, München 1983
Die schönsten Höhenwege der Westalpen, München 1977
Die schönsten Höhenwege der Ostalpen, München 1983

Viedebantt, Klaus (Hrsg)
Urlaubsziel Apen, München 1982

Wendelberger, Elfrune
Alpenblumen, München 1982

Whymper, Edward
Scramples amongst the Alps; deutsch: Berg- und Gletscherfahrten (1872), Reprint Pforzheim 1981

Wichmann, H. (Hrsg)
Die Zukunft der Alpenregion, München 1972

Zechmann, Heinz
Bergsteigen – auch morgen? Graz 1977

Ziak, Karl
Der Mensch und die Berge. Eine Weltgeschichte des Alpinismus. Salzburg 1981

Zinsli, Paul
Walser Volkstum in der Schweiz, in Vorarlberg, Liechtenstein und Piemont. Frauenfeld 1976

Zwerger, Georg
Das Goldene Buch der Alpenblumen, München 1976

Bildnachweis

Anordnung im Layout: l. = links, r. = rechts, o. = oben, m. = Mitte, u. = unten

Fotos: Guido Mangold sowie

Felix Aeberli: 252, 253

Angermayer: 92 (1), Angermayer/Elfner: 92 (1), 95 (2)/Pfletschinger: 95 (1), Reinhard: 95 (2)/Ziesler: 95 (2)

Dr. Hans Aschenbrenner: 94 (3), 95 (2)

Archiv für Kunst und Geschichte, Berlin: 160 o., 186

Bayerische Staatsbibliothek München: 137

Joachim Blauel/Artothek: 135 o.

Hans Jürgen Burkard: 3 l. 3. von u., 123, 128/129, 145

Dr. Werner Catrina: 74/75, 102

Deutscher Alpenverein e.V./Bibliothek: 193, 218 r., 222

Rudolf Diemer: 94 (1)

Deutsches Museum München: 198

Edition Hospice du Grand St. Bernard: 139

Foto Ghedina: 315 u.

Dr. Hans W. Fricke: 67 u.

Gerd Heidorn: 267, 271 r.

Toni Hiebeler: 230/231, 265

Klaus Ickert: 223

Jean Guy Jules/ANA: 293

Reinhard Karl: 250, 269

Kunstgewerbemuseum Zürich: 144, 290

Herbert Maeder: 211, 212/213

Walter Mayr/Gfall: 311

Museum für Kunst und Gewerbe Hamburg/Klaus Ickert: 188, 190

Paläontologisches Museum Zürich: 63 o. und u.

Manfred Pforr: 92 (2), 93 (2), 95 (3)

PTT-Museum: 141

Dr. Klaus Robin: 94 (1), 95 (2)

Dorothea Schmid: 280, 294/295

Fritz Schmitt: 96, 106, 107 r., 142, 143 o., 161, 162, 187, 189, 194 o., 195 o., 196 u., 217, 218 l., 219, 224, 266 l., 308

Wolf Schneider: 3 r.o., 207

Schweizer Verkehrsbüro: 291

Staatsbibliothek Hamburg: 140

Hans Steinbichler: 65 r., 68 u., 256

Alfred Studer: 203

U.S. Army/John C. Clymer: 315 o.

Uli Wiesmeier: 248/249, 251, 266 r., 271 l.

Wild Heerbrugg AG: 69

Dr. Heinz J. Zumbühl: 70 u.

Die Reproduktionen der historischen Vorlagen wurden erstellt von Can Cobanli, Andreas Heller und Hans-Jochen Knobloch

Kartographie:

Carl W. Röhrig: 62, 66 (Quelle: Arms Erdkunde, Paul List-Verlag 1969), 99

Studio für Landkartentechnik Detlef Maiwald: 137

Touristische Gemeinschaft der Alpenländer/Prof. H. C. Berann: 39–42

Stichwort-Verzeichnis

Kursive Seitenzahlen verweisen auf Bilder

Stichwort-Verzeichnis

Stichwort-Verzeichnis

BÜCHER VON GEO

Bisher in gleichem Format und gleicher Ausstattung erschienen:

Uwe George
Die Wüste

Vorstoß zu den Grenzen des Lebens.
356 Seiten mit 270 Farbfotos.
Format 20,5×28 cm.
Leinen.
ISBN 3-570-01665-X

Ausgezeichnet mit dem Kodak-Fotobuchpreis

Joachim W. Ekrutt
Die Sonne

Die Erforschung des kosmischen Feuers.
368 Seiten mit 274 Farbfotos.
Format 20,5×28 cm.
Leinen.
ISBN 3-570-01720-6

Peter-Hannes Lehmann / Jay Ullal
Tibet

Das stille Drama auf dem Dach der Erde.
374 Seiten mit 357 Farbfotos.
Format 20,5×28 cm.
Leinen.
ISBN 3-570-01721-4

Peter Schille / Hans W. Silvester
Bedrohte Paradiese

Erkundungen in Europas schönsten Naturreservaten.
350 Seiten mit 287 Farbfotos.
Format 20,5×28 cm.
Leinen.
ISBN 3-570-04955-8

Ausgezeichnet mit dem Kodak-Fotobuchpreis

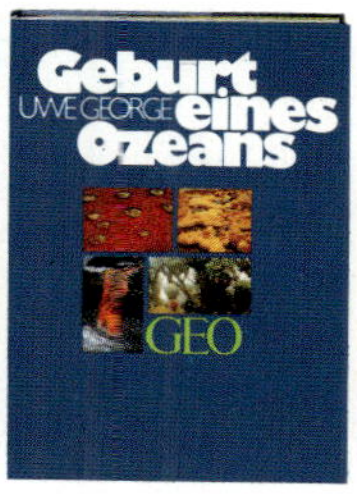

Uwe George
Geburt eines Ozeans

362 Seiten mit 278 Farbfotos.
Format 20,5×28 cm.
Leinen.
ISBN 3-570-07030-1

Ausgezeichnet mit dem Kodak-Fotobuchpreis

Loren A. McIntyre
Die amerikanische Reise

Auf den Spuren Alexander von Humboldts.
368 Seiten mit 378 farbigen Abbildungen.
Format 20,5×28 cm.
Leinen.
ISBN 3-570-07029-8

Erwin Lausch
Der Planet der Meere

Forscher entschlüsseln die Geheimnisse der Tiefe.
382 Seiten mit 440 farbigen Abbildungen.
Format 20,5×28 cm.
Leinen.
ISBN 3-570-02058-4

Dankwart Grube / Thomas Höpker
Die New York-Story

Wie aus Mannahatin eine Weltstadt wurde.
384 Seiten mit 483 meist farbigen Abbildungen.
Format 20,5×28 cm.
Leinen.
ISBN 3-570-02056-8

Rolf Bökemeier / Michael Friedel
Verlorene Menschen

Begegnungen mit Völkern, die es morgen nicht mehr gibt.
Ca. 348 Seiten mit ca. 280 Farbfotos.
Format 20,5×28 cm.
Leinen.
ISBN 3-570-04742-3

Eine neue Reihe

Paperback in Farbe

Egmont R. Koch / Fritz Vahrenholt
Die Lage der Nation

Umwelt-Atlas der Bundesrepublik.
Daten, Analysen, Konsequenzen.
464 Seiten mit 197 farbigen Karten, Diagrammen, Tabellen sowie 176 Farbfotos.
Format 14×21 cm.
ISBN 3-570-03870-X

Georg Meister / Christian Schütze / Georg Sperber
Die Lage des Waldes

Ein Atlas der Bundesrepublik.
Daten, Analysen, Konsequenzen.
352 Seiten mit 100 farbigen Karten, Diagrammen, Tabellen sowie 152 Farbfotos.
Format 14×21 cm.
ISBN 3-570-02141-6

Die Täler im
Abenddunst, die Gipfel
überirdisch klar —
Herbstabend auf der
Zugspitze, Blick nach
Südwesten: Verwall und
Lechtaler Alpen